KB235518

새로운 고독

# 새로운 고독

원제_ Les nouvelles solitudes

초판 1쇄 인쇄_ 2011년 9월 30일
초판 1쇄 발행_ 2011년 10월 10일

지은이_ 마리프랑스 이리구아앵
옮긴이_ 여은경, 김혜영

펴낸곳_ 바이북스
펴낸이_ 윤옥초

책임편집_ 이현실
편집팀_ 이성현, 도은숙, 김태윤, 문아람
책임디자인_ 방유선
디자인팀_ 윤혜림, 이민영, 남수정, 윤지은

ISBN_ 978-89-92467-58-2  03180

등록_ 2005. 07. 12 | 제 313-2005-000148호

서울시 마포구 서교동 395-166 서교빌딩 703호
편집 02)333-0812 | 마케팅 02)333-9077 | 팩스 02)333-9960
이메일 postmaster@bybooks.co.kr
홈페이지 www.bybooks.co.kr

책값은 뒤표지에 있습니다.

바이북스는 책을 사랑하는 여러분 곁에 있습니다.
독자들이 반기는 벗 - 바이북스

고독에 서툰 이들을 위한 심리 에세이

# 새로운

*Les Nouvelles Solitudes*

마리프랑스 이리구아앵 지음
여은경·김혜영 옮김

# 고독

바이북스
ByBooks

사랑아
밤이 쏟아내는 불빛 속에 젖어 새로운 고독
새로운 삶을 만들며
헤매는 것을 좋아하는 나
이 세상이 더 이상 나를 찾지 않을 때
무관심한 이 세상에 맞서기 위해
더 이상 몸부림치고 싶지 않을 때
무관심한 이 세상을 더 이상 견뎌내기 싫을 때
세월은 변해가는데
묘하게도 과거와 다르지 않은 현재의 삶
그대, 어서 나와 함께 이 불빛 속으로 숨어들어가지.
나의 천사여……
사랑하는 이여
그래서 그대를 남겨두네
여기 이 불빛 안 고독 속에

**가예탄 호헤데즈** Gaëtan Hochedez (http://flash.zeblog.com)

머리말

고독한 삶이 증가하는 사회 현상은 세계 모든 선진국에서 점점 심화되고 있다. 특히 대도시에서는 이러한 현상이 더욱 두드러지게 나타난다. 고독은 인류 역사의 일부를 이루면서 세월의 흐름에 따라 성질이 본질적으로 변화해왔다. 지금 우리가 사는 시대는 너무 지나치거나 부족한 타인과의 관계가 본질적인 관심사가 되었다. 사람 사이의 상호 작용이 끊임없이 이루어지고 때로는 그 상호 작용이 개인을 침해하기까지도 하는 소통의 시대이지만, 많은 사람은 고독에 시달리고 있다. 그뿐만 아니라 혼자 사는 삶을 선택하는 사람도 점점 더 늘어나고 있다.

우리는 패러독스에 빠지고 만다. 고독은 한편으로는 고통을 던져주고, 한편으로는 평화로움과 자유를 던져주기 때문이다. 한쪽에서는 고독이야말로 이 시대의 악의 하나이기 때문에 어떤 수를 써서라도 관계를 만들어가고 소통의 대상을 만들어야 한다고 말한다. 그러나 또 다른 한쪽에서는 독립적인 삶을 권한다. 개인주의 경향이 뚜렷한 요즘에도 고독하게 지내는 것은 내적인 세계의 중요성을 무시한 채 부정적인 이미지를 전달한다. 혼자 지내는 것은 대부분 인간관계의 실패로 여겨진다. 혼자 지내는 것을 실패로 보지 않고 선택의 결과로 본다고 하더라도 결국 금욕적이고 불행한 삶으로 가는 길이라고 인식되고 있다.

혼자 사는 사람을 만나면 우리는 자신이 가지고 있는 고독에 대한 이미지를 투사한다. 그래서 혼자 산다는 말은 순수하게 전달되는 사실이 아니라 하나의 판단이 된다. 과거에 집단 공동체에서 벌로 추방했던 것처럼, 자신에게서 도망치려는 아내를 강간하는 남편은 자신을 떠나서는 고독하게 살아야 한다면서 아내를 협박한다. "네가 나를 떠나가면 넌 평생 혼자 살게 될 거야. 아무도 너를 찾지 않을 거야." 이상하게도 고독에 대해 가장 부정적으로 생각하는 사람은 혼자 살지 않는 사람들이다. 두말할 필요도 없이 그들은 혼자 사는 것을 견뎌낼 수 없을 것이기 때문이다. 그들은 나이든 사람이나 쫓겨난 사람, 또는 거절당한 연인의 홀로 사는 삶을 고독한 삶의 전부로 여긴다.

이제는 독신 생활이 이해되고는 있지만, 아직은 법적 혼인이나 사실 혼인으로 이루어진 부부 생활이 우리 사회에서 정상적인 기준으로 여겨지고 있다. 방송 매체가 새로운 커플과 사랑, 더 쉽게 행복해지는 길을 만들어내고 있지만 그 결과, 좌절하는 경우만 더 늘어가고 있다. 사랑에 빠지는 관계는 더 복잡해지고, 이별과 이혼은 쉬지 않고 늘고 있다. 여성이 독립적으로 바뀌자 남녀 관계에 중요한 변화가 나타났으며, 친밀한 관계와 사회적인 관계가 일시적인 속성을 띠게 되었다. 오늘날, 남녀는 사랑에 대한 욕구와 독립적이고자 하는 욕구 사이에서 우물쭈물하고 있다. 많은 여성이 경제적인 면과 성적인 면에서 이론적으로 독립적이게 되자 부부 생활이 주는 안락함을 얻기 위해 자신의 자유를 희생하는 것을 거부하고 있다. 그 결과 전통적인 부부 형태가 사라져가고 새로운 형태의 커플로서의 삶이 생겨나고 있다. 또한, 커플이 함께 사는 시간은 점점 짧아지고, 서로 덜 융합되는 양상을 띤다.

사람의 수명이 점점 더 길어지고, 이혼과 결별이 늘어나며, 살아가는 방식도 점점 더 개성을 실현해나가는 쪽으로 바뀌어감에 따라 모든 사람은 현재 외롭거나, 과거에 외로웠거나 또는 앞으로 외로워질 것이다. 우리는 살아가면서 주로 성적인 욕구 충족 위주로 만남이 이루어지는 시기와 커플을 이루어 살아가는 시기, 그리고 그 사이 사이에 고독한 시기를 번갈아 경험하게 될 것이다. 또 서로 떨어져 있지만 사랑에 빠져 있는 관계도 경험하게 될 텐데, 물론 이때도 고독할 것이다.

현대 사회의 생활에는 단절감이 분명히 존재한다. 현대 사회에서 최고의 가치로 극찬되는 개인주의는 현대 삶의 모든 분야에서 불안을 일으킨다. 근로 조건이 나빠지고 사회적인 면에서 삶이 피폐해지면서 사람들은 자기 자신을 믿지 못하고, 타인을 믿지 못하여 서로 관계를 맺기 전에 주저하게 된다. 우리 사회는 사람들이 물질적인 행복과 소유 그리고 소비의 중요성에 집중하게 만들고 있다. 그러나 선택의 폭이 넓어지고, 정보가 넘쳐나고, 행복해야 한다는 부르짖음에도 불구하고 개개인을 충족시켜주지는 못하여 사람들은 실망하고, 좌절하고, 환멸에 빠지는 모습을 보인다.

사람들은 인터넷이나 만남을 주선하는 사이트들이 인간관계의 결핍을 일시적으로 대체해줄 것으로 기대할 수도 있다. 그러나 인터넷이나 미팅 사이트에서조차도 자신처럼 혼자인 사람의 무리 가운데 혼자 있는 자신을 발견하게 된다. 사이트를 통해 타인을 만날 때, 사람들은 서로 경계하며 얽히는 것을 주저한다. 때로는 자신이 마치 팔리는 물건이나 버려질 수 있는 뭔가가 된 듯한 감정을 느끼기 때문에 대개 좌절하고 끝나고 만다.

고독함은 우리를 고통스럽게도 하고 절망적이게도 하지만 때로는 에너지와 희망을 끌어 올릴 수 있는 풍요로운 순간을 주기도 한다. 우리가 다른 사람들과 함께 살아가는 법을 배우는 것은 분명히 매우 중요하다. 하지만 우리는 고독함 속에서 쉬면서 재충전할 수 있는 공간을 찾는 것과 혼자 살아가는 법 또한 반드시 배워야 한다. 상대적인 고독을 받아들이는 것은 자아도취적인 세상의 경박스러움과 피상적인 관계에서 벗어나는 방법이다.

어쩔 수 없이 젊은 남녀는 점점 더 외로워질 것이다. 그렇다고 해서 사회적인 관계마저 사라지지는 않을 것이다. 현대의 삶은 복잡한 선택의 가능성을 제시하여 사람들을 훨씬 더 큰 고독 속에 빠지게도 하지만, 다른 한편 다양한 종류의 관계를 형성할 수 있는 여러 형태의 만남의 문도 열어주었다. 불안정한 시대에 맞서기 위해 새로운 형태의 사교적인 노력이 개발된 것이다. 또한 이제는 더 이상 커플이라는 관계가 사랑을 투자하는 유일한 곳이 아니게 되었다. 예를 들면, 이제는 지금까지 전해 내려오지 않던 새로운 작은 단체의 모임, 아주 친한 친구 사이, 서로 따뜻하게 마음을 써주는 동료 모임, 친밀한 연대감 등 여러 다양한 방법을 통해서 다른 사람과 연결될 수 있다. 이런 현실은 각각 모임에서 다르게 요구되는 페르소나를 개개인이 받아들이는 것을 가능하게 하여 개개인이 자신을 더 잘 실현해나갈 수 있게 해준다.

여기서 다루려는 내용은 이러한 이상한 변화가 품고 있는 다양한 모습이다. 이 책은 환자들을 만나면서 겪은 경험에 많은 부분을 의지하고 있다. 내게 다양한 경험을 소개해준 환자분들께 진심으로 감사드린다. 근래 15년 정도 사이에 정신분석 치료실에서 들은 여러 이야기에 나는 큰 충격을 받았다. 어쩔 수 없이 겪게 되는 고독이든, 스스로 선택한 고독이든 고독은 더 이상 한 개인의 자아선상에서의 고독이 아니라 그들이 살아가는 일상에서 실질적으로 발생하는 결과로서 훨씬 많이 나타나기 때문이다.

이러한 관찰을 근거로 할 때, 20세기에서 21세기로 변한 선진사회는 **인류학적인** 시기로 규명할 수 있을 정도로 매우 깊은 변화가 있었다고 할 수 있다. 다소 뒤쳐진 방식이기는 하지만 몇몇 미디어 매체나 광고를 통해 형성된 여성과 남성이 관계 맺는 방식에 대한 전통적인 이미지가 아직도 지속되고는 있다. 1970년대 이래 변화되고 있는 여성과 남성이 관계 맺는 양상은 오늘날 전 세대에서, 더욱이 젊은 층에서는 분명히 새로운 삶을 살아가는 방식이며 삶에 대한 새로운 계획으로 이해되고 있다.

첫 장에서 **고독감과 관계에서의 단절감**을 명확히 소개한 이후 바로 본론으로 들어가고자 한다. 1부에서는 과거보다 훨씬 자유로워진 새로운 인간관계를 처음 겪는 사람들이 **어떻게 대응해야 할지에** 대해서 설명하고, 남성과 여성이 안전모를 쓴 채 경직되어 어떤 방식으로 개인적인 애정 관계나 사회적인 관계의 새로운 변화에 대처해 나가는지를 설명할 것이다.

2부에서는 강화된 개인주의, 강도 높아진 업무, 폭발적으로 등장한 새로운 가상의 소통 방법으로 생긴 환상과 과거의 가부장적인 이미지가 공존하면서 발생하는 자가당착적인 결과에 대해 다루고자 한다. 이러한 자가당착적인 결과를 잘 드러내는 것 중 하나는 남녀의 만남을 주선하는 인터넷 사이트에서 벌어지는 현상과 그러한 만남을 경험하면서 겪는 실망감이다.

그럼에도 불구하고 (이 내용이 3부의 주제가 될 텐데) 사람들 사이에서는 친밀한 관계를 맺어가는 새로운 실행 방식들이 실험적으로 나타나고 있다. 인생을 사는 하나의 방법으로 섹스 없는 삶을 선택할 수도 있다는 매우 진보적인 사람 등, 모든 사람은 어떤 형태로든 새로운 존재 방식으로 삶의 길을 걸어가고 있다. 관계에서 벗어나서 살아가는 삶이나, 혼자 있을 수 있는 능력, 또는 고독을 선택해서 살아가는 삶은 **둘이 함께 살아가는 삶과** 품위 있게 공존하면서 존재할 수 있다.

목차

우리들은 모두 고독하다
우리는 상대를 제대로 알 수도 없고
내 자신이 상대에게
올바로 이해될 수도 없다

사뮈엘 베케트, 《프루스트》

# I
# 고독이라는 감정

고독하게 살아가는 삶의 방식은 다양하다. 그 다양한 방식들은 서로 분명한 차이를 띠며 명확하게 구분되고 있다. 고독하게 산다는 말 속에는 매우 다양한 현실이 숨어 있다. 혼자 사는 사람의 삶, 젊은 독신자, 결별한 사람, 이혼한 사람, 과부뿐만 아니라 가족 속이나 사무실 또는 군중 속에서 고독하게 살고 있는 형태도 포함하고 있다. 관계 안에서 느끼는 고독도 존재하기 때문이다. 그런데 관계 안에서 고독을 느끼는 것은 실제로 혼자 있는 것보다 더 힘들다. 고독에 대해 이야기할 때 우리는 소외되거나 버려진 사람들의 고통스러운 경험만을 생각하는 경향이 있다. 그러나 자신에 대한 신뢰가 부족하거나 인정받고 사랑받지 못한다고 느끼는 등의 병리적인 성격 때문에, 혹은 다른 사람들과 일정한 거리감을 만드는 거만한 태도나 우월감 때문에 다른 사람에게서 자신을 소외시키고 고독을 만드는 사람들이 내뱉는 불평에 대해서도 생각해볼 수 있다. 또는 사람들이 불평하는 자신에 대한 마음 깊은 곳의 이야기와 억제하고 있는 것들에 대해서도 생각해볼 수 있다. 이러한 부류의 불평불만자들은 "나는 아무도 사랑하지 않아"라고 말해야 할 것을 오히려 "아무도 나를 사랑하지 않아"라고 불평한다.

## 고독하게 사는 사람들에 대한 부정적인 인식

고통스러운 고독 바로 옆에는 정신적인 풍요로움을 향유하는 품위 있는 고독도 존재한다. 일반적으로 그런 고독은 은둔자와 등대지기, 고독한 항해자와 창작 활동을 하는 사람처럼 소외된 사람이나 전형적이지 않은 예외적인 성격을 지닌 사람이 겪을 것으로 생각한다. 그래서 사회에 정상적으로 잘 적응하는 사람이 그런 모습을 보이면, 아래 소개하는 42세의 베르트랑 씨의 증언처럼 병리적인 성격 때문이라고 생각하는 경향이 있다.

> "사람들은 제가 혼자 사는 삶을 선택한 것을 이해하기 어려워합니다. 그렇지만 혼자 사는 삶은 제 인생길의 중요한 여정이 되었어요. 어떤 사람들은 그런 제 삶을 인정하지 않고, 저에게 인터넷에 들어가서 같은 취향을 가진 사람을 만나보라고 권하기도 합니다. 행여 그 권유를 제가 거절하면 저는 까다롭고 어려운 사람으로 분류되지요."

우리는 사교적인 저녁 파티나 단순히 그룹 지어 만나는 모임에 가는 것보다 좋은 책과 함께하며 고독한 저녁 시간을 보내는 것을 더 선호할 수도 있다. 또 커플로 살고 있어도 자신에게 더 집중하고 상대방에게 간섭하지 않거나 혹은 혼자 있는 시간을 즐기기 위해 하루나 주말, 또는 그 이상 동안 서로 떨어져 있는 것이 필요하다고 느낄 수 있다.

집단 안에서의 삶이 삶의 규범이 되는 시대에는 고독을 즐긴다고 말하는 사람은 이상한 사람이나 비사교적인 사람과 동일시되었다. 그래서 혼자 살아가는 사람들에 대한 반응이 늘 편안하지는 않았다. '아휴, 저 불쌍한 사람은 진짜 복도 없어'라고 불쌍하게 여기거나, '도대체 뭐가 잘못돼서 저 사람은 가정을 못 이루지!' 하며 그 사람을 경계하곤 했다. 이런 사회에서는 혼자 사는 사람을 불쌍히 여기고, 평생을 함께 살아갈 동반자를 찾아내지 못한 것을 매우 애석하게 여긴다. 뿐만 아니라 성적인 면과 정서적인 면을 생각하면서 혼자 사는 사람을 비참하게 여기기도 한다. 혼자 사는 사람이 얼마나 지루하고, 위축되고 좌절할까 상상하곤 한다. 그리고 위와 같은 증상을 전혀 보이지 않는 진짜 고독한 사람들은 다른 사람들이 자신의 상태를 알고 나면 생길 부정적인 이미지가 두려워서 자신의 상태에 대해 섣불리 사람들에게 알리려고 하지 않는다.

눈이 오나 비가 오나 변함없이 결혼한 부부의 생활은 오랫동안 우리 사회의 규범이 되었다. 그리고 혼자 사는 삶은 종교적인 수행 때문이 아닐 경우에는 아주 사악한 삶이 아닌가 하는 의심을 받았다. 독신 생활은 잠시 이루어지거나 아주 특별한 경우에만 유지되었다. 게다가 프랑스 혁명 동안에는 독신자를 공공의 생활에서 아예 쫓아내기까지 했다. "마엔 대중 사회는 독신자와 성직자들 그리고 나태함을 보임으로써 공화국에 반대하는 감정을 증명하는 모든 개개인이 모든 공직에서 제외될 것을 요구한다."[1]

요즘에도 혼자 사는 사람은 여전히 가슴이 메마른 사람, 사람을 싫어하는 사람, 사랑을 줄 줄도 받을 줄도 모르는 사람, 공동체에 적응할 수 없는 사람으로 빈번히 인식되고 있다. 남자가 혼자 살고 있으면 좀 못된 경향이 있지 않은가 의심쩍어하며, 여자가 혼자 살고 있으면 마녀 같은 태도를 가졌을 것으로 의심한다. 그들이 향유하는 자유는 이기주의로 평가된다. 다른 구성원들을 위해서가 아니라 자기 자신을 위해 사는 삶은 사회라는 집단에는 위험한 요소인 셈이다. 다른 사람과 떨어져 있는 것은 상식적인 의미에서 벌칙과 징계를 뜻한다. 그래서 고집을 부리는 죄수들은 독방에서 지내는 벌을 받는다. 혼자 있으면 감각 자극이 충분하지 않기 때문에 사람이 위축되고, 심리적인 고통의 정도를 파악할 수 있는 특징을 드러낼 수 없다는 것을 알면서도 독방 징계를 통해 죄수가 길들여지기를 바라고, 이제부터는 조용히 지내기를 기대한다.

고독의 부정적인 면만 보면 다수의 위대한 사상가나 창작가가 정신적으로, 영적으로, 예술적으로 풍성하게 피어나기에 적절한 환경을 만들기 위해서 자주 고독을 가까이했다는 점을 잊게 된다. 그들에게 세상과 떨어지는 것은 선택 사항이었음에도 말이다. 미셸 하눈Michel Hannoun 의사는 1993년에 다음과 같이 말했다. "옛날에 고독한 사람은 사회에서 제외된 사람이 아니라 스스로 사회에서 멀어진 채 사는 사람이었다."[2] 형성되어 있는 집단에서 자연스럽게 떠나 살거나 집단에서 쫓겨난 경우 모두 마찬가지였다. 그러나 오늘날 우리 사회는 고독과 단절을 착각하면서 모든 종류의 고독에 맞서 싸우기를 원하고 고독이 마치 저주인 양 인식되도록 고집을 부리고 있다. 하지만 고독은 단절과 구별된다. 고독은 외부에 의해 좌지우지되지 않으며, 내적인 정신세계에 의지하기 때문이다. 그러므로 프랑스어가 영어에서 외로움과 고독을 구분하는 것처럼 혼자 있음과 고독이 주는 감정을 구분하지 못하는 것은 안타까운 일이다.

## 거절당할 것과 자신의 무가치함에 대한 두려움

고독감은 주관적인 개념으로 하나의 느낌이며 대개는 거부당하거나 소외된 경험을 통해 겪은 상황에 대한 주관적인 해석이다. 우리는 많은 무리 속에 있거나 가족이나 연인과 함께 있을 때도 혼자라고 느낄 수 있다. 고독감은 서로 연결되어 있다는 느낌이 없거나, 주변 사람들과 소통하지 못하고 있다는 인상을 받을 때, 또는 세상에 혼자 있다고 느껴질 때 경험하게 된다. 이러한 경험은 자신 곁에 아무도 없으며, 아무도 자신과 함께하지 않는다는 좌절감을 더 강하게 피부로 느끼게 한다. 고독은 내면이 비어 있는 느낌이며, 다른 사람들과 떨어져 있을 때 경험하는 감정이다. 따라서 누구와 함께할 필요성이나 특별한 누군가가 옆에 없다는 느낌이 꼭 들어야 하는 것은 아니다. 오히려 사람들과 거리를 두고 따로 있다는 느낌, 세상과 단절되어 있다는 느낌, 세상으로부터 이해받지 못하는 느낌에 더 적합하다. 본질적으로는 자기 자신과 죽음에 대해 혼자 직면하고, 또 앞으로도 직면할 인간으로서의 존재 자체를 생생하게 의식하고 있는 상태다.

고독감은 울적함이나 지루함과도 비슷하다. 대부분의 사람에게 고독감은 아무도 보고 싶지 않고 집에만 틀어박혀서 잠만 자며 부정적인 생각만 되새기는 우울감과 유사하게 느껴지기도 한다. 그럴 때는 말을 하고 움직이면서 지루함에 대한 두려움을 없애려고 한다. 우리는 조용하면 뭔가 없는 것처럼 지각하거나 또는 피할 수 없는 죽음이 찾아온 것처럼 느껴서 고요함을 두려워한다. 27세의 소피도 다음과 같이 이야기하고 있다.

> "저는 뭔가 좀 기분이 좋지 않을 때는 집에 틀어박혀서 전화도 받지 않아요. 거의 온종일 침대에 누워 있어요. 특히 잘 나가는 사람들과 연락하는 걸 피하게 되죠. 그들이 행복해하는 걸 보면 힘들어지기 때문이에요. 게다가 컨디션이 좋지 않은 제 자신이 부끄러워져요. 그리고 사람들이 저에게 '기운 좀 내, 분발 좀 해'라고 나무랄 것 같아 두려워요."

다수의 부모는 자녀가 지루함에 빠질까 봐 스포츠, 사회적인 활동, 텔레비전 시청 등으로 아이의 일과를 꽉 채운다. "아무것도 하지 않고 있지 마라"라고 하면서 혼자 생각에 빠진 아이의 멍한 시선을 두려워한다. 자신에 대해 생각하고 자신이 진정으로 원하는 것을 생각하려면 자유로운 공간이 필요하다는 것을 잊는다. 그렇다고 해서 지루함이 늘 다른 사람들에게서 떨어져 있는 느낌과 연결되는 것은 아니다. 보통 지루함은 우리가 원하는 것을 할 수 없거나 우리가 하고 싶지 않은 것을 해야만 할 때 나타난다. 도표 만드는 일을 하는 28세의 독신인 디디에는 다음과 같이 지루한 심정에 대해 토로한다.

> "저는 혼자 있을 때는 전혀 지루하지 않아요. 책도 읽을 수 있고, 상상할 수도 있고, 음악을 들을 수도 있지요. 그런데 저는 누구에게도 아무런 할 말이 없는 파티를 제일 못 견디겠어요. 그 거짓 즐거움을 견딜 수가 없어요. 내 시간을 낭비하는 것

같은 느낌이 들어요."

그러나 이러한 기분 상태가 흔한 것은 아니다. 초현대적인 우리 사회에서 개개인은 자신의 두려움을 직면하지 않으려고 서로 모이려고 한다. 많은 사람은 고독을 메우고 내적 허전함을 채우기 위해 사랑이나 거짓 우정 관계를 추구한다. 사람들은 불안해하면서 여러 만남을 갖고, 온갖 계획을 세우고, 다양하게 사랑하는 관계를 만든다. 사람들은 늙고 병들어가는 것을 받아들이려 하지 않지만, 누구도 죽음을 피할 수 없다는 기정사실은 여전히 우리 옆에 존재한다. 동요가 심한 이 세상은 우리가 태어날 때도 혼자 태어나고 죽을 때도 혼자 죽을 거라는 사실을 숨기는 역할만 한다. 처음에는 부모님과 함께하고, 이후에는 동료들과 함께 인생길을 얼마만큼 가고, 자녀를 낳고 기르고, 자녀는 다시 우리로부터 멀어져간다. 그리고 나이가 들면서 이러한 사실을 깨닫게 되면 살아가는 게 힘들어질 수 있다. 특히 남성은 더욱 그러하다. 다음은 고급 간부직에서 조기 퇴직하고 이혼한 64세, 프랑시스의 고백이다.

"부모님이 돌아가시자 저는 공허함에 빠졌습니다. 이러한 모습을 숨기고 싶었어요. 저에게는 더 이상 가족이 없었고, 부모님은 더 이상 곁에 계시지 않았습니다. 자식들은 자신들의 삶을 살아가고 있었죠. 내 옆에는 내가 말을 걸 사람이 아무도 없었어요. 제가 가장 자주 만나는 사람이라고는 가정부뿐입니다. 물론 친구들도 있지만 너무 의존하게 될 가능성이 있어요. 그들도 떠날 수 있기 때문이죠."

고독은 내가 다른 사람들에게 시간을 내게 할 수 있지만, 그렇다고 해서 다른 사람들도 나에게 시간을 내야 한다고 요구하게끔 해서는 안 된다. 그러다가는 실망할 가능성이 크기 때문이다. 도시에서는 물리적 자극에 많이 둘러싸여 있다. 지나가는 자동차 소리, 이웃에서 들리는 살아가는 소소한 소리, 물 내리는 소리, 문 닫히는 소리, 텔레비전 소리. 역설적으로 이러한 자극 속의 고독감은 더욱 견딜 수 없는 것 같다. 도시의 많은 사람은 고독감을 느끼며 매우 제한적으로 다른 사람에게 자신의 깊은 속마음을 이야기한다. 고독이 주는 고통에 대해 말하는 62세의 이혼한 퇴직자, 크리스티앙의 이야기가 이를 잘 표현해준다.

"누구나 겪고 있는 문제가 바로 '정말 혼자' 라는 점입니다. 하루하루를 보내기가 정말 힘들어요. 하루가 너무 깁니다. 저는 매일 뭔가 소일거리를 찾아야 하지요. 어느 때는 전화 한 통 없이 아무에게 말 한마디 하지 못한 채 일주일이 지나가기도 합니다. 몇 년 전부터는 저는 모든 것을 다 놓고 자신에게만 머물러 있습니다. 저는 정말 작아졌어요. 혼자 사는 남자의 비참한 성생활에 대해 이야기하고 싶습니다. 정말 때때로 이건 너무 심하다고 느낍니다. 물론 포르노를 볼 수도 있지만 그건 그다지 영예롭지 않게 느껴져요. 물론 내가 나를 내준다면 나를 원하는 여자들도 있겠지만 저는 그렇게 하지는 않습니다. 가끔 만나는 여자 친구가 있기는 해요. 가끔 만나지만 서로에게 별로 공을 들이지는 않죠.

아무도 저를 기다리지 않습니다. 나를 잡아당기는 끈이 아무것도 없어요. 멋진 그림을 보다가도 당신이 외롭다면 그 그림의 깊이를 느낄 수 없게 되죠. 뭔가를 얻으려면 속을 밖으로 내뿜을 외부 활동이 필요합니다. 당신을 끌어낼 유일한 줄은 내면의 욕망의 줄이죠. 그런데 때때로 그 줄은 끊어져 있습니다. 머릿속에 아무 생각도 없고, 아무 욕구도 없는 한 남자의 하루란 마치 세상이라는 감옥에 갇혀 있는 것 같아요.

저는 이렇게 살다 혼자 죽을 거예요. 그리고 그 사실에 대해 만족해야 하겠죠. 살아가야 하는 남은 시간을 견뎌야 하는 고통을 어떻게 없앨 수 있을까요? 자살해야 한다는 생각이 들어도 저는 자살할 용기도 없습니다. 이 모든 허망함과 무의미함 자체가 고통이에요. 그러나 이 고통도 마침내는 사라지겠죠. 아무것도 기다릴 것이 없는데도 우리는 살아갈 수 있을까요?"

고독을 두려워하는 사람 중 어떤 사람들은 혼자 있는 것에 죄책감을 갖기도 한다. 혼자 있게 된 것이 뭔가를 잘못한 결과라고 여기기 때문이다. "내가 어떠하지 못했기 때문에 지금 현재 혼자 있는 거예요. 다른 사람들이 나를 견딜 수 없었기 때문이죠." 이러한 부류의 사람을 상담할 때는 위험이 도사린다(이 부분에 대해서는 뒤에서 다시 언급할 것이다). 요즘은 많은 심리치료사가 혼자 있는 것에 죄책감을 느끼는 사람들에게 자신의 고독을 사랑하고 마음을 윤택하게 하도록 인도하는 대신에 나르시시즘을 북돋우는 방법을 제안한다. 서로 받아들이거나 사랑하는 방법을 배우도록 하기보다 사람들을 많이 만나는 방법을 통해 자기 자신의 진정한 감정으로부터 도망가게 한다. 일반적으로 혼자 있는 것에 죄책감을 느끼는 사람은 자신에 대해 병리적인 이미지를 가지고 있는 것이 진짜 문제이기 때문에 자신으로부터 도망가게 하는 접근 방법은 위험하기

짝이 없다. 64세의 프랑시스의 이야기를 들어보자.

"고독을 느끼면 제가 사랑스럽지 않다는 인상을 받습니다. 사우나에 가서 운동할 때, 아무도 나를 원하지 않을 때, 파티에 50명이나 초대했는데 아무도 다시 나를 초대하지 않을 때……. 늙어가는 건 분명히 정서적으로 고독을 더욱 강하게 느끼게 합니다. 피부는 노화되고 걸음걸이도 더 느려지고, 성적인 면에서도 만족스러움이 점점 떨어집니다. 이 모든 것 때문에 사람들은 더 이상 당신을 찾지 않지요."

철학가 츠베탕 토도로프Tzvetan Todorov, 1939~가 다음에서 설명하듯이 사실 가장 견디기 어려운 것은 다른 사람에게서 거부당하는 것이다. "인정받을 수 없는 신체적인 조건 자체가 바로 고독이다. 만일 타인이 없다면 우리는 그들의 시선을 포착할 수 없다. 그러나 여러 가지 방법으로 꾸미고, 멋을 낼 수 있는 신체적인 고독보다 더 고통스러운 것은 아마도 여러 사람 가운데에서 어떤 반응도 받지 못하며 살아가는 일일 것이다."[3] 혼자 있다는 느낌 때문에 사람들은 자신도 모르게 주변 사람들에게 퉁명스럽거나 못된 태도를 보이게 되어서 결국 다른 사람에게서 멀어지게 된다. 주로 정신적으로 괴롭힘을 당하는 사람들, 배척당한 사람들, 소수자, 그리고 특히 노인들이 이렇다. 이렇게 되면 당신은 더 이상 아무에게도 관심을 두지 못하며 허무와 친해진다.

여러 기준에 따르면, 고독과 반대로 혼자 떨어져 있는 것은 원래 객관적이고 관찰 가능한 개념을 내포하고 있다. 즉, 혼자 살거나 주변에 사람이 적거나 사람들과 상호 관계가 거의 없어 단순한 상호 관계만 갖는 상태를 말한다. 에우제네 이오네스코Eugène Ionesco, 1912~1994가 그의 소설 《외로운 남자Le Solitaire》에서 묘사한 바로 그 상태다. "떨어져 있는 것은 우주적 고독인 절대적인 고독이 아니다. 작은 고독이고, 다른 종류의 고독이며, 사회적인 고독일 뿐이다." 이러한 사회적인 고립은 1999년에 프랑스 국립통계연구소의 조사를 통해 '일상생활과 고립과의 관계'[4]라는 주제로 연구되었다. 그 결과, 혼자 사는 사람은 전체 세대의 30퍼센트인 720만 명에 달했다. 10년 전 수치는 이의 4분의 1밖에 되지 않았다. 2006년에 비정부 차원의 협회 여덟 개가 단합하여 실시한 고독에 맞서 싸우기 위한 집단적인 시도였던 '고립과 상호 관계 속의 삶'에 대한 조사에서는 다섯 명 중의 한 명이 일상적인 삶에서 누군가에게 말할 기회가 없다는 사실이 밝혀졌다. 이러한 상태의 주요 원인으로는 친구 부족(100퍼센트), 친밀한 인간관계의 상실(45퍼센트), 병(31퍼센트) 등이 있었다.

그러나 일반적인 생각과는 다르게 1999년의 조사에서는 젊은 독신자들에게 가장 많은 영향을 미치는 원인이 관계에서의 소외가 아닌 것으로 나타났다. 이혼한 사람의 25퍼센트, 이혼한 남성의 35퍼센트가 관계 속에서 소외되는 것에 영향받는 것과는 달리, 젊은 독신자 중의 14퍼센트만이 여기에 영향을 받고 있었다.

## 항상 수적으로 더 많은 독신자

고독이 심리적인 상태를 나타내는 말인 반면 독신은 시민으로서의 상태를 나타낸다. 게다가 이제는 독신이 하나의 추세가 되었다. 1990년대 이후 프랑스에서는 프랑수아 드 싱글리François de Singly,[5] 장

클로드 카우프만Jean-Claude Kaufmann,[6] 또 세르주 소미에Serge Chaumier[7] 와 같은 사회학자들이 혼자 사는 사람을 가리키는 말로 '싱글', '솔로', '셀리바탕트selibattantes' 등과 같은 특수 용어들을 만들었다. 그들은 당연히 독신자가 즐기는 자유를 주장했다. 그러나 연구 대상 뒤에 숨겨진 고뇌와 공허함은 고려하지 않았다. 더욱이 나이가 많은 사람들에 대해서는 생각하지 않았다.

발달한 사회에서는 독신자와 이혼한 사람, 싱글맘의 수가 늘어나고 있다. 항상 그런 것은 아니지만 이러한 현상은 대개 고독감 증가와 관계 속에서의 소외가 동반되어 나타난다. 이 주제에 관해서는 뒤에 다시 이야기하겠다. 2004년의 조사에 의하면 혼자 사는 사람의 수가 830만 명에 달했다고 한다. 이 숫자는 총인구의 14퍼센트에 해당하는 수치다.[8] 30년 만에 두 배로 증가한 셈이다. 프랑스 국립통계연구소는 이러한 증가세가 앞으로 계속되어 2030년에는 혼자 사는 인구가 17퍼센트에 다다를 것으로 전망했다. 각 주거 시설 당 사는 인구수는 점점 감소하고 있으며, 특히 이러한 감소세는 대도시에서 두드러지게 나타난다. 1954년에는 3.19명이었다가 2004년에는 2.13명으로 줄어들었다. 2003년에 유럽에서 혼자 사는 사람은 1억 5,800만 명에 달했다. 이러한 현상은 계속 증가되고 있다.

그러나 통계의 부정확함은 여전히 남아 있다. 예를 들어 프랑스에서 혼자 사는 사람이 830만 명이라는 통계로는 이들이 같은 주소에 사는 동반자가 없다는 사실 외에 다른 사실은 아무것도 알 수 없다. 세금을 내는 가정에 대해서는 더 이상 이야기할 필요가 없지만, 법적인 동거와 상관없이 함께 살지 않는 커플, 결혼하지 않은 커플이 있기 때문이다. 이제는 혼자가 아니면서도 독신자가 될 수 있고, 커플로 살지만 혼자일 수도 있다. 게다가 우리는 결혼하지 않고 함께 살던 커플의 이별을 차치하고도 매년 12만 쌍이 이혼한 다는 말을 듣는다. 그리고 또 다른 고독한 부류의 사람도 있다. 오랜 기간을 두고 자녀를 정기적으로 만나는 헤어진 부모 역시 혼자 사는 사람에 포함된다.

독신은 점점 더 많아지고 있지만 연령에 따라 각각 다르게 인식 된다. 20세에서 35세까지는 위대한 사랑을 나눌 수 있는 만남을 기 다리는 단계다. 그들의 사회적 환경은 대부분이 독신이다. 게다가 이 시기에는 혼자 사는 삶보다는 독립적인 삶에 대해 이야기한다. 따라서 이때는 대부분 미래를 생각하지 않고 만난다. 공부하는 기 간이 길어지고 안정적인 일자리를 찾는 게 쉽지 않기 때문에 서로 를 중요한 관계로 결정하는 나이가 늦어진다. 남성은 가정을 꾸리 기 위해 30대 정도가 될 때까지 기다리고, 여성은 남성보다 좀 더 일찍 결정한다. 이러한 현상은 30대에서 40대 사이에 혼자 사는 남 성의 수가 혼자 사는 여성의 수보다 훨씬 많은 이유를 설명해준다.

다미앵은 이제 막 서른 살 생일이 지났다. 5~8년 전부터 그는 열정을 가지고 일할 수 있는 일을 찾기는 했지만 아직 안정적 인 직장은 구하지 못한 상태다. 또한 그는 여자들에게 호감을 주는 스타일이기 때문에 여자 친구를 사귀는 데는 아무런 어 려움이 없다. 그렇지만 오래가지 않고 자주 바뀐다. "저는 일 이 내 인생의 가장 우선순위에 있는 시기에 있어요. 물론 섹스 도 필요하지만 누군가와 진짜 함께한다는 건 좀 부담스러워 요." 그의 아버지는 이제 막 은퇴를 했는데 다미앵에게 은근히 한 여자 하고만 사귈 것을 권하고 있다. 다미앵은 언젠가 자신의 커플이 날개를 활짝 펴게 될 때가 오면 아이도 갖고 싶을 거라고 생각한다. "우리 아버지 세대 분들은 여러 번 이혼하고 정부를 갖기도 했어요. 그런데도 우리가 결혼해서 가정을 꾸리길 원하죠. 어떻게 우리가 그들의 말을 믿기를 바라죠!"

중년층은 과도기로서 대개 혼자 살게 된다. 35세에서 45세 사이의 여성에게는 아이 문제가 중요한 주제가 되며, 학위를 취득한 일부 여성들은 책임 있는 직위를 맡은 채 생리적으로 아이를 낳을 수 있는 최대한의 한계까지 기다리기도 한다. 45세 이후에는 대개 이혼 후 겪는 고독이 대두된다. 이혼 청구 네 건 중 세 건은 여성이 요청하는 경우다(이 주제에 관해서도 뒤에서 다시 다룰 예정이다). 혼자 사는 남성과 여성의 수치 차이는 연령대가 높아짐에 따라 두드러지게 나타난다. 통계적으로 여성이 남성보다 더 오래 사는 데다가 나이를 먹으면서 남성이 더 젊은 여자를 고르는 경향이 있기 때문이다. 그 결과 혼자 사는 남녀의 수치 차이가 더 많이 나게 된다.

60세에서 75세의 노년층 일부는 여전히 매우 적극적이며, 사랑을 나누는 삶을 다시 시작하고 싶어 한다. 드물기는 하지만 새로운 커플로의 삶을 꾸리고 싶어 할 수도 있다. 어떤 노인들은 사랑을 나누는 삶을 포기하고 스스로 고독하게 살기도 한다. "이젠 다 끝이야. 내 나이에는 다른 사람을 만날 수 없을 거야. 그냥 혼자 사는 게 낫지 뭐." 또 다른 노인들은 여행 상품에 등록해 세계를 여행하면서 기분을 전환하기도 한다. 그러나 나이 든 사람에게 생기는 고독감은 스스로 무언가를 할 수 없고, 다른 사람에게 의존해야 하는 데서 크게 다가온다. 이런저런 활동에 참여할 수 있고, 여행을 갈 수 있고, 책을 읽을 수 있는 신체와 지적 기능이 좋은 경우에는 자신 주변의 사회적 환경과 관계를 잘 맺어갈 수 있다. 가까운 사람이 사망하거나 건강상의 문제가 발생해 악화되거나 자율성이 떨어짐에 따라서 이런저런 인간관계가 점진적으로 줄어들며 고립은 시작된다. 65세의 마리는 다음과 같이 자신의 심정을 소개한다.

> "이제 파티는 끝났고, 우리는 늙었으며, 더는 성공을 기대할 수도 없고, 더 이상 예쁘지도 않으며, 사랑할 수도 없다는 사실을 생각할 줄 알아야 하는 순간이 있습니다. 그저 서 있을 수 있다는 것만으로도 만족하고 그것 외에는 더 아무것도 없다는 것을 생각할 줄 알아야 하는 순간이 있지요. 이제 인생의 마지막 순간을 기다리면서 몇몇 심심풀이만을 바랄 뿐이에요."

우리가 요즘 네 번째 세대라고 부르는 나이에서는 고독이 더 두드러지게 드러난다. 위기의 시기는 79세에서 83세까지다. 나이가 많이 들어 노화되면 사람들은 그분들을 특별히 마련된 거주지로 따로 분리한다. 그곳이 비록 집단생활을 하는 곳이기는 하지만, 노인들은 외로움을 느끼게 되고, 그 결과 사망률은 더 높아진다. 우리는 은퇴한 노인이 집에서 그저 돌봐주는 사람과 만날 뿐, 그 외에 다른 사회적 관계를 갖지 못한 채 살아가는 모습을 보게 된다.

고독과 외로운 감정은 늦은 나이에 생기는 정신 이상 발병 위험률을 높인다. 고독한 삶은 정규적인 뇌 활용과 자극을 충분히 제공하지 못하기 때문에 인지와 기억의 기초가 되는 자연적인 뇌 시스템을 약화시킬 수 있는 것으로 추정된다. 따라서 혼자 사는 사람들은 나이가 들어가며 발생하는 뇌 신경 병리 증상에 더 취약하게 될 것이다.[9] 노인들이 노화되는 것은 단지 고립되기 때문만은 아니다. 오히려 사랑하는 사람을 잃은 충격 때문인 경우가 많다. 그래서 85세 이후에는 결혼한 사람이나 독신자보다도 배우자와 사별한 사람이 연간 사망률이 훨씬 더 높다.

독신자 수가 늘어나는 것을 보며 몇몇 기업은 번창할 시장이 펼쳐지고 있다는 사실을 눈치챘다. 그래서 독신자를 겨냥해 마케팅을 펼치면서 특별한 이벤트와 상품을 내놓기 시작했다. 기업으로서는 뜻밖의 호기인 셈이다. 독신자들은 더 많이 소비하고, 더 많이 여행하고, 자신들의 몸을 더 많이 가꾸고, 개개인이 먹을 수 있도록 미리 조리된 음식을 더 많이 사기 때문이다. 동시에 만남을 주선하는 사업 분야도 크게 발달했다. 처음에는 작은 광고나 결혼 정보 회사를 통해서 발달하더니 이후에는 인터넷을 통해 발달했다. 이런 방법을 통해 이루어지는 만남이 많지만, 우리는 이러한 시도들이 결국 우리 인간 존재 자체의 고독을 가리기 위한 속임수에 불과하다는 것을 보게 된다.

동시에 미디어도 혼자 사는 사람이 증가하고 있다는 사실을 알아차렸다. 그래서 영화나 텔레비전 프로그램 시리즈 속에 독신자에 대한 주제를 들여오고 있으며 독신으로 사는 사람들이 풍요롭게 산다는 신화를 만들어가고 있다. 자기 자신의 중요성, 독립성, 자율성 등에 대한 주장 등 독신으로 사는 삶의 가치에 대해 긍정적으로 조망하고 있다. 그러나 이 모든 것들은 한 종류의 고독에 대해서만 관심을 두고 있다. 최고는 아닐지라도 수입이 높은 편인 30대 독신자들의 고독에 대해서만 소개하고 있는 것이다. 그렇지만 돈 걱정도 없고 전문적인 일에 적극적으로 일하고 있는 30대 건강한 독신녀가 55세의 무직 독신자와 어떤 공통점이 있을까? 돈 없이 혼자 사는 사람 또는 혼자 늙어가는 독신자와 공통점이 있을까?

## 이상적인 파트너를 찾고자 하는 환상

점점 더 독신자가 흔해지고 있다. 그러나 독신자를 어떻게든 나쁘게 보려고 의심하는 눈초리가 계속되자 몇몇 독신자는 자신에게 '가슴이 메마른 사람' 또는 '애정적인 면에서의 불구자'라는 꼬리표가 붙여지지 않도록 사랑하는 관계가 있다고 가짜로 꾸며내기도 한다. 고독과 연결된 부정적인 시각이 약해지긴 했지만, 일반적으로 고독에 대한 긍정적인 이미지는 정말로 드물다. 여전히 커플을 이루고 가정을 이루는 삶이 우리 삶의 기준이 되고 있다. 독신자를 위한 모임에서 독신자에게 전달되는 내용에는 대부분 독신 생활이 오래가지 않을 거라는 암시가 담겨 있다. 즉, '이상적인 연인을 만날 것을 기대하면서……'라고 표현하는 것이다.

　내가 운영하는 심리치료실에서 환자들이 고독에 대해서 직접적으로 불평하는 일은 매우 드물다. 그보다는 함께 미래를 꾸려나가고 믿을 수 있는 누군가를 만나는 일이 정말 어렵다고 자주 호소한다. 문제의 관건은 만남 자체보다도 함께 살아가는 삶을 얼마나 지속할 수 있는가다. 내가 만나는 환자들의 살아가는 모습을 관찰해보면, 결혼한 커플의 삶 자체를 위한 삶의 방식과는 다른 방식으로 살아간다는 사실을 알 수 있다. 서로에게 밀착된 커플, 독립적인 커플, 서로 같이 살지 않는 커플, 혼자 살면서 연인이 있는 사람, 적절하게 모험을 하면서 혼자 사는 사람 등이다. 그러나 무엇보다도 새롭게 나타나는 양상은 내 환자들의 대부분인 여성들이 혼자 사는 삶을 많이 선택하고 있다는 것이다.

물론 이러한 예는 정신치료실이나 심리치료를 받으러 오는 인구에만 해당되는 게 아니냐고 반박할 수도 있다. 또 이러한 사람들은 자신들의 인생 과정 중 위기에 처해 있거나 문제에 당면한 사람들이라고 생각할 수도 있다. 그러나 나는 오히려 그녀들은 앞서 있으며, 문제에서 벗어나 있는 상태라고 말하고 싶다.

일부 사람들은 커플의 삶을 통해 자신들의 고독에서 탈출하고자 애쓰지만, 이러한 추구는 환상에 불과하다. 커플의 삶 역시 고독을 피할 수는 없기 때문이다. 고독은 커플의 삶에도 늘 따라다닐 수 있다. 사람들은 때때로 고독을 피하거나, 환상이 없는 만남을 가지거나, 포옹 후의 슬픈 뒷맛을 남기는 섹스를 하기 위해 만반의 준비를 다하고 있기도 하다. 개개인은 실제로 애정이 생길 수 있다는 현실을 무시하면서 함께 관계를 만들어나갈 누군가를 찾는다. 또 다른 부류의 사람들은 관계를 원하면서도 조금만 의심이 생기면 바로 관계를 정리할 수 있는 조건에서 관계를 맺어가길 원한다. 심리치료를 하면서 나는 두 종류의 갈망을 종종 확인하게 된다. 한편으로는 커플로 살아가는 삶에 의지해 현실을 피하면서도, 다른 한편으로는 개인주의가 팽배하고 업무 수행이 만만치 않은 세상에서 개인적으로 활짝 피어나기를 바란다. 어떻게 이 둘이 양립할 수 있을까? 낭만적인 사랑에 꼭 요구되는 서로의 일치감과 개인적으로 뭔가 할 수 있는 독립적인 공간 사이를 조정하는 데는 어려움이 있다.

더 이야기할 필요도 없이, 사회적인 관계인 결혼은 더 이상 반드시 해야만 하는 가치 있는 대상이 아니다. 프랑스에서는 결혼한 가정의 50퍼센트가 깨지고 있으며, 특히 이러한 현상은 도시에서 더 자주 일어난다. 자녀가 있을 때는 자녀 때문에 이혼이 늦어지기도 한다. 일부 커플들은 자녀가 스스로 독립할 수 있을 때까지 이혼을 늦추기도 한다. 하지만 이혼은 어떤 연령층에서도 발생한다. 결혼한 지 2~3년 후에도 찾아오며, 자녀가 성장해 곁을 떠나면서 발생하기도 한다. 통계청에 의하면 1985년에서 2005년 사이에 60세 이후에 이혼한 부부가 두 배 늘었다고 한다.[10]

이러한 변화의 원인이 대부분 여성에게 있다는 사실도 새로운 점이다. 60세 이후에 이혼한 부부 중에 여성이 이혼을 요구한 경우는 70퍼센트에 달한다. 과거에 여성은 이혼을 청구하기를 주저했다. 여성이 이혼하게 되면 사회적 지위와 경제적 위상을 잃게 되기 때문이었다. 그러나 이제는 심리적인 폭력을 당했거나, 부부간에 신뢰를 잃었거나, 또는 나이가 들어 엄마로서 가정을 지켜야하는 의무를 완수했다고 느낄 때는 일찍 헤어지는 것을 주저하지 않는다.

베이비 붐 세대의 여성들에게는 안전한 삶과 커플로 사는 삶이 연결되어 있었다. 그러나 그들 중 많은 여성은 2000년대 이후로 더 이상 그러한 가치관을 갖지 않게 되었다. 젊은 여성들은 독립적인 삶 안에서 안정감을 찾고 있다. 여성들이 독립적인 삶을 추구하면서, 커플로 살아가는 양태로는 독립적인 삶이 불가능하다고 느끼는 이유는 남성과 여성이 변화했기 때문이다. 현대인들은 아직도 지배적인 커플의 삶이 가장 이상적이라는 규범의 영향을 받으며 완벽한 커플을 이루기 위해 이상적인 배우자를 찾고 있다. 그러나 이상형을 요구하는 완고한 자세 때문에 일종의 실망을 느낄 뿐만 아니라 더 큰 고독을 느낄 수밖에 없는 위험을 안고 있다. 그렇다고 해서 그러한 상태가 꼭 나쁜 상태는 아니다.

I

# 불가능한 만남

나는 더 이상
남자들에 대해 환상을 갖고 있지 않아요
이미 다 재봤기 때문이지요

크리스틴, 53세

나는 더 이상
남자들에 대해 환상을 갖고 있지 않아요
이미 다 재봤기 때문이지요

# 2
# 여성의 독립성

여성이 독립적이게 되고, 성적인 자유를 갖게 된 것은 여성이 남성과 관계 맺는 방식에 대단한 변화를 불러일으켰다. 여성은 커플의 변화의 근원이 되고 있다. 여성들이 커플의 방식에 대해 더 많이 생각해보기 때문이다. 일부일처제는 여성이 자녀를 양육하는 것을 돕기 위해 나타난 방식이었다. 그러나 이제는 독신이건 커플의 삶을 살고 있건 간에 여성들은 혼자서도 아이를 그럭저럭 잘 양육해나가고 있다. 그러니 여성에게 남성이 무엇 때문에 필요하겠는가? 이제는 인간이 살아가는 데 처음으로 커플의 삶을 살도록 실질적으로 부추길 수 있는 이유가 아무것도 남아 있지 않다. 물론 사랑이 요인이 될 수도 있지만, 사랑에 관해 여성들이 정의하는 내용이 남성들이 정의하는 것과 항상 일치하지는 않는다는 문제가 있다.

## 직업, 해방 그리고 구속

여성의 삶에 가장 먼저 나타난 변화는 전문적인 활동이다. 경제적인 면과 사회적인 면에서 남성보다 아직 한참 떨어지기는 하지만, 프랑스 여성은 점점 더 활동적으로 되어가고 있으며(프랑스 여성의 47.5퍼센트가 직업을 가지고 있다), 학위를 받는 여성도 늘어가고 있다(2005년, 프랑스 남성 중 대학 입학 자격보다 높은 수준의 자격을 가진 남성이 43퍼센트였던 것에 반해 여성의 51퍼센트가 대학 입학 자격보다 높은 수준의 자격을 가지고 있었다[1]). 그러나 여성이 직업 활동을 하는 인구의 46퍼센트를 차지하지만 회사에서 책임자로 있는 경우는 24퍼센트에 불과하며, 사장으로 일하는 경우는 6~8퍼센트에 불과하다. 대중 매체에서는 성공한 몇몇의 예외적인 여성들을 내세우고는 있지만, 직업 세계에서는 남성과 여성의 불평등이 여전히 계속되고 있다. 같은 업무를 수행하면서도 여성은 남성보다 15~20퍼센트 낮은 임금을 받고 있다. 또 다른 정확한 분석에서는 여성들이 임금이 높지 않기 때문에 남성들이 원하지 않는 직업에서 일하고 있다고 나타난다.[2]

이전에 여성은 공무원, 교사, 간호사처럼 전통적으로 여성의 직업이라고 여겨진 직업에서만 남성보다 앞설 수 있었다.[3] 그리고 일을 하기 위해서는 독신 생활이 더 적합했다. 전통적으로 남성의 전유물이었던 직업에서 성공한 여성은 어딘가에 남성적인 성격이 묻어났다. 물론 이제는 많은 면에서 달라졌다. 여성도 이제는 자기방어법이나 수리 등과 관련된 수업을 들을 수 있게 되었고, 군대에도 갈 수 있으며 경찰이 될 수도 있다. 더군다나 산업 현장을 비롯해 거의 모든 영역에서 자동화가 이루어졌기 때문에 신체적인 제한이 크지 않게 되었다. 따라서 원칙적으로 여성이 남성과 같은 직업을 갖는 것에 반대할 수 있는 방법은 아무것도 없다. 그렇지만 사람들은 여전히 어린 소녀들에게 여자는 약하고 신체적으로 남자보다 강하지 못하기 때문에 기계 같은 것을 다룰 수 없고 일상에서 남자들의 보호와 도움을 받아야 하므로 남자가 꼭 필요하다고 가르치고 있다. 이런 이야기를 들은 몇몇 여자아이들은 자신이 연약하다고 전적으로 받아들여서 때로는 실제로 자신이 남자보다 불리한 조건을 가졌다고 믿으며 살게 된다.

1970년대 이후 여성의 상황은 훨씬 나아졌지만, 자신의 가치가 제대로 평가되거나 남성과 실제로 평등해지는 데 어려움이 많다고 불평하는 여성들이 여전히 많다. 그리고 직업적인 면에서는 그나마 평등이 많이 이루어졌어도, 가정과 성적인 면에서는 아직도 충분히 평등이 이루어지지 않았기 때문에 여성은 자신이 남성들에게 뒤지고 있다는 인상을 자주 받는다.

남성은 자신의 부인이 일하는 것에 대해 자신의 수입을 보조하는 정도로 생각하거나, 자신이 실직했을 때를 대비한 안전장치 정도로 여기는 반면, 여성에게 직업은 자기 자신을 실현해나가기 위한 조건이면서 동시에 자신의 존재를 인정할 수 있는 수단이 되기도 한다. 또한 여성의 다수가 일한다 하더라도, 모두 자신이 자유로워지기를 기대하며 일하는 것은 아니다. 그보다도 훨씬 진부한 경제적인 논리 때문에 일을 하기도 한다. 즉, 자신이 혼자가 되었을 때를 대비한 안전 수단으로서 일하거나 가족을 부양하기 위해 두 명의 월급을 자유롭게 사용하려고 일하기도 한다. 커플 안에서 대개 남자가 벌어오는 돈은 큰 비용이 드는 일이나 빚을 갚아가는 데 사용하는 반면에 여자가 벌어오는 돈은 일상생활을 하는 데 필요한 자질구레한 지출에 사용되기 마련이다. 이렇게 나누어서 지출하는 방식은 별로 대수롭지 않게 보일 수도 있으나, 이혼을 할 때는 심각한 결과를 초래한다. 남자가 자기 혼자 빚을 다 갚았다고 주장하여 공동으로 산 아파트의 단독 소유자가 될 수 있다. 뿐만 아니라, 여성이 자유와 독립성을 되찾았을지라도 그만큼 집안일을 놓게 된 것은 아니다. 점점 늘어나는 여러 제재를 다 견뎌내면서 여성들은 집과 일 양쪽에서 다 성공하기 위해 혼신을 다해 애를 쓰고 있다. 직업을 가지고 일을 한다고 해도 전통적으로 내려오는 여성의 역할에서 벗어나지는 못하고 있는 것이다. 직장 여성의 80퍼센트가 힘든 가정 일의 핵심적인 부분을 계속 맡고 있다. 직장 여성들은 대부분 여성 관현악단원이 되어 혼자서 전통적으로 여성에게 요구되던 일과 과거에는 남자들만 하던 일까지 동시에 연주해내고 있다. 여성들은 자녀 교육을 위한 시간을 확보하거나, 가까운 사람들을 돌보기 위해서 비록 보수는 조금 낮더라도 자유 시간이 더 많은 직장으로 번번이 시선을 돌린다.

1999년에 실시된 프랑스 국립통계경제연구소의 조사에 따르면 현대 프랑스 사회의 커플은 30년 전보다 집안일을 나누어 하는 경우가 약간 늘었다고 한다. 여성은 집안일과 장보기, 빨래와 아이 돌보는 데 주당 평균 30시간을 할애하고 있다. 그러나 이러한 집안일 때문에 생기는 불쾌함과 만족감, 그 일들이 내포하고 있는 제약과 책임감 등을 고려해보면 남성이 해야 할 몫의 일과 여성이 해야 할 몫의 일은 남성과 여성에게 동등하게 부과되고 있지 않다. 부부가 모두 직업이 있는 현대의 커플조차도 남성은 주당 여섯 시간만 집안일에 붙잡혀 있는 것에 반해 여성은 열여섯 시간 동안 붙잡혀 있다.[4] 남성들은 설거지나 장보기 청소기 돌리기 등과 같은 구속력이 약한 집안일을 우선적으로 선택한다. 이러한 점을 고려해보면 많은 수의 여성이 사기당하는 느낌을 받는다는 것을 이해할 수 있다. 남성을 변호하기 위해서는 여성 스스로 집에서 완벽한 주부 역할을 하는 전통적인 여성상으로부터 자유롭게 벗어나지 못한다는 점과 남편의 불평과 마지못해 집안일을 하는 소리를 듣느니 차라리 여성이 스스로 집안일을 맡아 하는 것을 선호한다고 말해야 한다.

## 얽매이지 않는다는 조건 속에 숨은 함정

여성이 독립적이게 되는 데는 경제적 독립이 중요한 조건이다. 그러나 그것만으로는 부족하다. 여성들은 일을 하고 돈을 잘 벌 때에도 가정에서의 역할로 자신을 정의하기를 멈추지 않는다. 그래서 부부 사이가 좋지 않거나 아이가 잘 지내지 못하면 스스로 죄책감을 느낀다. 남편이 일상적 잡무를 함께 나누기를 거절하면 여성들은 종종 전문적인 책임직을 포기해야 한다. 그리고 지금도 여성 대부분이 남편을 따르기 위해 표면에 드러나지 않는 것이 당연하다고 여기고 있다. 여성들은 아이가 있으면 공동의 책임감 면에서 아이를 돌보기 위해 자신의 일을 더 많이 줄인다. 예를 들어 아이가 아프면, 여성이 직장에서 '아이가 아플 때 받는 휴가'를 받아야 한다.

이혼을 하고 난 후 몇몇 여성들은 이혼 후의 새로운 상황이 부부로 살 때보다 아주 약간의 제약만 더 줄 뿐이라고 이야기한다. 공보관으로 일하면서 두 아이를 키우고 있는 45세의 이혼녀 라라는 다음과 같이 설명했다.

"커플로 살 때에는 매번 저 자신의 개인적인 부분을 매우 많이 포기해야 했어요. 아이들이 어렸을 때는 일을 덜 해야 했고, 외출하는 것도 포기해야 했고, 대학에서의 일자리마저도 포기했죠. 아이들 아빠가 '당신이 엄마잖아'라고 하면서 우리에게 닥치는 제약들을 나눠 하기를 거부했기 때문이에요. 집안일은 거의 모두 제가 맡아 했어요. 장보기, 음식 준비, 애들 학교 숙제 봐주기 등등. 남편은 휴가 가는 거나 생각하고 계획했죠. 이혼하고 나서는 다른 방식으로 살아가는 부부 생활을 만들어 보려고 애썼어요. 그렇지만 그것도 이전보다 전혀 나을 게 없었죠. 그래서 지금은 혼자 지내고 있어요."

자신의 계획을 세울 수 없기 때문에 많은 여성은 부부의 삶에 대한 계획에 철저하게 투자한다. 그렇지만 이렇게 하는 것은 직장 경력도 포기한 채 결혼 생활에 전념하면서 몇 년을 보내고, 어느 날 거리 위에 혼자 내버려질지도 모르는 위험한 짓을 하는 것이다. 작가이면서 코미디언인 62세의 마리에트는 이와 관련된 슬픈 경험을 겪었다.

"우리가 함께 살기 시작했을 때 저는 남편을 귀하게 대했어요. 남편을 공경했고 그가 제안하는 것을 다 맞춰서 해주었죠. 이젠 남편은 아주 멋지게 나이 든 사람이 됐어요. 60세의 남성들은 젊은 여성들에게 인기가 좋아요. 남편도 그걸 이용해서 이여자 저 여자한테 날아다닙니다. 저는 이제 존재감을 잃었어요. 삶의 연륜과 지혜와 영성이 아니라면 60살 먹은 여성은 이제 아무에게도 관심을 끌지 못하죠. 물론 폐경이 되면서 나는 오로지 여성적인 호르몬을 바탕으로 하는 일 말고 다른 것들을 구축해나갈 수 있는 가능성이 있어요. 단지 이 길을 아직 알지 못할 뿐이에요. 아직까지 한 번도 가보지 않은 길이어서……."

베이비 붐 시대의 여성들은 습관적으로 늘 자신이 퍼주는 데 익숙한 관계 속에 빠져버린다. 이 시대의 여성들은 여성의 자율성과 남녀평등을 주장했지만, 커플의 삶 속에서는 항상 전통적인 여성의 역할에 묶여 있다. 몇몇 여성들은 매우 활동적이고 개선하려는 의지가 불타서 자신의 주변 환경을 모두 감당하려는 목표를 세우기까지 한다. 이들은 이타적인 사랑의 속성을 띤 채, 남자들을 고치려고 하며, 폭력과 의존성으로부터 구해내려고 노력한다. 그러나 여자들에게 많은 것을 요구하는 남자들은 이에 속아 넘어가지 않는다. 대학교수인 49세의 이혼녀 엘리자베트는 다음과 같이 이를 증언해준다.

"어린 친구, 나는 여전사가 되고 싶었어. 가장 멋진 왕자님들에게 사랑받게 되기를 꿈꾸었지. 그래서 늘 남자들을 유혹할 방법만을 찾았어. 그런데 내가 그들을 도와주거나 구해줄 수 없었기 때문에 대신 그들을 기쁘게 해주곤 했어. 이제는 내가 내 주변 모든 남자를 책임지고 있어. 내가 더 이상 자기를 좋아하지 않을까 봐 늘 두려워하는 늙어버린 애인, 중요한 결정을 내릴 때마다 꼭 미리 나와 상의하는 전남편뿐만 아니라 어머니가 돌아가신 이후 돌봐드리고 있는 아버지, 힘들게 살아가고 있는 나이 든 친구들까지도. 이 남자들을 좋아하긴 하지만 내겐 너무 버거워. 이들은 내게 너무 많이 기대해. 마치 해를 따라 도는 해바라기처럼 나를 향해 돌고 있지. 이들 모두에게 도움을 주는 데도 이젠 지쳤어.

그래서 이들로부터 도망치려고 올여름에는 여자 친구 두 명하고만 휴가를 가려고 해. 우리 셋은 모두 인생의 같은 전환기를 맞고 있지. 모두 혼자 살고 있고, 직장도 이젠 지겨워졌고, 우리보다 심리적으로 너무 취약한 우리의 남자들을 부양하고 있어."

여성은 다른 사람들을 위해서 살아야 하는 존재로, 다른 사람의 욕구를 가장 중요시하며 살아야 하는 존재로 조건 지어졌다. 그래서 많은 여성은 자신이 진정으로 원하는 욕구가 무엇인지에 대한 생각을 상실했다. 여성들은 소련의 스타하노프 운동에 참가한 노동자처럼 용기 있는 모습으로 모든 면에서 영원히 싸워나가고자 한다. 여성들은 자신이 존재하고 있으며, 일할 권리가 있고, 착한 아내이며, 좋은 엄마, 애인, 딸임을 증명해야 한다. 휘청거리기라도 하면 이러한 모습으로 보이지 않게 된다. 몇몇 여성들은 남성과 함께 있을 때에는 본능적으로 자신의 욕구를 뒤로 보낸다. "누군가 제가 돌봐주어야 할 사람과 함께 있으면 저는 혼자 있다고 느껴지지 않아요"라고 엘리자베트는 말한다.

과거에 여성들은 남자를 받들어야 했고, 사람들은 여성들이 겸손하고, 온순하고 조심스럽고, 모욕을 주는 것에 순종하기를 기대했다.

부부 생활을 하는 동안 잔(번갈아가며 세 아이를 돌보고 있는 45세 이혼녀)은 늘 시간이 부족했던 기억이 있다. 낮에는 일하느라, 밤에는 아이를 돌보고, 집안 살림을 하고, 식사 준비를 하고 **어쩔 수 없이 해야 하는 여가 생활**을 하느라 자신만을 위한 시간은 전혀 없었다. 가끔 아무것도 하지 않을 수 있는 시간조차도 **아이들을 바람 쐬어주기 위해서** 시골로 나들이를 가야 했다. 어쩌다 안 가겠다고 해서 게으르고, 이기적이고 성숙하지 않은 엄마로 취급돼도 그냥 받아들이곤 했다.

그러나 혼자 살기 시작한 이후로 이제는 자신의 시간을 더욱 효율적으로 사용하고 있다는 인상을 받는다. 아이들과 함께하고, 책을 읽고 글을 쓰고, 외식을 하고, 전시회에 가거나 여자 친구들과 영화를 보러 가는 등 여가를 즐길 수 있게 되었다. 성생활에 있어서도 혼자 사는 한두 명의 남자 연인이 있다. 다시 부부 생활을 하는 것은 그녀에게는 시간 낭비로 여겨진다. 이제 그녀의 삶에는 더 이상 부부 생활을 들여 놓을 자리가 없다.

우리는 여성이 사적인 생활과 인간관계를 담당하고, 남성이 대외적인 생활이나 과학 등을 담당한다는 세상의 전통적인 관점에서 여전히 벗어나지 못했다. 또한 사랑을 성취하기보다 사회적 성공과 직업적 성공을 이루려는 여성들에 대해 여전히 반대하는 뜻을 표명하고 있다. 부부가 잘 지내려면 아내가 자신의 직장 일을 소리 소문 없이 조용히 해야 한다고도 생각한다. 간혹 여자가 아주 강한 성격이라도 드러내 보이면 남편이 아내에게 **짓눌려버릴** 거라고 여기면서 그 남편을 불쌍하게 생각하기도 한다. 반면 남편이 강한 성격을 보이면 정상이라면서 아내가 조용히 그늘에 있는 게 당연하다고 여긴다. 그래서 직업 면에서 크게 성공을 이룬 여성들은 남자들이 도망가거나 공격하지 않을까 걱정한다. 엘리자베트는 더 이상 이러한 양상을 받아들이지 않는다.

> "남자들을 겁먹게 하지 않기 위해서 무엇을 해야 하죠? 나 자
> 신이 아닌 다른 어떤 모습을 연출해야만 되나요? 남자들의 자
> 아를 지켜주기 위해서 내가 약한 척 연기라도 해야 한단 말인
> 가요?"

## 자율성에 대한 요구

여성은 모두 자율성을 획득해내야 하기 때문에, 커플이 살아가는
방식을 자발적으로 바꾸고 있다. 여성 대부분에게 전통적인 부부
의 틀에서 살아가는 것은 직업에서의 성공과 사회적으로 크게 성
공하는 것을 방해하는 족쇄로 여겨질 뿐이다. 이미 혼자 살기도 힘
든 세상에 한 남자의 여자로 살아가는 것은 또 하나의 제약을 더하
는 것으로 여겨진다. 그러면서 점점 더 많은 여성이 한 남자의 여
자로서 일상적인 삶을 살아가는 것을 거부하고 있다. 돈을 잘 벌어
서 자신의 삶을 잘 꾸려나가고 사회적으로나 직업적으로나 고무되
어 활동하는 여성은 점점 요구를 많이 하게 된다. 물론 사랑도 좋
지만 그렇다고 자신의 자율성을 잃으려고 하지는 않는다. 52세의
여의사 아니크는 다음과 같이 명확하게 이를 밝히고 있다.

> "전 남자가 필요 없어요, 돈도 충분히 벌고 있고, 물질적인 면
> 도 제가 다 관리하고 있고, 휴가도 혼자 떠나죠. 친구들도 많
> 고, 제가 원하는 대로 삶을 꾸려나간답니다."

1960년대에 미국의 페미니스트 베티 프리던Betty Friedan, 1921~2006은 대중을 지배하는 이야기가 어떤 방식으로 여성을 커플의 삶 속에 가두고 여성 자신의 정체성을 앗아갔는지를 보여주었다.[5] 오늘날 여성들은 자신에게 합당한 자리를 찾기 위해 노력하고 있으며 몇몇 여성들은 자신의 정체성을 되찾으려면 혼자 살아가야 한다고까지 이야기한다. 개개인의 삶의 중요성과 자기 자신을 실현해나가고 인간으로서의 행복을 추구하는 것을 중요하게 가르치는 사회에서는 남성들과 성적인 관계를 나누지만 커플의 삶이 가져다주는 거짓 안락함을 얻기 위한 자신의 독립성 희생은 거부하며 사는 여성들이 점점 더 늘어가고 있다. 이러한 여성들은 별것 아닌 연약한 존재의 역할을 하거나 자신에게 주어진 역할에 순종하기를 거부한다. 즉, 남편과 아이를 위해서 가정주부 역할을 하는 여성의 모델에 대해 동의하지 않는다. 이제는 더 이상 '누구누구의 여자'로 존재하기를 거부한다. 오히려 한 개인으로서 자기 자신이기를 원한다. 남자와의 관계는 자신의 삶을 살아가는 데 일조하는 '하나 더'일 뿐이다.

페미니즘 운동은 여성들에게 자신이 어떤 조건 속에서 살고 있는지를 깨우치도록 북돋았으며 결정적인 결과를 빚어냈다. 여성은 남성과의 관계에서 더욱 자기주장을 내세우게 되었다. 그래서 안정감을 느낄 수 있으면서도 자신을 갑작스럽게 놀라게 하거나, 흥분시켜줄 수 있는 남자를 원하게 되었다. 여성들은 여전히 매력적인 왕자님을 기대하지만 그렇다고 해서 모든 대가를 치르려고는 하지 않는다. 상대가 자신의 인격을 존중하지 않는다면 차라리 혼자 살기를 택한다. 소유욕이 강한 남성과 살다가 이혼한 30대, 실비는 만나서 사랑하고 싶은 남자에 대해 다음과 같이 묘사하고 있다.

"저는 독립적이거나 혼자 있고 싶은 욕구가 너무 커요. 그래서 자신의 삶이 있고, 나 없이도 따로 어울릴 친구들이 있고, 외출도 혼자 할 수 있고, 자기 일이 있는 남자가 필요해요. 물론 그는 사랑스럽고, 저에 대해 사려 깊고, 친절하고, 내 곁에 있는 사람이어야 하죠. 나랑 자주 만난다고 해서 나를 위해서 자기 일을 모두 멈추고 나만을 위해서 살아야 한다는 말은 아니에요. 오히려 반대로 자기 인생을 살아가고 자기 인생을 다른 사람과 나눌 수 있는 사람이기를 바라죠. 열정적이어야 하지만 그렇다고 해서 나와 자신을 융합하는 사람은 싫어요. 곁에 있어야 한다는 말은 실제로 몸이 옆에 있어야 한다기보다는 심리적으로, 정서적으로 내 곁에 있어야 한다는 말이에요. 특히 상대방의 친밀한 인간관계와 비밀의 정원을 존중하면서 각자가 진정으로 원할 때만 서로 볼 수 있는 능력이 있어야 해요."

이러한 부류의 여성들은 자신이 상대방이 원하는 대로 흘러가도록 허용하지 않기 때문에 남성들은 이런 여성이 다루기가 어렵다고 이야기한다. 이 주제에 대해서는 나중에 다시 언급하겠지만, 남성은 여성보다 성공하거나, 여성의 에너지를 능가하거나, 여성보다 문제 해결 능력에서 앞서려고 종종 무지 애를 쓴다. 사랑에 대해서 여성은 어떻게 주도권을 잡을지 잘 알고 있으며 일부 여성들은 남성의 마초 기질까지 가로채기도 한다. 또한 여성적인 남성을 대상으로 돈 후안처럼 노닐거나, 남성들을 **소비하는 것**조차 서슴지 않는다. 이런 여성들은 모든 것을 원한다. 남성다운 여러 속성을 지니면서, 키도 크고, 건장하고, 마음을 놓을 수 있고, 단단하면서

도 마초적이지 않고 여성적인 성격도 지닌 남성……. 실비는 다음
과 같이 구체적으로 제시한다.

> "저랑 수준이 맞으려면 상대방은 마초여서도 안 되고 저를 소
> 유하려고 해서도 안 됩니다. 신뢰할 수 있어야 하고, 심지가
> 굳고, 차분하면서도, 사려 깊은 사람이어야 하죠. 또, 지적이
> 면서도 재미도 있고, 재치도 있고, 저를 웃겨줄 수도 있어야
> 해요. 저는 존경할 수 있어야만 사랑할 수 있기 때문에 나약하
> 거나 저한테 얹혀사는 남자랑은 살 수가 없어요. 제가 사랑하
> 는 남성은 제가 모르는 다른 지평선을 발견할 수 있도록 해주
> 고 제가 미처 모르고 있던 것들을 알게 해주기를 원해요."

이런 여성 중 몇몇 **현대적인** 여성들이 자신에게 만들어진 보호막
을 스스로 견뎌내기 위해서 애를 쓰고 있다는 사실은 하나도 놀라
운 일이 아니다.


## 베이비 붐 세대 여성들의 성숙과 함께 찾아온 새로운 고독

이러한 여성들의 변화는 모든 세대에서 일어나고 있지만, 특히
2000년대에 50~60세가 된 베이비 붐 세대 여성들에게서 변화 양상
이 가장 두드러지게 나타나고 있다. 이들은 여성의 자유에 대해 확
신했기에 일을 하기 시작했고, 직업 영역, 부부 생활, 가정생활 등
모든 영역에서 성공하기를 원했다.[6] 베이비 붐 세대 여성들은 훌륭
히 일을 해내는 직장인이 되려 했고, 좋은 엄마도 되려 했으며 또
한 매력적인 연인이 되고자 애를 썼다. 그리고 일에 집중적으로 투

자하면서도 부부 생활을 잘 영위하려고 노력했다. 그러나 여성들이 이렇게 애쓰고 있는 그 시간에 이 세대의 많은 남성은 성적인 자유를 한껏 누리면서 불륜을 저질렀다. 이에 여성들은 배신감을 크게 느꼈다. 법학자인 51세의 지나는 다음과 같이 이야기한다.

"저는 15년간 결혼 생활을 했어요. 남편은 **일을 하고 있었기** 때문에 실제로는 저 혼자 아이들을 다 키웠죠. 그렇지만 저도 일을 하고 있었고, 남편만큼 돈을 벌었어요. 이런 생활을 하는 15년 내내 완벽하게 해내려고 정말 애를 많이 썼어요. 집안 경제를 잘 운영하고, 남편의 콜레스테롤 수치를 조절하기 위해 균형 잡힌 다양한 음식을 준비하고, 아이들이 과일과 채소의 맛을 즐길 수 있도록 준비해주곤 했죠. 게다가 남편이 내가 더 잘한다고 해서 연극이나 연주회 예약도 모두 제가 맡았어요. 그러면서도 남편의 욕구를 채워주기 위해서 매력적이고, 섹시하게 보이도록 애를 썼지요. 그런데도 그는 정기적으로 바람을 피웠고, 그때마다 가정을 깨고 싶지 않다며 내 곁에 남겠다고 했어요.

이혼을 요구한 건 나예요. 이혼한 걸 후회하지 않아요. 혼자 산 이후로 내 시간이 더 많아졌기 때문에 일에 더 집중할 수 있게 됐어요. 이젠 중요한 직책도 맡게 되었고 돈도 잘 법니다. 전남편은 외국에서 어려운 상급학교 공부를 하는 아이들의 양육 수당을 줄이려고 이걸 이용해요. 아이들을 생각하면 안됐지만, 하찮은 갈등을 또다시 새롭게 겪는 상황으로 들어가느니 제가 책임을 모두 맡는 게 차라리 낫습니다."

성공한 여성들은 이러한 변화의 소용돌이 속에서 만족스러운 관계를 유지할 수 있는 남성을 찾으려는 대신에 차라리 고독을 선택한다. 때때로 성관계까지도 배제하며 혼자 살아가는 생활을 통해 그녀들은 인생을 즐기고 스포츠와 여가 활동을 누릴 수 있게 되었으며, 여행도 할 수 있게 되었다. 이 모든 것은 이들에게 더 확실하고 안정적인 만족감을 선사해준다. 이러한 부류의 여성들에게 사랑은 곧 고통이고 구속과 같다. 뿐만 아니라 이제는 자신의 자유를 보호하기 위해서 자신의 삶을 구속하는 것은 어떤 것이든 다 거부한다. 그래서 때로는 사랑마저도 용납하지 않는다. 단지 성적인 면뿐만 아니라 한 남자와 저녁 데이트를 나가는 즐거움까지도 거부한다.

남성들에 대한 여성들의 이러한 새로운 의심은 여러 양태로 나타날 수 있다. 많은 여성은 자신의 남자가 어떻게 해서든 남성미가 넘치는 상태를 계속 유지할 방법을 찾았고, 남성적인 매력을 잃게 되면 슬퍼했으며, 자신의 남자가 너무 순진하고 연약하다는 게 드러나면 환멸을 느꼈다. 이전의 결혼 생활에서 학대당하거나 폭력을 경험한 여성들은 남자를 더 이상 신뢰하지 않으며, 남성들이 어떤 친절한 모습을 보여도 의심 어린 눈으로 지켜보게 된다. 어떤 여성들은 "나는 아무도 필요하지 않아요!"라고 하며 자신의 순수한 감정을 억제하고 완강하게 독립적으로 되기도 한다. 또 다른 어떤 여성들은 깊은 두려움을 키워서 어떠한 지적에도 지나치게 반응하기도 한다. 남성들의 빈약한 의견을 듣고, 남성들이 정서적인 대화를 나누는 수준에는 장애가 있으며 성적인 면에만 집착하는 것처럼 여기기도 한다. 때로는 남성들 없이 살아가는 세상을 꿈꾸기도 한다. 그래서 1986년에 출판된 SF《여성들의 바닷가

The Shore of Women》[7]에서 미국 페미니스트 작가 패멀라 사전트Pamela Sargent, 1948~는 핵폭발로 인한 희생 이후, 여성과 남성이 서로 나뉘어서 사는 세상을 묘사했다. 여성들은 자신들만의 도시에서 살며 문명과 기술을 유지한다. 반면 남성들은 초원과 숲에서 무리지어 여기저기를 떠돌아다닌다. 문명의 혜택 없이 무지한 채로 살아가면서 남성들은 그들의 정자를 주도록 **호출될** 때, 하늘에서 주는 축복이라도 받는 양 전자장치를 통해 성적 쾌감의 환상을 느낀다.

이 극적인 우화는 서양의 베이비 붐 세대 여성들의 마음속에 숨겨져 있던 의미 있는 감정의 한 부분을 노골적으로 표현하고 있다. 여성이 이전의 결혼 생활에 실망했거나 심지어 폭력을 당했다면 남성과의 생활을 매우 경계하게 된다. 그리고 이 세대 여성들의 남성에 대한 이러한 경계와 의심은 종종 딸에게 그대로 전달된다. 자신의 엄마가 아빠에게 배신당하고 버려지고 학대당하는 것을 보고 자란 딸들이 남성들에 대해 어떤 이미지를 가질 수 있을까? 재산과 양육 문제를 두고 서로 악담하는 부모를 보고 자란 자녀가 결혼에 대해 어떻게 신뢰할 수 있을까? 서로 구원하는 사랑이 아니라 파괴하는 사랑의 이미지를 갖게 될 것이다.

세 자녀를 혼자 키우며 **사람들**에게 남자에 대한 공포를 늘어놓던 엄마 아래서 자란 슈퍼마켓 계산원 37세, 마리아는 다음과 같이 증언한다.

"저는 외로워요. 사실 저는 늘 외로웠어요. 남자들, 저는 남자들을 믿지 않아요, 남자들은 섹스만 원하기 때문에 믿을 수가 없어요. 저는 아들을 한 명 키우며 일을 하는 게 전부예요. 내 가족이 있고, 여자 친구가 두 명 있는 걸로 충분해요. **남자들하**

고는 늘 무슨 뒷이야기가 있어요. 같이 사는 남자에게 늘 맞던 엄마처럼은 절대로 살지 않을 거예요."

혼자 사는 비율이 남성보다 여성이 더 많은 이유는 여성 중 일부가 남성과 관계 맺는 방식이 변했으며 이제는 쉽게 만족하지 않는 양태로 바뀌었기 때문일 것이다. 그런데 한편으로 2000년대부터 혼자 사는 사람의 분포에서 성별 차이가 두드러지게 벌어진 점을 고려하면 인구 통계학적인 이유도 한몫한 것으로 여겨진다. 남아와 여아의 비율은 일정하게 유지되고 있으며(여아 100명당 남아 105명) 30세까지는 여성 인구보다 남성 인구가 더 많다. 이후 55세까지는 남녀의 비율이 균형 있게 유지된다. 55세 이후부터는 여성이 점점 대다수를 차지하게 된다. 2003년 프랑스에 사는 국민 중 남성은 겨우 2,900만 명인데 여성은 3,070만 명에 달했다. 60~74세 인구에서는 여성이 평균 54퍼센트를 차지했으며, 75세 이상에서는 여성이 3분의 2를 차지했다.

혼자 사는 여성의 대부분은 도시에 사는 여성이며 학위가 있는 사람이다(간부직을 맡고 있는 여성의 5분의 1이 혼자 살고 있다). 그리고 그들의 독신 생활은 설사 스스로 선택한 것이 아닐지라도, 적어도 인터넷으로 함께할 남자를 찾을 수 있고 혼자 살기로 선택한 결과가 어떠할지를 알면서도 받아들인 경우다. 19세기에는 일꾼, 식모, 농촌의 하녀, 지참금이 없는 여성이 주로 혼자 살았듯이 가난 때문에 혼자 사는 여성이 많았지만, 이제는 능력을 갖춘 여성들이 혼자 사는 삶을 선택한다.

앞서 이야기했듯이 비록 경제적으로 더 힘들더라도, 프랑스에서는 여성이 이혼을 요구하는 경우가 더 잦다. 그리고 이혼한 많은 여성이 짐을 덜은 기분이며, 이제는 아무것도 포기하지 않으면서 마음대로 살 수 있을 거라고 말한다. 게다가 이전 세대는 어떻게 해서든 결혼하려고 하고, 결혼에 대해 **카트린 파티**fêter sainte Catherine, 처녀가 25세가 된 것을 축하하는 파티—옮긴이**를 하는** 것만큼이나 조금도 두려워하지 않았으나, 이제는 남성보다 여성이 결혼으로 엮이는 것을 더 많이 거부한다. 이러한 여성들은 공부를 하지 못했거나, 집안이 편안하게 돌아가기 위해서는 집에 있는 게 더 낫다고 남편이 강하게 제안하여 집안일 외에 다른 일을 하지 않았던 엄마 밑에서 자라난 딸들이다. 이들은 결혼이 가하는 여러 제약과 남편의 부정, 또 그뿐만 아니라 재정적으로 자유롭지 못해서 적당한 조건에서 이혼할 수 없는 것을 불평하는 엄마를 보고 자란 딸들이다.


## 고독을 선택함

이혼을 하고 나서 여자가 곧바로 전통적인 부부 생활을 다시 하려고 애쓰는 경우는 드물다. 이혼한 여성은 다시 결합하거나 다시 가족을 꾸리기 위해서는 회복할 시간, 즉 혼자 있을 시간이 필요하다고 자주 이야기한다. 45세의 라라가 다음과 같이 설명하는 것처럼 이들은 새로운 부부 생활을 하기 위해서 일정한 조건을 내건다.

> "다시 부부로 살고 싶어요, 하지만 이제는 그럴 만한 가치가 있다고 느껴져야 해요. 상대는 내게 자신뿐만 아니라, 물질적인 보장, 더 높은 사회 환경, 특히 지적인 면이나 문화적인 면에서의 자극, 내가 이제까지 몰랐던 다른 세상으로 진입하게 하는 것 등, 다른 것을 더 가져와야 해요."

대부분의 여성은 사랑의 관계를 의미하는 힘의 관계를 더 이상 원하지 않는다. 유혹하려고 하는 것에도, 한 사람이 다른 사람에게 영향력을 행사하는 것에도, 떠나고 혼자 남는 것을 늘 두려워하는 것에도 지쳤다. 어떤 여성들은 다른 파트너를 찾으려고 시도하기도 하지만, 그러기 위해서는 미리 준비해야 한다는 것을 잘 알고 있다. 우선 미련 없이 지나간 과거를 잊어야 하고, 자신의 욕구를 끌어올릴 섹시한 여성을 찾는 남성들 때문에 준비를 잘해서 여성스러움을 보여주어야 하며, 고민이 많은 여성은 매력적이지 않으므로 무겁지 않다는 환상을 주어야 하고, 미래를 납빛으로 만들고 싶어 하는 남자는 없으므로 재정 문제를 잘 관리할 줄도 알아야 하며, 행복한 척해야 한다. 식사 시간에 항우울제나 늘어놓으면서 어떻게 남자를 유혹할 수 있겠는가?

이렇게 많은 노력을 해야 하기 때문에 어떤 여성들은 아예 단념하기도 한다. 그들이 어떻게 이야기하든, 특히 여성 신문들이 뭐라고 이야기하든, 점점 더 많은 여성에게 사랑은 이제 1순위가 아니다. 여성들은 이제 먼저 자신의 직업에서 성공하기를 바라고 경제적으로도 안정성을 획득하고자 하며, 이 둘이 이루어진 이후에야 안정적인 사랑하는 관계를 신경 쓰게 된다. 간호사인 57세 베아트리스도 이 경우다.

"남자들이 보여주는 사랑에 대해서 의심하지는 않습니다, 그렇지만 그 사랑은 제가 그들을 돌봐주어야 하는 사랑이에요. 그리고 그런 사랑이 저는 이제 지긋지긋해요. 저는 직장에 다니면서 애들도 키웠고, 편찮으신 부모님도 보살펴드렸어요. 이제는 저를 돌봐줄 누군가를 만나고 싶어요. 하지만 그런 사

람을 만날 수 없다는 것을 알기 때문에, 차라리 혼자 사는 게
더 좋습니다."

오늘날 여성이 자율성을 획득하면 할수록 이혼 후 여성이 다시
결혼하기는 어려울 것이다. 여성은 자신의 시간, 돈, 취미 활동, 친
구들을 잘 관리하며 살아갈 줄 알게 됐으며, 조금이라도 제재가 들
어오면 참지 못할 것이다. 상황을 잘 다루어가면서 진짜 행복을 맛
보게 될 것이다. 혼자 잘 살아가는 여성들은 완벽주의자고, 흠잡을
데가 하나도 없으며 때로는 지나치게 통제된 자아를 가진 채로 완
벽함을 추구하는 여성들이다. 끔찍한 경험을 몇 번 겪은 여성들은
46세의 노라처럼 혼자 사는 것을 더 선호한다.

"남편이 하지 않았기 때문에 저는 혼자서 집을 유지하고, 시장
에 가고, 수리를 하고, 아이들의 숙제를 봐주고, 학교에서 요
구하는 것들을 알아서 하고, 여가 활동을 어떻게 운영할지까
지도 배워야 했어요. 효율을 높이기 위해 정말 극도로 체계적
으로 되어갔지요. 때때로 남편에게 도와달라고 했어요. 하지
만 그이가 도와주겠다고 하는 건 예외적인 일이었어요. 그리
고 그게 제겐 복잡하고 힘들었어요. 그래서 더 이상 부탁하지
않게 됐지요.
우리가 이혼하기 전에 부부 상담을 하러 갔을 때, 상담가는 우
리 생활에서 남편이 차지할 자리가 없었던 것 같다고 했어요.
하지만 이 집은 그와 함께이든 그가 없든 굴러가는 게 중요했
어요. 그가 떠난 이후로 실제 생활 면에서는 아무것도 변하지
않았어요. 저는 여전히 같은 고민과 같은 종류의 하기 싫은 일

을 하고 있지만, 이제는 제가 원하는 대로 계획해서 해나갈 수 있어요."

물론 혼자 살기로 정한 여성들이 아직도 전통적인 결혼 생활을 하는 사람들 눈에는 걱정스럽게 비치기도 한다. 이혼한 여성들은 동정 어린 눈빛을 받거나, 죄를 지은 것처럼 여겨질 수 있다. 사람들은 이들에 대해 뭐라고 하고, 이들이 문제가 있거나 또는 희생했을 거라고 생각한다. 또 어떤 사람들은 이들이 부정한 짓을 했을 것으로 의심하기도 한다. 마녀를 공공장소에서 불태워 죽였던 때가 그리 오래전 일은 아니다. 마녀들은 자유가 있고, 전지전능한 힘이 있어서 남성의 권력을 위협하기 때문에 그것을 파괴해야 했던 것이다. 결혼한 부부들은 이혼한 여성을 조심하며, 결혼한 부인들은 자기 남편을 앗아갈까 봐 두려워한다.

함께 사는 게 지겨웠던 남편과 이혼한 41세 교사인 코린은 다시는 부부 생활을 하고 싶지 않다고 이야기한다. 약간은 슬프기도 한 정숙한 모습으로 다시 자리 잡고 살아가는 게 두렵기 때문이다. 하지만 한편으로는 남자와 관계를 맺는 게 없어서 아쉽다고도 말한다. "혼자 사는 여자들의 문제는 우리끼리 따로 패를 짜는 거예요. 우리는 우리끼리 만나면서 함께 뭔가를 하는 게 좋아요. 하지만 결혼한 여성들이 자기 남편을 훔쳐갈까 봐 우리를 피하기 때문에 부부들끼리 만나는 모임에는 제외되죠."

자유롭거나 독립적인 방식은 지금까지는 남자들에게만 허용되었던 모습이라서 여성들이 이러한 모습을 보이면 때로는 마치 남자 같다든가 마초 같다는 말을 듣는다. 그러나 이러한 유형의 태도는 점점 줄어들고 있다. 혼자 사는 여성들은 전보다 비웃음이나 동정을 덜 불러일으키며, 사회의 압력에 대해서도 덜 고통스럽게 버텨나간다.

물론 이혼한 여성들이 사회에서 늘 쉽게 지낼 수 있는 것은 아니지만, 여성은 남성보다 혼자 사는 생활에 더 잘 적응한다. 이혼한 많은 여성이 사회적으로 풍성한 삶을 살며, 지적으로나 문화적으로 활발한 활동을 하고 있다. 이들은 다른 사람들에게 매우 많은 시간을 낼 수 있으면서도 한편으로 개인주의적인 취향으로 여겨질 수 있는 고독을 즐기는 취미 생활을 하는 등 아주 상반된 큰 차이가 있다. 이들은 많은 사람을 만나기 때문에 혼자 사는 여성으로 보이지 않으며 다른 사람에게 판단될 것을 두려워하지 않은 채 거리낌 없이 말하고 웃고 행동하는 여자끼리의 저녁 식사나, 자기 자신을 되찾은 장소에서 새롭게 살아가는 방식을 제시하기도 한다. 여성들은 혼자 살아가는 삶에 더 잘 적응할 뿐만 아니라 몇몇은 시골이나 산에서 혼자 자리 잡고 살아가는 삶을 선택하기도 한다.

> 39세 엘렌은 해고를 당한 뒤 시골에 있는 작은 집에서 살기 위해 고양이들을 데리고 파리를 떠나기로 했다. "도시에서 살면 외로워요. 실제로 온통 다 외로워요. 평화로운 곳에 있어도 외로워요." 직장에서는 구조 조정이 있을 때 경쟁자들을 의식했고, 권력을 차지하기 위해 싸우기도 했으며, 자기 자리를 지키기 위해서 다른 사람을 제거할 준비도 되어 있었다. 엘렌은 이러한 방식의 인간관계를 더 이상 유지하고 싶지 않았다. 안 그

래도 불안한데 더 불안한 것은 그녀가 임시직으로 일할 수도 있다는 점이었다.

정서적인 면에서는 이혼에서 벗어나 이혼에 대해 좀 더 명확하게 보기 위해서 시간이 좀 필요했다. "사랑받고 싶은 욕구에서 벗어나고 싶었어요. 이젠 아무도 필요 없어요!" 엘렌은 사람들과의 연락이 부족하고, 혹독하게 짓누르는 경제적인 조건 속에서도 어렵게 자리를 잡고 나서 평화로움과 정적 그리고 새벽에 시골에서 산책하는 부드러움을 즐기는 법을 터득하게 됐다. 엘렌은 이렇게 고립된 채로 평생을 살지는 않을 거지만, 파리로 다시 가는 일은 없을 거라고 이야기한다.

이혼하거나 사별한 여성들은 자신을 추스르기 위해서, 또 어떤 여성들은 잠시 휴식을 취하거나 자신을 되찾기 위해서 사람들로부터 좀 떨어져 사는 시기를 일부러 갖는다. 그녀들 중 몇몇은 단번에 고독한 삶을 살아간다. 혼자 잘 헤쳐나가는 것은 모든 여성에게 중요하다. 때로 의심하는 마음과 고통 그리고 버려졌다는 감정 때문에 자유를 획득한 대가를 비싸게 치르기도 하지만, 그건 용기와 그들의 가치를 증명해 보이는 길이기도 하다. 남성보다 여성이 혼자 살아가는 길을 더 많이 선택하는데 이는 여성의 자율성이 먼저 획득되지 않았기 때문이다.

정신분석가들은 혼자 사는 삶을 선택하는 여성들은 신체가 아버지에게 익숙해져 있다는 가설을 내세웠다. "카리스마적인 아버지와 딸 사이에 맺어진 무의식적인 관계는 어떠한 청혼자도 경쟁할 수 없을 만큼의 강한 연대감으로 맺어진 관계다."[8] 그렇지만 이들이 혼자 살고 싶어 하는 것은 오히려 권위적인 남편에게 순종하는 실패한 엄마를 보았기 때문이 아닐까? 혹은 실망해 있고, 따뜻함을 주지 못하는 엄마를 보았기 때문이 아닐까? 이런 부류의 여성들은 누구나 "엄마처럼 되기 싫어요!"라고 이야기한다. 시골에서 혼자 사는 여성들이 겪는 철저한 고독에 대해 증언하면서, 프랑수아 라페르François Lapeyre는 이런 여성들이 공통적으로 어머니 없이 어린 시절을 보냈거나 애정이 별로 없어서 어린 소녀에게 고독을 맛보게 한 어머니와 살았던 여성들이라고 보고했다.[9]

## 여성들의 연대감

여성이 자율성을 획득해나가는 데 있어서, 다른 여성들이 종종 큰 지지 세력이 되어준다. 혼자 사는 여성끼리는 연대감이 크게 나타나며 자기끼리의 은밀한 합의가 이루어지기 때문이다. 폭력적으로 서로 갈라서게 된 후 매우 불안했던 60세의 이네스가 다시 안정을 되찾을 때까지 그녀는 글자 그래도 친구들에 의해 **지탱되었다.** 친구들에게 그녀는 다음과 같이 쓰고 있다.

> 너희 중 몇몇은 서로 잘 알지만 서로 모르는 사람도 있지. 또 너희 중 몇몇은 서로 닮기도 했어. 몇몇은 닮은 구석이 전혀 없기도 하고. 그렇지만 너희는 공통적으로 모두 나의 친구야. 내가 총체적으로 안갯속에 휩싸여 있을 때, 길을 찾을 수 있도록 도와주었고, 길 위에 발을 딛고 올바로 서 있을 수 있도록 해주었어. 내가 삶의 맛을 다시 찾을 수 있도록 해주었지. 너희 모두는 내게 "밤이건 낮이건 언제라도 내가 필요하면 전화해!"라고 말하곤 했어. 너희는 나를 집으로 초대해 맞아주었

지. 나는 어떤 때는 잠옷과 칫솔을 여기저기 꾸겨 넣은 채 그냥 너희 집으로 가기도 했어. "내일 뭐하니?" "아무것도 안해." "그럼 가방 챙겨. 내일 바다로 데려가줄게." 이렇게 말하거나 "오늘 저녁에 재즈 페스티벌이 있는데 거기 가자"라고 하면서 날 납치하듯 어디로 데려가준 것도 여러 번이었어.

너희와 있을 때는 알아서 해주게끔 나 자신을 너희에게 다 맡겼지. 너희는 오로지 나만을 위해서 이런저런 음식을 준비해주면서 날 소중하게 대해주었어. 포도주 창고에 내려가서 "이 포도주는 분명히 마음에 들 거야!"라고 하면서 좋은 포도주를 들고 올라오기도 했지. 너희는 개인적으로 수집하고 있는 영화 중에서 가장 멋진 것들만을 골라서 보여주기도 했어. 너희와 함께 많이 웃었던 거 같아. 우리는 남자들의 나쁜 점에 대해 흉도 많이 봤어. "우리 신랑 말이야. 내게 무슨 짓을 했는지 아니?" "진짜!" "진짜라니까!" 이렇게 말을 마치고 얼마나 미친 듯이 자유롭게 웃음을 터트렸던지! 너희는 나를 꼭 안아주기도 했어. 파도 소리를 들으며 함께 해변을 걷기도 하고, 내가 옷을 다시 사고 싶게도 하고, 액세서리를 바꾸게도 하고, 나를 다시 바라보게 했어. 전화를 늦게 걸면 끊어야 할 마지막 순간까지 내 이야기를 다 들어주었지. 날 도와주려고 밤 열한 시에 전철로 파리 시내를 가로질러 와서는 소파에서 겨우 몇 시간 잠들다 가기도 했어.

너희 덕분에 순간순간의 평화로움과 기쁨을 맛볼 수 있었어. 너희는 꼭 필요한 말을 할 줄 알았고, 들을 줄도 알았지. 또 〈행복한 내 인생이여 Gracias a la vida〉라는 노래도 하게 했어.

나는 오늘 너희가 해주었던 모든 것을 돌아보았어. 너희를 알게 된 축복과 너희같이 멋진 여성들과 나누는 끈끈한 우정의 연대감이 얼마나 막강한지 돌아보았어.

안타깝게도 여성들은 남성과의 관계보다 여성 사이에서 더 깊고 풍요로운 관계가 유지된다고 이야기한다. "내가 레즈비언이었으면 얼마나 좋았을까, 그랬으면 훨씬 간단했을 텐데!" 하지만 여성과의 관계가 가벼울 수 있는 이유가 성적인 욕구에서 벗어난 관계이기 때문은 아닌지 생각해볼 수 있다. 여성과의 관계가 더 풍요롭다는 말은 여성들이 남성을 사랑하지 않는다는 뜻이 아니라, 단지 여자 친구끼리의 관계가 훨씬 덜 복잡하다는 의미다. 여자 친구끼리 있을 때는 서로 합의점을 느낄 수도 있고 가볍게 웃을 수 있으며 무엇보다도 서로 간의 연대감을 느낄 수 있다. 가정 방문 사회복지사인 53세의 크리스틴의 말을 들어보자.

"저는 활동적인 제 모습을 좋아하는 친구들과 같이 있는 게 좋아요. 여자들과 있으면 편해요. 관심사도 같고, 같은 주제로 웃어댈 수도 있죠. 하지만 남자들이랑은 허리가 끊어지도록 웃을 수 없어요. 남자들과 있을 땐 그들이 좋아할 만한 모습을 보여주어야 해요. 치마를 입어야 하는데, 그것도 어두운 색은 안 되죠. 난 이제 남자들에 대한 환상이 다 걷혔어요. 딱 보고 바로 분류를 해버리죠. 좋은 여자 친구들을 사귀는 게 더 좋아요. 내가 잘 베푸는 성격이니까 답으로 돌아오는 것도 많거든요."

혼자 사는 여성들은 남자와 **함께하는 건** 말도 안 된다고 여기면서, 자기들끼리 재미있게 놀며 즐거운 시간을 보내는 것만으로도 충분한 청소년기의 소녀들처럼 여자끼리 만나서 어울리는 것을 좋아한다. 여성들은 자유로워지면, 할 수 있었던 모든 일을 단념해야만 했던 것을 거부한다. 한 남자와 함께한다는 것은 다른 모든 것을 포기한다는 것을 의미한다. "내가 한 남자로부터 자유로워지면, 다른 모든 남자를 즐겁게 해줄 수 있지요." 혼자 사는 여성들은 다른 무엇보다도 **자신**을 기쁘게 하는 삶을 가장 바란다.

## 아이를 갖고 싶은 욕구

앞서 살펴보았듯이 성숙한 여성들은 혼자 사는 삶 이외에 다른 여러 주제에서도 새로운 방식으로 삶을 살아간다. 많은 여성이 커플로 사는 삶을 시작하는 시기를 점점 더 늦추고 있다. 이러한 선택을 하는 여성들은 대부분 직장에서 중요한 직책을 맡고 있으며 학위가 있다. 그리고 40세가 가까워져서 커플로 사는 삶을 살기로 결정할 때, 아이를 한 명만 갖거나 아예 갖지 않을 위험을 감수해야한다. 생식에 있어서 남성과 여성은 서로 차이가 있다. 남성이 이론상 무제한적으로 자식을 만들 수 있는 것과는 달리 여성은 자연적으로 생식이 가능한 시간에 제한이 있어서 나이를 먹는 것은 생체학적인 시간이 계속 흘러가고 있다는 의미다.

의식적으로든 무의식적으로든 성숙한 여성은 아이를 가질 수 있다는 점 때문에 커플로서의 삶을 추구한다. 이들은 엄마가 되고 싶어서 아이의 아빠를 찾는다. 37세의 에스텔도 같은 경우다.

"저는 아이를 가질 준비가 다 되었는데, 한 가지 부족한 게 있

어요. 바로 아빠감이에요. 나는 혼자 아이를 만들고 싶지 않지
만, 40세가 되어도 계속 혼자 살게 되면, 그냥 아이를 혼자 낳
을 생각이에요."

이제는 어쩌다 실수로 아이를 갖게 되기보다, 가장 적절한 때에
계획에 따라 아이를 낳을 수 있게 됐다. 이제는 아빠감을 찾는 일
보다 아이를 갖기로 결정 내리는 게 더 쉬운 일이 되었다. 그리고
35세경에 일부 여성은 아이를 낳게 해줄 남성을 찾기 시작한다(이
상적인 남자를 만나지 못한 채로 40대 나이가 가까워지면 여성들은 인공
수정을 위해 벨기에의 인공수정센터 문을 두드릴 수 있다[10]).

36세의 뮈리엘은 커플의 삶을 2~3년씩 여러 번 경험하고 난
뒤, 결국 임신한 상태로 결혼을 했고, 남편과 파리에 보금자리
를 틀었다. 그런데 안타깝게도 파리로 이사한 지 얼마 되지 않
아 유산하게 되었고, 남편은 그녀를 떠나버렸다. 유산을 겪고,
바로 또 결별을 겪으면서 받은 정신적 충격으로 그녀는 우울증
에 빠졌고, 이 우울증은 전남편에 대한 분노의 가면을 쓰고 나
타났다. "그 사람은 가족을 원했을 뿐, 나를 사랑했던 건 아니
었어!" 우울증 치료를 받은 지 몇 주 지나자, 뮈리엘은 원래의
활기를 되찾았으며, 자신이 사는 동네에서 다른 만남을 찾기
위해 동네 사이트에 가입하고 만남을 주선해주는 다른 사이트
에도 동시에 가입했다. "나는 남자와 사랑하지 않고 사는 삶은
생각할 수가 없어." 그녀는 혼자 있는 게 정말 힘들다고 말했
는데, 열여섯 살 때부터 계속 커플로 지내는 생활을 해왔기 때
문이라고 했다. 특히 그녀는 아이를 갖고 싶어 했으며, 36세에

유산을 하고 난 후, 더 이상 시간을 낭비할 수 없다고 했다. 뮈리엘은 마케팅 담당 임원이어서 사람들을 많이 만날 수 있지만, 지방 출신이어서 파리에서는 인맥이 충분하지 않고 커플로 사느라고 친구들과도 멀어졌기 때문에 사이트를 이용했다.

뮈리엘은 인터넷에서 파트너를 찾기 위해 매우 적극적으로 임했다. "마음에 드는 사람을 만났어요. 그런데 이런저런 게 완벽하게 맞아떨어지지 않아서 더 좋은 사람을 찾을 수 있나 보러 가야겠어요." "서로 만날 준비가 되어 있어도 적절한 시기에 좋은 사람을 만나는 게 쉽지 않아요." 뮈리엘은 대부분의 만남에서 속도가 빠르고, 상대도 거의 금방 사랑에 빠진다. 뮈리엘은 처음부터 아이 이야기를 한다. 처음 시작할 때부터 분명하게 해두는 게 낫다고 생각하기 때문이다.

뮈리엘은 사람을 만나는 사이트에서 몇 주 동안 노력한 결과, 자신에게 적합한 남자를 만나게 됐다. 하지만 이 만남은 겨우 두 달 만에 끝났다. 상대 남자가 아직 마음이 열리지 않는다며 충분히 사랑에 빠지지 않았다고 전화로 관계를 정리했기 때문에 뮈리엘은 무척 실망했다. 그래서 곧 다른 남성을 만났지만, 뮈리엘이 점점 더 많은 것을 요구할 것 같아 만나는 것을 바로 중단하고 싶다며 또 관계를 끊었다. 최근 소식에 의하면 뮈리엘은 마드리드에 사는 영국 사람을 만났다. 우선 서로 알아가기 위해서 화상 카메라를 통해서 가상 세계에서 알아간 뒤, 실제로 알아가기 위해 마드리드로 그녀가 직접 갔다. 실제로 만나면서 사귄 게 아니었는데도, 실제로 만났을 때 그들은 서로를 잘 아는 것 같은 감정을 경험했다. 이후 두세 번 더 만난 뒤, 사랑을 느끼게 되었고, 앞날을 계획하게 되었다. 이들에게는 아이가 생기기 전에, 같이 살기 위해 어느 나라를 선택해서 정착하는 게 좋을지가 고민이다.

아이를 갖는 일은 한 인간에게 자아도취적인 성취감을 이루는 요인인 경우가 많다. 그래서 아이에게 자아도취적으로 정성을 쏟기도 한다. 아이를 갖는 것은 사회적으로 자신을 재생산하는 일일 뿐만 아니라, 자신의 자아를 연장하는 상징이며, 꿈꾸어온 사랑을 연장하는 수단이 되기도 한다. 정서적인 소비의 대상이라고도 말할 수 있을 것이다.

48세의 그웰러디는 열두 살인 아들 루이의 아빠인 베르나르와 5년 전부터 헤어진 채로 살고 있다. 이혼한 이후, 이성적인 관계나 직업 활동을 전혀 하지 않으면서 혼자 지낸다. 그녀의 삶은 오로지 아들에게만 초점이 맞추어져 있다. 아들을 물질적으로 편리하게 하려고 늘 보살피며, 학교 성적을 잘 받을 수 있도록 살펴주고 있다. 숙제도 늘 챙겨야 해서, 아이가 수요일이나 다른 주말에 아빠를 만나러 가면 숙제를 하지 못할 것을 고려해 미리 숙제를 하게 한다.

아들을 맡는 일에 관해 남편과 전혀 합의된 게 없기 때문에 남편의 일정에 맞추어 자신의 시간을 조절해야 한다. 이런 방식을 통해서 베르나르는 자신이 그웰러디에게서 원하는 것을 얻어냈다. 즉, 아이가 만족감을 얻게 하려고 그웰러디 스스로 순수한 한 인간으로서의 자신의 삶은 다 포기하고 오로지 아이만 돌보도록 만든 것이다.

사실 자기 혼자 아이를 키우면서 물질적인 면과 정신적인 면을 혼자 모두 담당해야 하는 여성들에게는 혼자 사는 삶이 특히 어렵다. 그들의 삶은 직장 일, 식사 준비, 아이의 과제물 관리, 집 정리 등 물질적으로 꼭 해야만 하는 일로 꽉 차 있어서, 자신만의 삶을 위한 여유가 없다. 외출이라도 하려면 베이비시터 급여를 지급해야 하고, 모두 그럴 만한 경제적 여유가 있는 것은 아니기 때문에 유일하게 휴식을 취할 수 있는 일은 텔레비전을 시청하는 것뿐이다. 부부로 살던 시절에도 이러한 부담을 나누는 일은 그리 명확하지 않았다. 남편이 협조해주지 않아서 여성 혼자 집안을 관리하고 아이의 교육을 담당해야 한다면, 커플로 사는 삶이 안정을 가져다줄 거라는 기대는 환상에 불과하다.

엄마라는 역할은 모든 것을 담당해야 한다. 엄마는 모성으로 아이를 양육해야 하면서도 동시에 안 된다고도 해야 하기 때문에 여성 혼자서 아이를 키우는 일은 쉬운 일이 아니다. 이러한 교육적인 성향을 띤 모권제는 아이가 현실에서 도피하고 자기도취적인 성격을 형성하기 쉽게 한다.

34세의 나탈리는 함께 딸을 낳은 남성과 이혼했다. 나탈리는 아직 아이 학교와 자신의 직장 근처에서 살 작은 집을 찾지 못했기 때문에 아버지와 아파트에서 함께 살고 있다. 그런데 월세를 내고 나자 돈이 다 떨어졌다. 생각해보니 자신의 일과 아이 말고는 다른 무엇도 할 시간이 없는 것 같았다. "난 오로지 엄마로서만 살고 있네!" 나탈리는 아무도 유혹하고 싶지 않았고, 리비도는 완전히 바닥에 있었다. 하지만 경제적으로 훨씬 도움이 될 것임에도 불구하고 바로 커플로 사는 삶을 시작하

고 싶지 않았다. "저녁에 혼자 자는 게 기분이 아주 좋아요. 집
에 남자가 있게 하고 싶은 마음이 없어요. 권력 다툼을 하는
게 이젠 무서워요."

　물질적으로 어려움이 크기 때문에 아이가 있는 이혼한 여성들은
경제적인 동기에서 다시 전통적인 가정을 꾸리고 싶어 하게 된다.
어떤 사람들은 아이들이 반대하기 때문에 커플로 다시 시작하지
않는다고 이야기한다. 그러나 자신의 엄마가 다시 누군가를 찾아
서, 어떤 식으로든 정상적인 생활을 하기를 바라는 아이들이 훨씬
더 많다. 그래서 친구들이 "우리 새아빠"라고 하는 것처럼 자신들
도 그렇게 말하고 싶어 한다. 특히 엄마를 걱정하는 일을 멈추게
되기를 원한다. 결론적으로 말하면 엄마 혼자 살아가는 것과 혼자
사는 엄마가 감당하고 있을 무거운 불안과 죄책감의 짐을 보는 것
을 견디기 힘들어하는 아이들이 많다.

　우리는 현재 정서적으로는 엉터리로 살고 있는 시대를 살아가고
있다. 이론적으로는 여성이 남성과 동등한 권리를 획득했다고 하
지만, 여성의 새로운 역할에 적합한 정서적인 면이나 사랑과 관련
되어 어떤 모델이 적합한지에 대해 적응해갈 일이 남았다. 즉, 남
성과 잘 나누어 가질 수 있는 새로운 역할 모델을 찾아야 한다. 그
런데 자신의 욕구와 모성과 친밀성을 거부하지 않으면서도 받아들
일 수 있는 새로운 역할을 감당하는 일은 어려운 과제다. 여성들은
권리가 더 많아지는 것을 좋아하겠지만, 우리가 살고 있는 이 단단
한 사회에서 더 많은 권리를 쟁취하기 위해 감당해야 할 것들을 해
낼 만큼 실제로 준비되지는 않았다. 여성들은 베아트리스가 자기
방식대로 말하는 것처럼 때로는 안심할 수도 없고, 자리를 빼앗길

것 같은 느낌도 받는다. "나는 오랫동안 내 걱정거리를 함께 나누어주고, 일상에서 생기는 여러 구속의 무게에서 벗어나게 해줄 단단한 남자를 꿈꿔왔어요."

그러나 우리가 뒤에서 살펴보겠지만, 남성 역시 스스로 어떤 변화를 만들어내면 그것에 깊게 영향을 받곤 했다. 뿐만 아니라 남성은 고독을 직면하고 감당하는 데 여성보다도 훨씬 더 어려움을 겪는다.

# 남성들을
# 구해주세요!

쿠카이 광고

남성들을
구해주세요!

쿠카이 광고

# 3
# 혼란에 빠진 남성

나폴레옹법전에서 프랑스 아내는 남편에게 종속되게 되어 있다. 결혼한 여성은 남편의 허가 없이는 물건을 팔고, 여행을 하고, 일을 하거나 상속을 받는 것이 허락되지 않았다. 그러나 페미니즘 운동가들의 압력을 받고, 이러한 대부분의 오래된 족쇄들은 사라졌다. 원칙적으로는 여성이 남성과 동등한 권리를 차지했으며, 남성은 조상이 누리던 특권을 잃게 되었다. 사랑이나 성을 비롯해 모든 영역에서 찾아온 남성과 여성의 동등성이 그들의 관계 양상에 엄청난 변화를 가져왔으며 남성에게 정체성의 위기를 불러일으켰다.

## 안정성을 잃은 남성

몇몇 남성들은 사회에서 여성의 힘이 세지는 것에 맞서 저항하기도 했으며, 전통을 많이 따르는 남성들은 남녀평등을 거부하기도 했다. 많은 남성이 여성의 힘이 세지는 것을 걱정하고 있으며, 자신들이 권력을 잃었다는 것을 의식하고 있다. 더 이상 자유로워진 여성을 지배할 수 없게 되자, 남성들은 자신들이 별 수완이 없다는 점을 두려워하고 있다.

남성은 전통적으로 직업적인 면이나 남성적인 매력 속에서 자신의 정체성을 찾으려고 했지만, 오늘날에 와서는 이러한 확신을 잃었다. 남성 주변은 모든 것이 안정적이지 못하다. 직업적인 면에서 자신의 일자리를 계속 유지할 수 있을지에 대한 확신이 없고, 집에서는 부모님의 조언보다 방송 매체를 통해 주입된 가치 세계를 더 따르는 자녀를 통제하기가 더욱 어려워졌다. 마지막으로 부부 사이에서 남편은 아내가 집안일을 나누어 하기를 요구한다고 지각하고 있으며, 여성은 성적으로도 확실한 만족감을 주기를 요구하고 있다. 여성이 해방되자 남성은 상처받기 쉬운 자신들의 특성을 맞닥뜨리게 되었으며, 또한 자신들이 여성에게 정서적으로 많이 의지하고 있다는 것을 알아차리게 되었다.

여성이 강해 보이고 보호받을 필요를 느끼지 않을 때 남성들은 고민하게 된다. "내가 도대체 어떤 쓸모가 있지?" 남성들은 독립적인 여자가 좋다고 이야기하지만, 실제로는 여성의 자유를 잘 견뎌내지 못한다. 여성이 자신을 필요로 하지 않고도 잘 지낼 수 있는 모습을 보이면 남성은 버려졌다고 느끼며, 여성이 조금이라도 앞서면 자아도취에 빠졌다고 여긴다. 과하게 활동적인 여성을 대하면 남성 대부분은 수동적이게 된다. 그래서 서로 관계를 약속하거나, 관계에 변화가 생기거나, 아이들에 대한 책임 등 모든 면에서 겁을 먹는다. 그리고 부부 생활이 잘 굴러가지 않으면 자신이 이해받지 못한다고 느끼며, 희생당하고 있다고 여긴다. 여성이 남성을 떠나면 남성들은 늘 다음과 같이 비난한다. "넌 거세된 여자야, 아이도 독차지하고, 성적으로도 충분히 시간을 내주지 않잖아!"

그렇지만 여성으로서는 끊임없이 불평만 하는 남성이 지겨울 뿐이다. 41세의 코린이 하는 말을 들어보자.

"만남을 주선하는 사이트에서 만난 필리프는 자신을 열정을 다해서 적극적으로 일하고 있는 사장으로 소개했어요. 그런데 카페에서 실제로 만나자마자 필리프는 "손수건을 꺼내 눈물을 닦을 준비를 하세요!"라고 하면서 바로 자신의 불행에 대해 하소연하기 시작했어요. 저는 그를 불쌍히 여기거나 이야기를 더 자세히 들으려고 하지 않았는데도, 그는 부부 생활에 대한 근심거리, 전처가 요구하는 엄청난 별거 수당, 무례한 자식들에 대해 아낌없이 모조리 이야기했어요. 그러더니 최근에 해고당한 이야기로 시작해서, 자신이 일하는 분야에서 55세의 나이로는 월급을 받는 직장을 찾을 수 없어서 벌어지는 감당해야 할 일들에 대해서 이야기를 털어놓았어요. 그는 30분 내내 내가 동조해주기를 요구하면서, 다른 사람에 대한 불평불만을 멈추지 않았지요.

저는 남성들이 불행을 호소하는 게 지긋지긋해요. 이런 남자는 저를 유혹하기 위해 최소한의 노력을 하는 것조차 부끄러워할 수 있어요. 이전의 남자들처럼 누군가 자신을 돌보고 고독을 충족시켜주기를 바라죠. 이런 남성들에게는 여성을 구하러 오는 기사도 정신은 눈곱만큼도 없어요. 사회보장제도로 도움을 받고 있는데도, 직장에서의 어려움과 자신을 버린 부인과 아이들에 대한 의무에 대해 하소연하는 남성을 어떻게 꿈꿀 수 있을까요?"

남성이 여성보다 부부로 사는 것을 더 바라는 이유는 여러 영향에 취약하기 때문이다. 부부로 사는 삶은 그들을 안전하게 해준다. 남성은 지출과 양육에서 자율성을 **보장해주는** 여성을 원하면서도, 여성이 정서적으로는 자신에게 의지해서 자기가 여성을 데리고 살 수 있기를 원한다.

## 전형적인 여성성과 남성성의 위기

남성들은 명확하게 말하기를 주저하지만, 남성은 자신의 나이와 상관없이 **여성스러운** 여성을 더 찾는다. 남성의 의식에서 여성스러운 여성이란 섹시한 여성 즉, 성관계하기에 **좋은** 여성이다. 결혼해서 아이가 둘 있는 42세의 마르크는 다음과 같이 소개한다.

> "저는 여성에게서 늘 극도로 여성스러운 면을 찾았어요. 다리를 드러내 보이는 치마, 쫄바지가 아닌 스타킹, 하이힐, 빨간 립스틱, 귀걸이 등……. 여성스러운 여성은 조심성이 있고, 약하며, 나서지 않는 여성이에요. 그녀가 누군가의 관심을 끈다면 적극적이기보다는 소극적인 방법을 통해야 하고, 특히 아주 지적이지는 않아야 하죠.
>
> 나는 스스로 현대적인 남성이라고 여기지만, 내 마음속에는 여성에 대한 두 가지 이미지가 존재해요. 첫 번째 여성이 함께 잠자리를 하는 대상으로, 만나는 자체에 의미가 있는 여성이

라면, 다른 한 여성은 함께 인생을 살아갈 수 있는 여성이에
요. 내 아내는 바지를 자주 입어요. 아내가 치마를 입거나, 스
타킹을 신을 때는 오로지 나를 기쁘게 해주고 싶을 때뿐이지
만, 이럴 때도 그리 흔하지는 않아요."

여성들도 똑같이 직업을 가져야 남성들은 흡족해한다. 이론적으
로는 남성 대부분이 자기 아내가 직장을 갖기를 원한다고 밝히고
있지만, 실제로 남성들은 여전히 학위가 낮고 직위도 그리 높지 않
은 여성을 만나려는 걸 멈추지 않고 있다. 나이가 많은 남성일수록
자신의 배우자가 다시 집을 맡아 관리하고, 애들을 양육하기를 바
란다.

이러한 전통적인 부부의 구조는 만남을 주선하는 인터넷 미팅 사
이트에서 특히 잘 나타난다. 이혼하거나 사별한 지 얼마 되지 않은
일부 남성들은 편안한 사회적인 여건을 회복하거나, 부부 동반으
로 외출하거나, 손님을 접대하는 등 보통의 부부 생활로 다시 돌아
가기 위해서 인터넷 미팅 사이트에서 전처의 역할을 대신해줄 여
성을 찾는 모습을 보인다. 은행 여직원인 38세의 엘로디가 겪은 일
을 살펴보자.

"저는 미팅 사이트를 통해서, 집안 살림만 하던 아내와 막 이
혼한 남자를 만났어요. 우리는 성적으로 급속도로 아주 좋은
관계를 맺어갔죠. 그는 다시 부부로서의 생활을 되찾고 싶어
했고, 경제적인 면에서 자유로운 여성을 찾고 있었어요. 전처
에게 위자료로 엄청난 돈을 지불해야 했기 때문이었죠. 하지
만 누군가가 자기를 챙겨주는 것에 익숙해져서 친밀한 관계

안에서 여성과 관계를 맺어가는 방식을 바꿀 마음의 준비가 되어 있지 않았어요. '집안일을 도와줄까?' 라고 묻는 일도 절대로 없었고, 식당에 외식을 하러 가서도 계산을 하려고 하지 않았어요.

어느 날 저녁, 너무 지치고 짜증이 나서 그에게 저를 좀 더 도와달라고 부탁했어요. 그러자 그는 제가 여성스럽지 못하고, 실크 속치마를 입지 않고, 화장을 충분하게 하지 않고, 수염이 난 것처럼 보이는 솜털을 염색하지 않았다며 싫은 소리를 했어요. 저는 이 사람이 제가 지출을 나누어서 하고 경제적인 면을 책임져주는 것을 인정하면서도, 한편으로는 **남성적인** 위치를 지키고 싶어 한다는 것을 알아차렸어요. 이 사람은 제게 성적인 것 외에는 아무것도 제시할 것이 없었기 때문에, 저는 도망쳐 나왔어요. 침대에서 함께 있을 남자를 갖기 위해서 제가 비참한 인생을 살아야 한다면, 그러니까 물질적인 압박은 더욱 커지고, 자유는 더욱 줄어든다면, 차라리 섹스 없이 사는 편이 더 낫죠."

사회에서는 늘 남자아이가 지배적인 역할을 하고 자신이 힘이 있다는 사실에 의구심을 품지 않도록 준비시키지만, 현실에서는 이러한 태도가 더 이상 유지될 수 없다는 것을 빨리 보여줄 책임이 있다. 그럼에도 남자아이들은 이러한 변화를 받아들이기 어려워하고 있다. 그 이유는 남자아이가 연약함을 보이면 비난받게 되고, 남자아이들은 자제하도록 배우지 않은 유일한 감정인 분노나 질투 외에는 다른 수단을 가지고 있지 않기 때문이다.

우리 사회는 효율성과 성취를 과하게 중요시하며, 여성들조차도 여전히 어떤 상황에서는 남성이 공격적으로 보이는 걸 기대하고 있다. 우리는 방법이야 어떻든 상관없이 어디서나 최고가 되어야 하는 사회에 살고 있다. 어떤 직종에서는 경쟁이라는 명목 아래에 파렴치하게 구는 것도 가치 있게 여겨진다. 여성이 마땅히 **여성스러워야** 한다면, 남성 역시 **남자답다**는 코드에 따라가라고 강요되고 있다. 강하고 힘이 세다는 남성에 대한 정형화된 특성은 때로 견디기가 버겁다. 또한 남성들은 자신보다 더 약한 사람을 짓밟아버리는 것 외에 약한 모습을 감출 다른 방법을 찾지 못하고 있다. 정신분석가인 크리스토프 드주르Christophe Dejours는 이렇게 말한다. "남성성은 다른 사람에게 행하는 폭력, 특히 여성들을 위시하여 자신에게 지배받는 사람에 대한 폭력을 기준으로 정확하게 측정된다."[1]

수십 년 전부터 남녀 간의 전통적인 구조는 변화되었다. 하지만 일부 남성들은 여성과 동등해진 관계 안에서 자신의 남성성을 잃게 될까 봐 두려워하고 불안해한다. 남성에게 변화는 아직 잘 흡수되지 못했다. 남성은 여성이 전문적인 면에서 더 알려지거나 돈을 더 많이 버는 등, 자신보다 사회적으로 더 성공하는 것을 견뎌내기 힘들어한다. 의사인 52세, 아니크는 다음과 같이 이를 증명하고 있다.

"저는 경제적인 면에서 자유로운 여자인데, 그 면이 남성과의 관계에서 문제를 많이 일으켰어요. 남편과도 그랬죠. 제가 그보다 수입이 더 많아지자 모든 면에서 관계가 훼손되기 시작했어요. 우리 부부는 둘 다 의사였는데, 제가 그보다 더 빨리 성장하고 긍정적인 평가를 더 많이 받게 되었죠. 우리가 이혼할 때에 남편은 자신을 더 추스르기 위해서 저를 더 무시하고 모욕을 주어야 한다고까지 느꼈던 것 같아요.

이후에 제가 보호를 받아야 하는 연약한 작은 여성으로 저를 보여주었을 때는 상대 남성과 잘 지냈지만, 제가 조금이라도 힘을 보여주거나 단지 제가 단단하다는 것을 보여주기만 해도 남성들은 그 값을 톡톡히 치르도록 했어요."

문화적으로 유지되어온 전형적인 모습에서 남성을 힘이 세고 강하다고 묘사하는 한, 남성에게 항상 더 많은 것을 요구하는 사회에 대항해 어찌할 방법이 없다고 생각한다. 여성들이 섹스에 **취약하다**고 말하지만, 욕구와 특히 좌절을 잘 견뎌내지 못하는 것은 오히려 남성이다. 일부 남성들은 자신 안에 있는 여성스러운 면을 받아들이지만, 어떤 남성들은 이에 의기소침하며, 또 어떤 남성들은 폭력적으로 반응한다. 사회가 이렇게 변화된 것을 받아들이는 데 정서적으로 가장 힘들어하는 사람은 자신에 대해 거대한 이미지를 가진, 즉 자기애적인 인격을 가진 사람들이다. 바로 대학교수인 44세의 줄리아가 겪은 일이다.

"제가 앙드레를 만났을 때, 그는 제 직장에 대해서 모르고 있었어요. 만나기 시작하면서 그는 **저보다 윗사람으로서** 저를 보호하는 모습을 보이기 시작했죠. 사귀자마자 바로 앙드레는 제 일이 우리의 관계에 방해되면 안 된다는 점을 깨닫게 만들었어요. 그는 제가 일을 늦게 끝내고 귀가하거나 주말에 처리할 서류들을 가지고 오는 것을 싫어했어요. 게다가 제가 직업적인 면에서 뭔가 성취하는 낌새라도 알아차리면, 폭력적으로 변했죠. 그에게 집착하고 있었기 때문에 저는 그와 평화롭게

지내기 위해서 승진도 포기할 수밖에 없었는데, 지금은 그 점
이 후회돼요."

## 자율성의 결핍

남성들이 막 이혼을 했을 때, 세탁기를 어떻게 돌리고 음식을 어떻
게 만드는지 전혀 모르는 모습을 보면서 남성이 물질적인 면에서
정말 자율성이 결여되어 있다고 우스갯소리를 하곤 한다. 하지만
사실 남성은 특히 정서적인 면에서 자율성이 결여되어 있다. 남성
들은 여성이 스스로 남성에게 구속되기를 간청한다고 늘 생각하기
때문에, 혼자 사는 걸 몹시 어려워한다. 이렇게 친밀한 관계 속에
서는 나약한 남성들이 사회로 나가면 자신에 대해 확신을 하는 모
습을 보이기 때문에, 여성들은 이러한 양면적인 차이를 비난한다.

　많은 사람은 관계가 잘 이루어지려면 적절한 거리감이 있어야 한
다는 것을 모르기 때문에 서로 섞여서 지내려고 애를 쓴다. 버려질
것이 두려워서 뒤로 물러날 자리나 숨을 쉴 공간도 없이, 둘이서
하나가 되는 관계를 구축해간다. 남성은 자기 엄마에게 기대했던
것처럼 자기 아내가 자신에게 사랑을 주고, 관심을 기울이고, 시간
을 내주기를 원한다. 그들은 아내가 자신의 부족한 점을 채워주고,
오로지 자기 자신만을 위해 있어주기를 바랄 것이다. 남성은 누군
가와 헤어지면, 혼자 있는 것을 견딜 수 없어서 바로 다른 여성을
찾으려고 하며, 전통적인 문화의 틀에 빠져 남성의 요구를 채워주
는 것을 받아들이는 다른 여성을 마침내 찾게 된다.

　1994년에서 2005년 사이에 이루어진 캐나다 통계연구소의 연구
에 의하면, 배우자와 이혼했거나 헤어진 남성이 나이와 상관없이

계속 커플로 살아가는 남성에 비해 우울한 경향이 여섯 배나 더 높았다. 반면 같은 상황의 여성은 3.5배만 높았을 뿐이다.[2] 이 연구를 통해 우리는 여성보다 남성이 헤어지는 것에 대해 정서적으로 더 영향을 받으며, 버려지는 것에 대해 더 민감하다는 점을 확인할 수 있다. 어머니가 지배하는 것에서 벗어나는 것이 어렵기 때문에, 자신의 파트너에게 이러한 모성을 크게 기대한다.

> 56세의 알랭은 4년 전 아내가 떠나간 뒤, 살아가는 것을 멈추었다. "아내는 이혼을 원했지만, 저는 아직도 늘 아내와 결혼했다고 여기고 살아요." 전처는 이미 다른 사람과 새로 가정을 꾸렸다. 알랭은 아직도 아내에게 화가 나 있다. 자신은 부부 생활에 모든 것을 부었는데 그녀는 총체적으로 자기와 결혼하지는 않았다고 생각하기 때문이다. 떠나가면서 아내는 이제 그를 더 이상 사랑하지 않는다고 했지만, 알랭은 그녀가 노력하지 않았기 때문이라고 생각한다. 노력하면 사랑할 수 있게 된다고 생각하기 때문이다.
>
> 아내가 떠나간 후, 실제 우울증에 빠진 건 아니지만, 그는 모든 것을 되는 대로 내버려두었다. 자신의 차림새도 신경 쓰지 않고, 아파트도 관리하지 않고, 직장에서도 일을 제대로 하지 못한다. 공공연하게 드러나는 그의 불행 때문에 슬픈 사연에 감동을 받고 여성들이 그의 주변에 오지만, 조금 지나면 여성들은 바로 참지 못하고 그의 나약함을 나무라게 된다.

독립을 획득하기 위해 싸우는 여성이 점점 더 많이 늘어나고 있는 반면에, 많은 남성은 계속 의존할 수 있게 되기를 기대한다. 그들에게 있어서 의존은 친밀해지는 것에 대한 두려움과 타협할 수 있는 방법이다. 남성들은 자신의 부족함을 채워줄 여성을 기대하기 때문에 여성은 그들을 영원히 돌봐줄 수 있어야 하며, 그들이 부족하다고 인지하는 것을 가져다주어야 하고, 그들에게 자극을 주어 장려하고, 그들을 한 남성으로 만들어야 한다. 여성들이 독립적이고자 하는 것이 여성들에게는 단지 숨을 쉴 공간을 찾는 것에 불과한데도, 그들은 마치 자신이 거절되거나 버려지는 것으로 인식한다.

남성들이 혼자 사는 경우는 일반적으로 여성이 혼자 사는 경우보다 드물다. 또한 남성이 혼자 사는 것은 그들의 선택으로 이루어지기보다는 시골에서 살거나 사회에서 실패해서 혼자 사는 것처럼 어쩔 수 없이 겪게 되는 경우가 많기 때문에, 자신의 선택으로 혼자 사는 남자는 매우 드물다. 이혼을 하면 남성들은 대개 매우 이른 시일 내에 부부의 삶을 다시 꾸려나간다. 게다가 아내와 갈등이 있을 때부터 카트린을 만났던 32세의 제롬처럼 혼자 있는 걸 피하려고, 미리 앞질러서 새로운 여성을 찾기도 한다.

"카트린 덕택에 아내와의 관계에 종지부를 찍을 수 있었어요. 그녀를 만나자마자 바로 함께 살면서, 아이를 낳는 계획에 대해서 이야기했어요. 하지만 카트린 자신은 아무것도 변하려 하지 않는다는 것을 알아차렸어요. 카트린은 파리 밖에서 살고 있었기 때문에 나보고 그리로 이사를 오라고 했어요. 그러는 카트린을 보면서, 그녀의 인생에는 내가 들어갈 자리가 없구나 싶었죠. 더 말할 것도 없이 제가 그녀를 떠나야 하는 게 분명하지만 결혼 생활을 하면서 경험한 고독한 상태로 다시 빠져들고 싶지는 않아요."

여성과 하나가 되고 싶은 욕구에도 불구하고, 남성들은 부모님과의 관계처럼 절대적인 권력을 가졌다고 상상되는 한 여성의 지배력 속에 휩쓸려 들어가 붙잡히는 것을 두려워한다. 또한 이런 문제를 피하려고 과도하게 자신을 투자하면서 일이라는 함정 속에 자신을 빠뜨리기도 한다.

## 남성으로 존재하는 어려움

우리 시대에 남성으로 사는 일은 당연한 일이 아니다. 남자다움에 대한 기준이 바뀌어버렸기 때문에 명확하지 않은 남성의 정체성을 확립해가는 게 요구되기 때문이다. 젊은 세대들은 의기양양한 남자다움과 메트로섹슈얼 사이에서 어떤 정체성을 가져야 하는지를 막막해하고 있다. 게다가 혼자 사는 엄마 밑에서 자랐다면 자신을 함께 살지 않은 아빠와 동일시하는데 종종 어려움을 겪는다. 더 일반적으로 직업 분야에서 신속하게 일을 처리하는 여성들에 맞서서 어떻게 그녀들을 보호해주는 역할을 해낼 것인가? 보호자 역할을 해낼 수 있어야 여성보다 더 우위를 차지할 수 있을 텐데 말이다. 결국 이러한 위치를 차지하지 못한 채 대다수의 남성은 여성들이 **불특정한** 남성들에 대해 불평하는 것처럼 **불특정한** 여성들에 대해 일반화시키고 불평하고 있다.

많은 남성이 자신의 파트너가 상대하기 너무 힘들다는 것을 발견한다. 그래서 안전하게 가기 위해 몇몇 남성은 확실하게 더 어린 여성이나 전통적인 부부의 삶의 모델을 수용할 수 있는 문화권에서 성장한 여성을 선택하기를 선호하기도 한다. 그들에게는 이러한 여성들이 더 마음을 흡족하게 하며, 나이 차이나 경제적인 상황 덕택에 자신이 여성에게 군림하는 게 가능하기 때문이다. 그러나 남성들이 겉으로 보기에 더 젊은 여성을 찾는 것은 자아도취적인 면이 강화되고 늙어가는 것에서 자신을 지키고 싶은 욕구 때문이기도 하다.

43세의 에리크는 자신이 돈 후안 같은 바람둥이임을 인정한다. 그는 자신이 여성들 마음에 드는지를 확인하는 일이 영원히 필요하다. 그러나 에리크는 실패에 맞닥뜨리는 것을 원치 않아서 어떻게 일이 이어지는지 다시 보지 않아도 되는 쉬운 목표를 정한다. "마치 제가 저 자신이 사는 모습을 보고 있는 것같이 느껴지거나, 더 이상 추억이 없을 때를 미리 대비해서 추억거리를 만드는 것 같이 느껴집니다! 곁에 여자가 없지 않게 하기 위해 여자들을 예비로 가지고 있을 필요를 느낍니다."

인류학자에 따르면 이러한 현상은 여성이 임신할 수 있는 특권을 가지고 있고, 특히 남자아이를 잉태할 수 있기 때문에 일어난다고 한다. 남성은 여성의 배를 통제하고 아이를 가로채기 위해 항상 여성을 지배하고 싶어 했다.[3] 그러나 피임과 인공 유산제도는 기준을 바꿔버려서 여성에게 아이를 가질지 아닐지에 대한 선택권을 주었으며, 남성은 여전히 이러한 선택권의 혜택을 받지 못하고 있다. 성적인 쾌락을 즐기는 것과 출산이 구분되면서 여성은 성적인 자유를 얻게 되었으며, 많은 남성이 더 이상 자신의 남자다움에 대해 자신을 가질 수 없게 되었다. 남성은 여성이 성적으로 너무 노골적으로 요구하거나 공격적이라고 판단하며, 성적으로 주도권을 더 이상 갖지 못하게 된 점을 견디기 힘들어한다.

> 56세의 생물학자 미셸은 단순히 **여자친구**를 만나고 싶어서 함께 사는 것은 전혀 원하지 않는다고 분명히 명시하면서, 만남을 주선하는 사이트에 가입했다. 그런데 내일을 기약할 수 없는 만남이 이상한 일이 아니라고 생각했지만, 만나는 여성마다 만난 지 두 번째 날부터 바로 집으로 초대하는 것을 보고는 충격을 받았다. "글쎄 말예요. 공부했다는 여자들, 대학을 졸업하고 5년이나 더 공부한 여자들이 섹스만 생각한다니까요!

자신이 무엇을 원하는지 남성보다 더 잘 알고 있는 여성들이 요구하는 대상을 상상하게 되면, 남성들은 여성 수준에 자신이 맞지 않는 것을 두려워하며, 발기 부전 문제로 상담을 많이 한다. 어떤 남성들은 문제를 피해서 자신보다 젊은 파트너를 찾는다. 그러면 신체적인 힘이 줄어든 것을 사회적인 권력이나 경제적인 힘으로 보상해줄 수 있으며 자신들이 유용하고 중요하다고 느낄 수 있기 때문이다.

50대에 들어서면, 많은 남성이 이제 자신의 꿈을 이룰 수 있는 시간이 조금밖에 남지 않았다는 것을 깨닫게 된다. 직업적인 면에서도 안정되고, 이제는 막혀버렸기 때문에 만일 뭔가 신 나는 일이 그들에게 일어난다면 그건 사랑에 관한 일뿐이다. 부부 사이에는 권태감이 자리 잡아버렸기 때문에 그들은 새로운 인생을 시작하고 싶어 하고, 성적인 면에서도 뭔가 다른 방식으로 살아보고 싶은 욕구를 느끼게 된다. 그들은 때때로 부인도 새로 얻고, 새로운 가정을 꾸리면서, 0에서 다시 시작하는 경향도 있다. 자신들의 정부와 떠나버리기도 하는데, 이후 정부가 아내가 되곤 한다. 그러나 몇 년, 혹은 몇 달이 지나면 불만족이 다시 찾아오게 된다. 그러면 그들은 또다시 파트너를 바꾸는 경향이 있다.

> 60세의 베르나르는 자주 싸웠기 때문에, 한 여성과 안정적으로 관계가 유지되는 일이 드물었다. 이제 그는 혼자 살지만, 아이들이 있는 가정을 그리워하고 있다. 그는 가장이 되어 자녀와 손자를 거느린 모습을 그려보다가, 자식을 다 키운 여성을 찾고 있다. "젊었을 때는 제가 너무 이기적이어서 아이를 키우지 못했어요. 할 일, 해야 할 계획들이 너무 많았죠!" 베르나르는 젊은 시절을 그냥 보낸 대신에 자신이 부모 역할을 하기에는 너무 늙었다고 여기지만 아이를 한 명 낳아줄 젊은 여성을 부인으로 맞고 싶어 한다. 그렇지만 그 아이를 보살피고 싶어 하지는 않으면서……

## 여성을 통제하기 위한 선택, 폭력

공식적으로는 남성과 여성이 더욱 평등해지고 있지만, 부부간의 친밀한 생활 속에서는 점점 더 통제, 질투, 심리적인 폭력이 심해지고 있음을 목격한다. 지금까지 여성은 물질적 자유와 정서적인 자유가 없었기 때문에 부부의 삶을 지탱해왔지만, 이제는 여성이 그러한 삶에서 벗어나고 싶어 하는 것 같다. 그리고 몇몇 남성들은 이러한 태도를 견디기 힘들어한다. "여자가 사랑을 원한다면, 사랑할 방법으로 자신을 내주어야 해요!" 그들은 자신이 여성에게 가져오는 사랑이 그녀를 만족하게 할 거라고 생각한다.

여성이 이제는 남성에게 덜 의존하기 때문에, 남성은 여성을 감시하는 걸 더 강화하려고 시도할 수 있다. 그래서 요즘은 부부 사이에 더 빈틈이 없고, 신중하고, 심리적인 표현에 중점을 둔 새로운 방식의 지배 형태가 나타나고 있는 것을 볼 수 있다. 남성들은 정신적으로 압력을 가하는 방식을 통해 자신의 배우자로부터 자발적으로 얻어낼 수 없는 죄책감과 마음대로 움직일 수 있는 힘을 획득하려고 애를 쓴다. 새로운 테크놀로지 덕택에 오늘날에는 통제하기가 더 쉬워졌다. 다른 사람의 사생활에 침범해 들어가는 방법이 더 정확해졌다. 이메일이나 문자 메시지를 뒤질 수 있게 되었으며, 비밀의 정원을 유지하기가 점점 더 어려워졌다. 휴대전화는 함정이 될 수 있는데, 자신이 좋아하는 누군가와 언제든지 연결될 수 있도록 해주지만, 부정이 의심되면 감시하는 기능을 할 수도 있기 때문이다.

많은 남성이 사랑과 소유를 혼동하고 산다. 그렇지만 사랑하는 건 엄연히 소유하는 게 아니라, 서로 나누고 교환하는 것이다. 한 남성이 여성에게 "난 너의 모든 걸 갖고 싶어!"라고 하는 말은 성적으로 원한다는 의미도 되지만, 한편으로는 "넌 내 거야. 그리고 넌 나 없이는 존재하지 않아"라는 의미도 될 수 있다. 이 경우 만일 여성이 그에게서 멀어지기라도 하면 폭력의 길로 빠져들어 그를 떠난 대가를 톡톡히 치르게 된다. 어떠한 한계도 전혀 없이 아주 융합된 관계에서는 한쪽 편에서 어떤 변화가 일어나면 부부 관계가 위험에 빠지게 된다. 예를 들어 여성에 의해 남성이 양육되는 유형의 부부 관계일 때 아이가 태어나면 부부 관계에 불안정이 찾아올 수 있다. 좀 더 지나서 아내가 아이와 너무 융합되는 것처럼 보이면 남편은 좌절감을 경험하게 되며, 어떤 방법을 동원해서라도 다시 아내에 대한 권리를 되찾으려고 애를 쓸 수 있다.

남성들에게는 남녀 관계의 모든 게 다 거리감의 문제다. 너무 가까워지면 삼켜져버릴 위험이 느껴져 걱정되고, 너무 멀어지면 버려질지 모른다는 두려움을 불러일으킨다. 자신의 아내를 통제하고 있으면 매 순간 아내가 거리감을 어떻게 잘 지키는지 정확하게 볼 수 있다.

여성이 자율성을 찾는 일은 몇몇 남성들에게는 자신의 권리를 잃는 것으로 경험되고, 한 인간으로서의 가치, 즉 자신에 대한 존중감을 잃어버리는 것으로도 경험된다. 자기애적인 면에서 취약한 경우는 아내를 통제하고 지배해 내적인 무력감을 감추려는 경향이 있다. 그들은 마치 어린아이가 엄마에게 기대하는 것처럼 자신의 아내가 자신의 긴장감을 가볍게 해주고, 불안을 가라앉혀주기를 기대한다. 그런데 아내가 이 역할을 하지 못하면 아내를 적으로 여겨 잘못되어가는 모든 것에 대한 책임을 아내에게 묻게 된다.

배우자에 대한 영원한 통제를 통해서만 억제되는 이러한 내적인 긴장감은 어린 시절에 느꼈던 버려질 것에 대한 두려움과 연결되어 있다. 또한 분리를 일으키는 상황은 그들에게 강한 질투감을 폭발하게 한다. 이러한 남성들에게 폭력은 그들의 불안뿐 아니라 다른 사람의 감정에 대한 두려움, 자신의 감정에 대한 두려움, 다른 사람을 대할 때의 두려움까지도 벗어나게 해주는 해결책이 된다. 그들은 없어져버리는 것에 대한 불안에 휩싸이는 것을 두려워하며, 폭력적인 행동이 자신의 심리적인 상태를 온전하게 보호하기 위한 수단이 된다. 강한 남성성을 드러내 보이는 방법을 통해서 다른 사람을 통제하는 것은 내적으로 자신을 통제하지 못하는 부족함을 채워주기 위해서 나타난다.

미국의 사회학자인 코넬 대학의 로브 윌러Robb Willer가 2004년에 실시한 연구는 위와 같은 상황을 확실히 인정하게 한다.[4] 그는 100여 명의 남녀 학생들에게 소위 자신의 성적 정체성을 평가하기 위해 고안된 설문지를 제시했다. 제출한 답과 상관없이 그들 중 반의 학생에게는 아주 명확한 여성적인 속성을 보였다고 알렸으며, 나머지 반의 학생에게는 진짜 남자다운 남성이라고 알렸다. 이후 학생들에게 정치적인 의견, 동성애 결혼, 이라크 전쟁에 대한 정당화, 자동차에 대한 취향 등에 관한 질문을 던졌다. 여학생들은 설정된 자신의 가짜 성향에 별로 영향을 받지 않았으나, 남학생은 자신의 성적인 정체성 **정보** 설정에 강하게 영향을 받았다. 여자 같다는 말을 들은 남학생들은 다른 남학생들보다 이라크 전쟁을 더욱 지지하거나, 동성 결혼을 비난하거나 턱없이 비싼 사륜구동 지프차를 사고 싶어 했다.

'남성성이 문제시될 때 발휘되는 남성의 심리적 보상 작용'에 대한 위와 같은 가설은 우리 시대에 양성 간의 평등이 많이 이루어졌음에도 불구하고, 커플 사이에 폭력이 줄어들기는커녕, 더 증가되고 있는 현실을 설명해주는 것 같다. 자신의 사회적 역할 변화에 적응하는 데 어려움을 겪는 몇몇 남성들은 남성성이 과하게 드러나는 행동을 통해 반응을 보이고 있다.


## 아빠 되기가 힘든 오늘날의 아빠들

그러나 무엇보다도 남성들이 힘들어하는 부분은 자녀와의 관계를 어떻게 꾸려나가는가다. 부부간에 서로 불화가 생기면 아내는 기꺼이 치워버리면 되지만, 그러다가는 자녀와도 멀어질 위험이 있다는 것을 알고 있다. 그들에게 자식과 멀어지는 것은 자녀 양육권이 아직도 대부분 아내에게 남는 일보다도 훨씬 더 큰 상처가 된다. 남성은 아빠가 되기 위해서는 먼저 여성 파트너에게 받아들여져야 한다고 생각하기 때문에 아내와 헤어지면 자녀와 일시적인 파트너가 되는 듯한 느낌을 받는다. 그렇지 않으면 여성들이 아빠를 없애버리고 자기 혼자 아이를 차지하려고 한다는 거의 망상적인 생각까지 한다.

이혼 후에 몇몇 아빠들은 자식을 만나지 않고, 또 어떤 아빠들은 양육비를 지급하지 않거나, 지급하더라도 최소한의 경비만을 지급할 수 있게 조절하기도 한다. 또 어떤 아빠들은 규칙적으로 아이를 찾기도 하지만, 자식의 교육에 관여하지 않고, 엄마에게 주워진 권위적인 역할을 하지도 않는다. 그러면 아빠 없이 엄마 아래에서 자란 아이는 남성의 자아도취적 성향이 연장된다. 하찮은 데서라도 아이가 뭔가를 성취해내면 "우리 애는 잘생기고 우수한 애입니다"라고 사회에 허풍을 떨 수도 있다.

어떤 아빠들은 엄마랑 동등하게 자녀를 돌보려고 하기는 하지만, 때로는 너무 지나칠 정도로 자녀를 챙기기도 한다. 대중 매체는 소위 '아버지의 부재'를 떠들어대고 있지만, 이런 부추김은 엄마가 바라는 가장 이상적인 모습의 아빠 역할을 하도록 더 많이 몰아가서 어떨 때는 서로의 자리를 착각하게까지 한다. 제2의 엄마, 엄마의 복제 역할을 하려고 하는 남성도 있으니 말이다. 부부로 함께 살 때 아내에게 집안의 모든 경영과 아이 양육을 다 맡겼던 남자들은 부부 생활에 쏟았던 모든 에너지를 자녀에게 쏟는다. 그들은 부모 역할에서 전처와 경쟁하며 열정을 가지고 독립적으로 자녀를 돌본다. 자녀 양육권을 주로 엄마에게 주는 법 제도를 예상하고, 부인을 평가 절하하기 위해 뭐든지 하려고도 한다.

직업적인 면에서 성취가 자신의 삶의 모든 것을 채워줄 수 없고, 한쪽이 뭔가 허전하다는 것을 잘 알기에, 일부 남성들은 자녀들에게 집중함으로써 새로운 친밀한 관계를 갖지 않아도 된다.

이혼할 때 51세의 리샤르는 아내에게 열두 살과 열네 살의 자녀를 교대로 돌보자고 요구했지만 아내는 엄마로서 해야 했던, 아이를 언어치료사에게 데려가고, 옷을 사주고, 학교 준비물을 사주고, 숙제를 관리하고, 취미 활동을 주선해주는 것 등의 모든 구속에서 재빨리 빠져나가버렸다. 아이들이 학교생활에 적응하는 데 어려움을 겪자, 자책감을 느끼며 골치 아파하던 리샤르는 아이들이 아무것도 부족하지 않도록 해주고, 아이들을 잘 보호하기 위해서 과제를 관리해주고 학습에 도움을 주면서 아이들을 도와주려고 애쓰고 있다.

5년 전부터는 열세 살의 딸을 둔 여자 친구가 생겼지만 거의 만나지도 못한다. 아빠 역할을 하다 보면 개인으로서의 자신이 쓸 수 있는 시간은 거의 없기 때문이다. 그는 물질적인 면에서의 이런저런 일들도 스스로 아등바등 처리해내고 있다. 그의 여자 친구는 리샤르가 좀 더 많은 시간을 자신과 보내길 바라지만, 그는 일과 아이들 사이에서 계속해서 어렵게 재주를 부려야만 한다. "그나마 얼마 안 남는 시간을 그녀와 자유롭게 보내기는 하지만, 때때로 저는 혼자 저녁 시간을 보내고 싶을 때가 있어요. 그녀와 살고 싶은지, 자유롭게 아이들을 돌보며 살고 싶은지 아직 잘 모르겠어요. 그녀랑 같이 산다는 것은 아주 넓은 아파트, 즉 훨씬 비싼 아파트를 얻어야 하는 걸 의미하는데, 그렇게 하긴 두려워요. 내 감정이 그녀와 살고 싶을 만큼 아직 강하지 않기 때문일까요?"

아이들 문제도 생각해야 한다. "서로 다르게 자라서 잘 맞지 않는 아이들을 어떻게 함께 살게 할까요? 가능한 일이긴 하지만, 단순한 일은 아니고, 그럴 만한 힘도 느껴지지 않아요."

많은 남성이 아이를 돌보겠다고 주장하는 것은 때때로 아이를 책임지고 돌보려는 진지한 욕구 때문이기도 하지만, 자신의 죄책감을 해소하기 위해서 돌보려 하는 경우도 많다. 이혼 판결을 내릴 때, 아빠들을 교정하려는 의도에서 판사들은 부부가 교대로 아이를 양육하도록 하는 판결을 점점 더 많이 내리고 있다. 마치 자녀를 맡아서 기르지 않는 아빠는 어쨌든 상징적으로 강한 자리인 아빠 자리를 차지할 수 없다고 보여주려고 하는 것 같다. 상징적으로 강한 아빠라는 자리를 차지하는 남성들은 일상에서 아이를 돌보는 데 요구되는 어려움을 만나게 된다. 여성들에게도 역시 자녀를 돌보는 건 어려운 일이지만, 문화적인 측면에서는 과거 조상 시대부터 그녀들에게 속한 역할과 잘 맞는다.

새로 재구성되는 가족이 늘어남에 따라 사회적 기준도 바뀌었다. 부부 사이에서 고정된 역할을 신경 쓰지 않는 걸 볼 수 있으며, 세대 간의 차이도 흐려지고 있다. 자신의 자녀보다도 더 젊은 여성과 재혼하는 아빠가 있기 때문에 부모님과 같은 시기에 자녀가 아이를 낳는 가정이 있다는 사실도 더 이상 신기한 일이 아니다.

남성들이 여자들의 못된 짓에 직접적인 희생양이 되는 일도 있다. 예를 들어, 출산을 억제할 수 있게 됨에 따라 출산과 관련된 소송들의 목적이 바뀌었다. 아이를 원하지 않는 여성은 원칙적으로 스스로 보호하거나 낙태하는 방법이 있지만, 남성은 이런 통제법을 갖지 못한 채 때때로 함정에 빠진다. 여성은 **남편의 동의 없이 몰래 임신한 아이**를 만들어놓고는 존재하는지도 모르는 아이에 대한 양육비를 요구할 수 있다. 자신이 그 아이의 생부인지를 의심하면서 남성들은 아이의 엄마 쪽에서 반대하는 한 아이의 부모가 누구인지를 결정하기 위한 법적인 공식 방법을 제시할 수 없다. 남녀 두 성 사이에 불신감이 점점 더 늘어나고 있음을 알 수 있다.

여성과 남성이 관계 맺는 양상이 변화되면서 남성의 정체성도 위기를 맞고 있다. 시대는 분명히 변했다. 그렇다고 해서 많은 남성이 짜증을 느끼는 부정적이고 퇴행적이며 성가신 것들에 대해서만 머물러 있어도 잘못일 것이다. 왜냐하면 이런 현상이 일어나는 것과 동시에 특히 젊은 세대에서는 많은 남성이 변했기 때문이다. 젊은 남성들은 주의 깊으며 자신의 아버지보다 말하는 재능도 뛰어나다. 여성 전유물로 여겨지는 대화, 잘 듣기, 부드러움, 직감, 감각 등의 중요한 특성을 가로챌 수 있었다. 여성들이 독립적이게 되면서 젊은 남성들은 많은 것을 잃었지만 더욱 동등하고 자극적인 관계를 얻어냈다. 게다가 둘이 함께 벌기 때문에 물질적으로도 훨씬 더 편안해졌다. 젊은 층들은 양성 사이가 평등한 모델을 철저히 이루고 있으며, 집안일이나, 아이를 돌보는 일도 똑같이 나눠서 하고 있다. 또한 요구가 더 많아진 파트너에게 적응도 해나가고 있다. 일부 남성들은 여성화된 **메트로섹슈얼**이 될 수도 있다. 그러나 이 경우에는 분명히 절대 만족하지 않는 여성들이 있을 테고, 그녀들은 여성화된 남성의 충실하게 남성스럽지 않은 점을 비난할 수 있다.

성적인 정체성과 부모의 역할을 다 흔들어놓는 이 큰 소용돌이 속에서도 분명한 점은 있다. **핵가족의 기초**인 이성으로 이루어진 부부 형태 역시 큰 위기를 가로질러가고 있다는 점이다. 또한 이러한 위기는 사랑과 고독에 관련된 오래된 카테고리들 사이에서 새로운 윤곽을 그려가고 있다.

# 사랑이 안겨주는 고독

폴 엘뤼아르

# 4
# 커플의 변화

몇 년 사이에, 전통적인 부부의 모델이 깨져버렸고, 이혼한 수가 폭발적으로 늘었으며 사랑하는 관계도 점점 복잡해졌고 더욱이 훨씬 불안정해졌다. 서양 시민 사회는 중세 이후, 교회와 국가에 의해 인정된 깨질 수 없는 결혼으로 축성되고, 부부 관계로 합해진 핵가족이 사회의 기준이었다. 이러한 특성은 중산층에서 점점 확고하게 인식됐으며, 특히 17세기 이후에는 유산 상속을 쉽게 하기 위해 더 확고히 인식되었다. 이 시대에 결혼은 계약을 맺는 일이었으며 이성적으로 결혼했다. 남자는 **부부**생활에 물질적인 안정을 가져왔고, 여자는 남자에게 문화적인 관심과 사회적으로 주고받는 것들을 나누어주었다. 이러한 부부 생활을 하다 보면 서로가 좋아지는 경우도 생겼지만, 그건 바람직하지 못한 일이었다. 그러나 대중에서는 이와 반대로 성적인 자유가 넘쳤으며, 이러한 현상은 19

세기까지 계속되었다.

## 사랑의 의무, 고독으로 가는 길인가?

18세기에 로맨틱한 사랑이 등장했는데 이러한 사랑은 마치 **여성화된** 사랑으로 소개되었다. 그때부터 서로 사랑하기 때문에 결혼하는 일이 더 잦아졌다. 1950년부터 중산층의 결혼은 혈통과 유산의 분배를 확실히 하기 위해서 사랑하는 관계를 강요하지 않았다. 그리고 두 가문의 결속을 계약하는 형태에서 점점 친밀감과 사랑, 가능한 한 정열적인 사랑과 성적으로 충만한 사랑을 강요하는 관계로 바뀌었다.

그러나 1990년 이후에는 또다시 많은 변화가 일어났다. 서로 사랑하는데 뭐 하러 결혼을 할까? 이제는 제도에 불과한 결혼이 중요하지 않고, 사랑이 중요하게 되었다. 감정이 관계에서 가장 중요한 중심이 된 것이다. 사랑은 함께하는 삶을 위해서는 꼭 필요한 것, 또는 함께 살아가는 삶을 위해 요구되는 증거가 되었다. 이러한 조건에서 부부로 함께하는 생활이 성공적으로 이어져가기가 이전보다 훨씬 어려워진 건 놀랄 일이 아니다. 사랑을 요구하는 것은 부부 관계를 불안정하게 만들고 관계가 감정에만 기초해서 세워지면 오래 지속되기 힘들기 때문이다. 늘 아름답고 환상적이어야 하는데, 그렇게 되는 경우는 드물다. 그래서 감정이 점점 시들해지면 관계도 대부분 깨지게 된다.

이 시대를 사는 많은 사람은 이상적인 사랑 속에서 정서적인 부족함을 채우고자 한다. 이는 타인과의 관계에서 깊은 실망을 자주 겪기 때문이며, 또 한편으로는 부부 생활이 인생을 살아가면서 겪는 우여곡절에 대한 피난처로 여겨지기 때문이다. 가족이 점점 더 쇠퇴해가는 것에 대해 이야기를 많이 하면 할수록, 남성과 여성은 위대한 사랑을 추구하게 된다. 한쪽으로 찢어지면 찢어질수록, 다른 한쪽으로는 구원자 같은 사랑을 꿈꾼다. 그러나 사랑을 경험하면서 그들은 자신이 얼마나 더 나아질 수 있는가를 경험하게 되며, 자기 자신에 대해 탐구를 하게 된다. 각자 부부로의 삶을 통해 자신을 더 완성해가고 싶어 한다.

이렇게 사랑에 지나치게 몰두하는 현상은 넓은 면에서 보면 온전하게 밀착할 수 있는 대상이 없는 개인주의 사회에 직면하면서 보이는 반응으로 볼 수 있다. 사람들은 거짓말과 파렴치함을 마주하면서 사랑 속에서만은 일정한 방식을 통해 진정함과 진실을 추구할 수 있다. 실망스러운 사회 속에서 사랑은 관계를 다시 만들어가는 방법이 되기도 한다. 직업 세계의 변화는 결국 직업 생활 속에서 경험할 수 있는 공동체의 범위를 파괴해버렸다. 조직에서 체스판의 졸과 같은 존재에 불과할 때, 점점 단단해지는 사회에서 이름 없는 존재로 일할 때, 어디에서도 의미 있는 존재로 여겨지지 않는다는 느낌이 들 때, 부부 관계 이외에 다른 사회적인 관계를 새롭게 만들어갈 수 없게 될 때, 적어도 한 사람에게만은 유일한 대상이 되기를 기대한다.

옛날에는 가정을 이루고 중요한 가치관을 다음 세대에 전수해주기 위해 부부 생활을 시작했을지라도, 요즘에는 많은 사람이 부부 생활이 내적인 불편함을 치유해주고 공허함을 채워주기를 기대한다.

그런데 바로 이 개인주의가 부부 생활을 실패로 몰고 간다. 관계의 중심에 놓인 사랑은 단지 자아도취적인 사랑일 때가 많기 때문이다. 나는 그 혹은 그녀가 내게 보내주는 이미지를 사랑하기 때문에 그 사람을 사랑하는 것이다. 이는 상대방이 우울증이나 실직 같은 역경에 처해 있다면 나 자신이 만족해할 이미지를 더 이상 보내줄 수 없음을 의미한다. 이때 나는 나를 더 가치 있게 여길 수 있고, 과대평가하며 머물 수 있도록 해주는 이미지를 내게 보내줄 수 있는 다른 누군가를 찾으러 갈 것이다.

결론적으로 말하자면, 때때로 자기 자신을 열렬히 사랑하는 것과 사랑받는 것을 열렬히 사랑하는 것을 구분하기란 쉽지 않다. 한쪽이 자아도취에 빠져 있다면 파트너의 자아를 만족하게 해주게 된다. 하지만 어떤 사람이 자신감이 없다면 사랑이 그에게 자신에 대한 좋은 평가를 해주기를 기대하게 된다. 그러나 부부는 둘 다 불안정하고, 외부 생활에서만큼 둘만의 관계에서도 안정감을 거의 느낄 수 없다. 그래서 어느 정도 고통을 경험하고 나면 서로 자신을 보호하려고 애를 쓴다.

오늘날에는 어떤 관계를 키우기 위해서라기보다 각각의 파트너들이 상대를 통해 개인적으로 활짝 피어나기 위해서 커플의 삶에 투자한다. 그리고 많은 사람이 그저 지나가는 사랑의 관계인 것처럼 행동하고 있다. 그들은 이러한 관계를 통해 의견 충돌이나 갈등을 권력이나 마음대로 조작하는 방법 외에 다른 방법으로 해결하려고 애쓰지 않은 채, 즉각적이고 항구적인 만족만을 추구한다. 상대방의 실리, 가치, 지식 등을 가로채는 것 또한 문제다. 여기에서 서로 헤어질 때 불만들이 쏟아지게 된다. "넌 나를 이용해 먹었어, 날 이용했다고!"

하나뿐인 존재 앞에서 느끼는 사랑은 투명할 것을 요구하며, 질투의 원동력이 되기도 한다. 그래서 한 사람이 어쩌다 신뢰를 저버리게 되면 사랑은 증오로 바뀔 수 있다. 그러나 열정적인 관계를 여러 번 되풀이해서 경험하게 되고, 점점 열정이 지속되는 시간이 줄어들면 열정적인 관계는 마침내 상처받은 정체성을 회복할 수 있는 치유력을 잃게 된다. 결국 사랑을 추구하는 것 자체가 고독으로 이끄는 또 한 번의 시련이 된다.

사랑이라는 단어가 힘을 잃은 듯하다. 서로 관계를 매우 빨리 맺고, 사랑한다는 말도 점점 더 빨리 이야기한다. 일종의 과장된 정서라고 말할 수 있다. 감정이 자연스럽게 자리 잡아서 어느 날 "널 사랑해"라고 수줍게 고백하던 시절과는 반대로, 오늘날에는 말이 감정보다 앞서고 있다. 에밀 쿠에 Émile Coué, 1857~1926의 방법처럼, 말의 힘으로 사랑의 감정을 창조해낼 수 있기라도 하듯이 말이다. 그러나 사랑은 반사가 요구된다. 상대도 감정을 동시에 느껴야 한다.

> 미팅 사이트에서 만나 사귀기 시작한 지 몇 주 후, 40세의 클로에는 사랑의 말을 하지 않는다고 상대에게 나무라는 소리를 들었다.
> "당신은 내게 사랑한다는 말도 하지 않으면서 내가 어떻게 당신에게 정성을 쏟길 바라지?"
> "우린 이제 겨우 알기 시작했잖아."
> "당신이 나를 사랑한다는 말을 하기 주저하는 건 나와 사귈 마음을 아직 결정하지 못했다는 것을 보여주는 거야!"

헤어지는 일이 그토록 빨리 이루어진다면 그 이유는 그런 유형의 사랑은 서로의 상호 작용 속에서만 가능하기 때문이다. 내 사랑을 주기 위해서는 상대방이 나를 사랑한다고 확신을 할 수 있어야만 하며, 그러기 위해서는 나한테 상대가 증거를 보여주어야 하는 것이다. 우리는 서로 관찰하고, 평가한다. 둘 중에 누가 먼저 칼을 뽑을까? 이 시대에 "널 사랑해"라는 말은 "지금 이 순간만 널 사랑해"라는 의미다. 사랑한다는 단언은 더 이상 둘의 관계가 확고하고 서로에게 중요한 관계로 자리매김하는 것과 동의어가 아니다. "내가 너랑 같이 있는 게 좋게 느껴지니까, 이게 아마 사랑일 거야. 하지만 네가 내 신뢰를 깨고, 내가 기대하는 모습을 보여주지 않으면, 내 감정도 사라질 거야." 우리는 커플 생활이 우리에게 만족을 주기를 바랄 뿐, **잃는 장사**가 되기를 바라지는 않는다. 아주 사소한 결점이라도 있으면, 다시 돌이킬 수 없게 되며, 관계가 파괴될 위험이 있다.

## 타인에 대한 불신과 전형적인 삶의 추구

2000년대의 젊은 성인은 고독에서 달아나기 위해서 관계를 맺는데도 불과하고, 자주 실망하게 되며 결국 확실하지 않은 관계 속에서 내버려진 자신을 만나게 된다. 이성 간의 관계는 더 굳어졌으며, 각자는 이러한 변화 속에서 자신이 상처받았다고 생각한다. 따뜻함, 부드러움, 친밀함에 대한 욕구가 있으면서도 한편 그것들을 무시하고 있다.

이 세대는 부모가 이혼하고, 서로 증오하고, 상처받는 것을 목격한 세대다. 또한 이 세대는 상대에 대한 믿음이 배신당할 수도 있다는 고통스러운 사랑의 경험을 익히 알고 있다. 그 어떤 것도 확실한 게 없다. 하루 만에 직장을 잃을 수 있는 것처럼, 서로의 결합도 와해될 수 있기 때문이다. 어디에 가도 이해받고 싶은 욕구를 만나게 된다. 젊든지 덜 젊든지 간에 커플의 삶 속에서 직장 세계와 똑같은 문제를 만나게 되는 것을 불평하고 있다. "난 이해받지 못하고 있어. 내가 한 일에 대해 제대로 인정받지 못하고 있어."

서로 주고받는 오래 지속되는 사랑은 독립적인 면을 서로 나누고, 인정하는 관계임을 가정할 수 있다.

상대방을 떠나가지 않게 하려면, 되돌려받을 것을 꼭 기대하지 않으면서도 양도하고 타협하고, 때로는 양심과 타협하는 행동까지 해야만 한다.

지그문트 프로이트Sigmund Freud, 1856~1939는 관계가 유지되기 위해서는 어느 정도의 구속이 꼭 필요하다고까지 말했다. 그러나 이러한 타협은 더 독립적인 파트너를 희생해 이루어지며, 대부분은 여성이 희생된다. 그런데 앞서 보았듯이, 여성들은 더 이상 복종하기를 원하지 않는다.

사랑하는 관계가 만들어지면 이 관계는 한 사람에게 다른 사람에 대한 권리를 부여하므로, 개개인은 자신이 심리적으로 취약할수록 더욱 종속을 두려워하게 되어 권력 행사를 점점 더 위협적으로 느낀다. 실제로 우리는 사랑에 빠지면 위험에 빠지게 되며, 즐거운 부분보다 고통스러운 부분이 더 클까 봐 두려워할 수 있다. 또한, 친밀한 관계가 내포하고 있는 정서적인 위험 앞에서 정서적인 고통으로부터 철저하게 자신을 지키면서 상대의 감정을 조정하려는 시도를 할 수도 있다. 젊은 성인들이 사랑을 추구하면서 겪고 있는 진짜 문제는 위협적으로 느껴지지 않는 관계를 어떻게 만들어내느냐다.

그러나 여성이 해방되었음에도 불구하고, 수많은 미혼 여성이 위대한 사랑을 만날 것을 꿈꾸며 한 남자와 평생을 살고 싶어 한다.

미혼 여성들은 자신을 보호해주고, 안전하게 지켜줄 만한 남성을 찾는다. 그리고 그 남성을 기쁘게 해주려면 다정하고, 여성스럽고, 섹시하면서도 너무 자주적이지는 않아야 한다.

비르지니 데펑트Virginie Despentes, 1969~ 작가가 "우리 뼛속까지 박혀 있는 자유가 상서롭지 못하다는 건 관념일 뿐이다"[1]라고 말했듯이 교육 방식에서부터 광고와 방송 매체에 이르는 여러 요인이 이러한 여성에 대한 조건에 일조하고 있다. 특히 미혼 여성을 대상으로 한 여성 신문에서는 여성의 존재감을 채워준다는 관점에서 사랑을 여전히 가치 있게 말하고 있다.

전통적인 틀은 여전히 남아 있다. 여성들은 여전히 **튼튼한** 남성을 찾고 있으며, 남성들은 **여성스럽고** 약하고, 사회적으로나 직업적으로 자신보다 수준이 낮은 여자를 더 쉽게 선택하고 있다.

여성성이라는 모호한 용어 뒤에는 남성들이 감히 솔직하게 직접 밝히지 못하는 전형적인 상이 존재한다. 그 상은 은근하게 부드러운 느낌을 주는 의상이나, 하이힐을 통해 여성적인 느낌을 강조할 줄 아는 아담한 모습의 여성일 것이다. 또한, 자신의 파트너를 가치 있게 만들 줄 아는 나약한 여성일 것이다. 42세의 뤼시앵이 증언하듯이 그런 여성을 대하면 그들은 지배적인 수컷의 위치를 유지할 수 있게 된다.

> "저는 키도 작고 말랐어요. 몸이 작아서 제게 오는 남성들은 사귀기 시작할 때 여자를 보호해주는 마초 역할을 해요. 그런데 전 회사의 사장이고, 경제적으로도 독립적이고 자율적인 여성이에요. 그래서 그들은 금세 기대를 굽히고 공격적으로 돌변하죠.

작년에 길에서 아주 큰 교통사고가 났었는데, 이 기간에 남성들은 제게 관심을 가져주고, 매력적인 보호자의 모습으로 찾아왔어요."

과거에는 결혼 제도가 관계가 지속되는 것을 보장해주었으나, 요즘은 어떤 결합도 영구적으로 보장되지 않는다. 프랑스에서 커플로 살아가는 평균 기간은 10년이며, 이혼은 점점 더 빨리 갑자기 찾아오고 있다. 이혼의 위기가 가장 크게 찾아오는 때는 함께 산 지 3년째다. 젊은 여성들이 영원히 지속되는 위대한 사랑에 대한 신화를 믿는다면, 나이 든 여성들은 이미 이 환상을 잃었다. 나이 든 여성들은 오히려 사랑의 동요가 크게 느껴지는 건 배제하고 정서적인 안정감을 가져다줄 동등한 관계와 동반자를 꿈꾼다.

선진국에서는 1990년대와 2000년대에 커플 관계에 대한 전통적인 모델에 역사적인 회오리가 일어났다. 인간 수명이 남성은 77세, 여성은 84세로 늘어나면서 부부가 함께 살아갈 날이 원칙적으로는 50여 년이 되었다. 그렇지만 반세기 동안 같은 상대자와 커플로 살아갈 거라고 믿는 건 여전히 환상에 불과하다. 우리 사회는 계속 변화하고 있으며, 우리 역시 나이가 들어감에 따라 변한다. 우리 자신이 원하는 것은 점점 더 많아지고, 동일한 사람과 이러한 변화를 함께 겪어나가는 것은 쉽지 않다. 왜냐하면 현대를 살아가는 우리는 여러 형태로 다가오는 행복과 그 외 모든 것을 다 누리길 원하기 때문이다. 성적인 면에서도 충족되고, 개인적인 면에서도 강도 있게 지내고, 사회적으로도 신 나고, 직업적인 면에서도 만족을 얻으며 살고 싶어 하기 때문이다.

커플로 살아가는 삶은 고정된 구조가 아니라 시간이 흘러감에 따라 진화한다. 이러한 진화를 함께 겪으면서 쫓아갈 부부는 아주 드물 것이다. 어떤 사람들은 부부가 함께 계속 살아가기 위해 최선을 다하고, 서로 정리할 준비가 되어 있으며, 함께 있을 수 있는 다른 방편들을 창조해내기도 한다. 또 다른 부류의 사람들은 **커플의 삶이 잘 굴러가지 않을 때** 모든 것을 희생하면서 관계를 구하려고 하지 않을 것이다. 그래서 이 사람에서 저 사람으로 지나간다. 이제부터는 다양한 커플의 형태를 그려보고자 한다.

## 융합된 커플

첫 번째 모델은 융합된 커플로, 부부가 모든 것을 함께하며 서로 다른 점을 없애려고 애를 쓴다. 이 방식은 자신의 것을 포기하는 양태이기는 하지만, 안전하기는 하다. 이러한 전통 방식은 일반적으로 이전 세대 부부들에게 적합하다. 혼자가 되는 것을 피하기 위해서 각자는 상대에게 매달리며 모든 것을 양보할 준비가 되어 있다. 본질적으로 사랑은 거리를 두는 게 요구된다. 그러나 혼자 남겨질 것이 두려워 상대에게 소유되거나 지배되는 것을 허용하며 자신도 통제하거나 소유하기 시작한다.

리오넬과 아니는 결혼한 지 28년이 되었다. 아니가 결혼 첫해부터 이혼을 계획할 만큼 리오넬은 소유욕을 강하게 드러냈다. 리오넬은 집에서 일어나는 중요한 모든 일에 대한 결정권을 가지고 있었고, 아내의 의견도 묻지 않은 채 집안 살림에 드는 돈을 관리하고 운영했다. 또한 리오넬은 아니가 어디를 가든 항상 함께 가야 한다는 구실을 만들었기 때문에 아니는

자신이 마치 어린아이처럼 느껴졌다. 예를 들어 자동차 사고
가 날까 두려워 고속도로에서 아니가 운전하는 걸 허락하지
않는 식이었다.

원칙적으로 휴가도 리오넬이 결정해야 했다. 단지 스키에 대
해서만은 아니가 양보하려고 하지 않았다. 아니는 스키를 좋
아하지만 리오넬은 좋아하지 않았다. 아니는 결국 스키를 타
러 가는 걸 얻어냈지만, 그래도 리오넬이 함께 가는 걸로 결정
했다. 스키를 타는 동안 리오넬은 호텔에서 아니를 기다리다
가 저녁 다섯 시가 되면 활로 밑에서 그녀를 기다렸다.

둘 사이에 긴장이 찾아오면 리오넬은 성관계를 통해서 문제를
마무리한다. 아니가 거절하면 압력을 가해서 결국은 그녀가
양보할 때까지 잠을 자지 못하게 한다. 아니는 이 모든 통제가
무겁게 느껴지지만 어떻게 여기서 빠져나갈지 알지 못한다.
매번 그녀가 자율적으로 되려고 하면, 리오넬은 사랑한다고
고백하고 달콤함을 한껏 내보이면서 그녀를 사로잡아버린다.


이러한 유형의 관계는 상대에 의해 자신이 삼켜진다는 느낌을 받
고, 상대에게 자신이 흡수되어버린 것처럼 느끼며, 자신은 자율성
과 인격을 다 잃어버렸다는 인상을 받게 될 위험이 있다. 두 개인
사이에는 항상 더 강한 사람과 더 약한 사람이 있게 되며, 상대를
지배하려는 사람과 복종하려는 사람이 존재한다. 이러한 융합된
사랑이 둘 중 한 명에게 적절하다고 여겨지지 않으면 그렇게 느끼
는 사람은 자신의 개인성을 회복하려고 애쓰게 된다. 그러나 이러
한 사랑은 제약과 관습 때문에, 특히나 여성이 자신을 실현해가는
것을 숨 막히게 할 위험을 내재하고 있다.

　자신이 전적으로 다른 사람만을 위해서 존재한다는 환상과 상대에 의해 자신이 채워진다는 환상을 갖게 되면, 자기 자신을 마주 대할 수 있는 공간을 지키는 게 불가능해진다. 융합 상태에서는 아무리 바람직한 고독일지라도 용납되지 않기 때문에 어떤 관계도 가능하지 않다. 관계가 만족스럽지 못하면 사람들은 다시 고독 속에 빠진 자신을 발견하게 된다. 이러한 유형의 관계 안에서는 소외감을 느낄 수 있으며 아이러니하게도 이러한 커플의 삶이 안겨주는 고독에 종지부를 찍어주는 것은 때때로 서로 헤어지는 일이다.

　60세의 프랑수아는 한집에 살지는 않지만 융합된 커플 생활을 20년간 해왔다. 열다섯 살이나 연상인 프랑수아의 파트너는 그녀를 다른 사람들에게서 소외시켰으며, 친구와 가족조차도 만나지 못하게 했다. 이후 그녀가 은퇴하고 그에게 쓸 시간이 많아지자, 그는 이제 둘의 관계를 끝내고 그녀보다 더 젊은 여자와 살겠다고 통보했다. "그는 사람 만나는 걸 전혀 좋아하지 않았고, 제가 전화를 너무 오래 한다고 불평했기 때문에 결과적으로 많은 사람에게서 저를 멀어지게 했어요. 하지만 제가 그를 좋아했고, 혼자 되기 싫었기 때문에 이 모든 걸 다 받아들였어요. 그렇지만 그 사람은 저에게 아무것도 해주지 않았고, 드러내놓고 절 속였기에 신뢰할 수 없는 사람이라는 인식은 하고 있었어요. 그 사람을 만나기 전에 저는 범선을 조종하고, 승마를 즐겼어요. 그런데 그 사람을 혼자 두지 않으려고 다 그만두었지요. 절 좋아하는 사람도 아주 많았는데 관계를 다 끊었어요. 20년 동안 누굴 만나는 일은 전혀 하지 못하고 살았어요. 이제는 원하는 사람을 초대할 수 있고, 떠나고 싶을

때 언제든지 떠날 수 있지만 가까운 친구가 없어요. 이제 다시
새로운 집단에 들어가서 새로운 인생을 구축해야만 해요. 또
다른 고독에 익숙해져야 할 것 같아요."

융합된 관계에서 벗어나면 결국 앞으로 혼자 있게 되는 걸 맞닥
뜨리기가 매우 힘들어지게 되고, 곧바로 새로운 공생 관계를 찾으
려고 애를 쓸 수 있다.

오늘날 대부분의 남성은 여성이 더 많은 자율성을 갖게 되길 소
망한다는 것을 이해한다. 그래서 새로운 양식의 커플 모델을 받아
들이고 있다. 그러나 베이비 붐 세대와 그 이후 세대인 1945년에서
1965년 사이에 태어난 사람들 가운데 많은 남성은 이러한 변화를
인식하지 못하고, 두 파트너가 최대한 많은 시간을 함께 보내며 모
든 것을 협력하는 융합된 사랑의 모델을 더 선호한다. 남성이 여성
보다 융합된 사랑을 더 잘 감수한다 해도, 여성이 남성보다 더 많
은 것을 감내해주는 덕택에 남성은 이 관계를 통해 여성보다 분명
히 더 많은 이익을 낼 수 있다. 남성은 여성이 자신 외에 여성 자신
만의 고독한 공간이 필요하다는 걸 견디지 못하며, 특히 여성이 뭘
하는지 밝히지 않은 채 자신의 시간을 갖는 것은 더욱 힘들어한다.
남성은 여성이 자신에게 충분히 투자하지 않는다고 여긴다. 이 세
대의 남성들은 일반적으로 저녁에 혼자 있어야 하거나, 집안 살림
을 하는 것 등의 어려움에서 벗어나 인생을 편하게 살기 위해서 커
플 생활을 추구한다. 46세의 로라가 이를 확실히 보여준다.

"인터넷 사이트에서 만났던 남성들은 전부 만난 지 좀 시간이
지나면 바로 내 집에 와서 살고 싶어 했어요. 전 함께 살기에

편한 사람이거든요. 살림도 잘하고, 음식도 잘하죠. 이런 점이
그들에겐 아주 실용적으로 여겨졌을 테고, 무엇보다도 편리한
거죠."

전통적인 커플의 남성은 대개 여성이 자주적으로 활동하는 것을
받아들이기 힘들어한다. 오히려 이렇게 말하는 게 옳은지도 모르
겠다. 여성이 자기 일을 가진 것까지는 용납할 수 있지만, 그 때문
에 부부의 삶이 침해받으면 안 된다. 사실 여성이 독립적이게 되면
서 남성을 위한 시간을 더 적게 내줄 수밖에 없게 되었다. 전통적
으로 남성은 바깥일에 바빴고, 여성은 남성이 하루 일을 마치고 돌
아와서 잘 쉬고 재충전하도록 해주기 위해서 집에서 남성을 기다
렸다. 오늘날은 여성이 남성만큼 일하기 때문에 남성, 여성 모두
전통적 방식의 기능을 할 수 없다. 오히려 정반대로 남성이 자신의
아내가 일을 너무 많이 한다고 불평하는 형국이다.

은행 간부인 폴과 최근에 이혼한 43세의 여의사 소니아는 우
리에게 다음과 같이 설명한다. "남편은 제가 업무 때문에 시간
에 제한을 받는 것을 못 견뎌 했어요. 저녁에 남편보다 제가
늦게 들어오기라도 하면 들어오자마자 신경질을 부리면서 '내
가 언제 그만큼 열심히 일하라고 요구했지!' 라고 말하곤 했어
요. 그만큼이라는 건 식사 준비가 되어 있지 않은 정도를 의미
해요."

## 제한적으로 자율성을 누리는 커플

더 젊은 커플들은 엄청날 정도로 자율성에 관심을 집중하고 있다. 이런 유형의 관계에서는 규칙에 자신의 자율성이 침해당하거나, 구속되지 않는 게 중요한 주제가 된다. 이들은 사랑을 원하기는 하지만, 커플이 주는 구속은 원하지 않는다. 두 배우자는 은행 계좌도 각각 따로 관리하고, 친구들도 서로 다르며 휴가도 때로는 따로따로 간다.

사회학자 세르주 소미에가 **제한적으로 자율성을 누리는 커플**[2]이라고 이름 붙인 이 유형은 자유와 독립을 주장하며 자신만을 위한 시간과 공간을 원하는 많은 여성에게 나이와 상관없이 극찬을 받고 있다. 커플 생활의 고통을 더 많이 받는 쪽이 여성이기 때문에 이들은 더 이상 이류로 분리되어 외롭게 지내고 싶어 하지 않는다. 이들은 남성과 동등하거나 더 많이 돈을 번다면 자신이 모든 것을 책임지려고는 하지 않는다.

> 46세의 조세린은 이혼 이후 두 명의 남성에게 사귀자는 제안을 받았다. 먼저 다니엘은 빈털터리가 된 지성인으로 교수직에 있으면서 여러 모임에 참가하느라 무척 바빴다. 다니엘과 함께 있으면 조세린은 말을 많이 했고, 그는 그녀에게 자기 친구들을 소개해주었으며, 문화 행사에 그녀를 초대했다. 다니엘은 조세린을 숨 막히게 하지 않으면서도 고무시키는 방법을 잘 알고 있다. 그런데 불행하게도 그와 함께 사는 건 적어도 지금으로서는 불가능하다. 각자의 일 때문에 서로 다른 도시에 머물러야 하기 때문이다.

두 번째 사람인 질은 조세린을 기다리고 있는 중이다. 질은 은퇴 시기 전에 은퇴한 경우로 그녀와 모든 시간을 함께 지내고 싶어 한다. 질과 함께하면 질이 모든 것을 돌봐줄 것이기 때문에 삶이 편안해질 거라는 사실을 조세린은 잘 알고 있다. 그러나 질은 조세린이 모든 것에서 자신의 뜻에 따라 살아가길 바라기 때문에 조세린은 자신만의 사회적인 관계를 맺을 수 없을 것이다. 조세린이 그에게 자유롭게 지내고 싶다고 말하면, 질은 아무 문제가 안 된다고 했다. 그렇지만 질을 빼고 조세린이 뭔가를 하려고 하면 **압력을 가했다.**

조세린은 누구를 선택해야 할지 결정을 못 하고 있다. "질을 따르는 게 훨씬 간단할 거 같아요. 그가 모든 걸 돌봐주기 때문에 금전적인 문제와 고민도 없게 될 테지만, 다니엘과 함께 사는 게 더 좋을 것 같아요."

여성이 독립적이게 되면서 서로 헤어지거나 이혼할 가능성도 확실히 커지게 되었다. 자율성을 제한적으로 누리는 커플 유형에서는 성적인 면과 정서적인 면에서 서로가 독점한다는 원칙은 지켜져야 한다. 그러나 만일 제삼자가 관계에 개입하거나, 파트너 중에서 한 명이 다른 사람과 떠나게 되거나, 한 사람이 배신을 당하면 배신당한 사람은 새로운 사람을 신뢰하기 어렵게 되며, 더 안전하다고 판단되는 융합된 커플의 삶을 택하거나, 혹은 혼자 사는 쪽으로 선택하게 될 것이다.

이 유형의 커플에서 외도만이 유일한 장해물은 아니다. 언제든 생길 수 있는 경쟁자 대신 업무가 많아서 **자신의 생활을 균형 있게 관리하기 힘들면** 커플의 균형을 이루는 데 꼭 요구되는 방법으로서 다른 곳에 집중하거나 열정을 쏟는 승화 방식을 통해 **제3의 잠재 대상**을 구성하기도 한다.

## 따로 사는 커플

일찍이 1968년도 이후의 국외 페미니스트들은 부부가 함께 사는 것이 문제를 일으킬 수 있다는 것을 느꼈다. 1978년 2월, 몇 년 전부터 계속되어온 여성들의 모든 요구를 비난하면서, 지젤 할리미Gisèle Halimi, 1927~ 변호사는 《여성 공동의 계획Le programme commun des femmes》이라는 책을 출판했다. 이 책의 '결국 그녀들은 철회하게 될 것이다'라는 아주 작은 문구는 매우 날카롭고, 증오에 찬 반응을 불러일으켰다. "목표하는 게 가부장적 가족을 제거하는 것이라면, 이 목표를 달성하기 위해서 적어도 한 세대 동안 커플이 함께 사는 걸 억압하는 것이 꼭 필요할 것이다."[3]

이런 찬양이 물론 정치적인 계획으로 이용된 적은 없었지만, 선진국에서는 부분적으로 현실화되었음을 인정할 수밖에 없다. 융합되고 침범적인 커플에서 누리는 친밀감과는 정반대로 어떤 사람들, 특히 여성들은 개인적인 친밀감, 즉 자기만의 공간이 필요하다는 것을 경험한다. 매일매일 함께 사는 데서 오는 어려움을 만나면서 젊은 커플이나 50대의 일부 커플은 함께 살지 않는 방법을 선택한다. 전통 방식으로 부부가 되는 건 결국 개인으로서의 삶을 포기하는 것을 의미하기 때문에, 다른 방법을 모색하고 싶어 할 수 있다. 그래서 2000년대에는 함께 동거하지 않는 방식이 더욱 흔한 삶의 방식이 되었다.

관계를 시작하는 시기에 앞으로 커플을 이루어 살 거라는 확신이

들 때까지는 함께 살지 않는 것이 이제는 거의 관례가 되었다.

서로 엮이기 전에 서로의 관계가 얼마나 탄탄한지를 시험해보기 때문이다. 좀 더 시간이 흐르면 업무적인 제약을 구실로 함께 살지 않을 수도 있다. 물론 사실은 구실일 뿐이지만. 국외 파견 근무를 수락하는 것도 커플로 살아가는 일상적인 삶, 부부로서의 삶에서 벗어날 수 있는 한 가지 방법이 된다.

플로랑스와 남편 티에리는 둘 다 고문으로 일하고 있다. 45세로 동갑이며, 결혼한 지 15년이 되었고, 열 살과 열두 살인 아이가 있다. 티에리는 여러 해 동안 여러 번 실직 상태에 있었고, 그에게 제안이 들어온 가장 마음에 든 직업은 국외 파견 근무였다. 이렇게 해서 그는 아시아 전문가 고문이 되었다. 티에리가 중국에 있을 때는 플로랑스가 모든 걸 다 책임지고 돌본다. 자신의 일과 하루 두 시간의 출퇴근 시간 이외에도 그녀는 집안 살림을 하고, 아이들 학교 성적과 일상적인 것들을 책임져야 한다. "늘 강하게 해왔지만, 이제는 지겨워요. 티에리는 제가 하는 일에 대해 제대로 인식하지도 못하고 있어요. 귀국하면 또 다른 여러 계획을 내놓으면서 제게 압력을 가해요. 결론적으로 보면 그가 멀리 있을 때가 훨씬 친절한 거 같아요. 메일이나 전화로 이야기할 때 더 친절한 거 같아요." 티에리가 귀국하면 그들은 주말과 휴가를 함께 보내면서 처음 사귈 때 같은 사이가 된다. 그래서 힘든 면도 있기는 하지만, 이런 방식으로 살아가는 게 둘 모두에게 편하게 느껴진다.

사이가 점점 허물어져가는 커플은 열정을 되찾게 해주거나 위기에서 벗어나는 방법으로서 함께 동거하지 않거나 가끔 동거하는 방법을 선택할 수 있다.

45세의 안과 마크는 함께 산 지 8년이 되었다. 이 커플은 늘 갈등 속에 살아왔으며, 여러 번 헤어질 뻔하기도 했다. 마크는 안이 너무 신경질적이며 짜증을 낸다고 비난하고, 안은 마크가 말이 없고 아이 양육을 자신에게 혼자 다 맡기는 걸 불평했다. 특히 옆에 있어주지 않는 것에 대해 불만을 토로했다. 마크는 다국적 기업에 다니고 있어서 대부분 외국에서 생활하고 있다. 본질적으로는 둘이 서로 사랑하지만, 일상생활에서 사소한 것들 때문에 서로 적응하는 걸 힘들어한다.

그래서 처음으로 그들은 헤어지면 서로 더 가까워지길 원할 수도 있을 거라는 심정으로 이별을 시도해보았다. "함께 사는 게 정말 불가능했기 때문에 우리 둘 다 숨을 좀 내쉴 필요가 있었어요." 안은 자기 집에 혼자 평화롭게 있게 되자 마음이 가벼워지는 걸 느꼈다. 그런데 한편으로는 남편이 그리웠다. 마크도 안정을 되찾을 수는 있었지만, 아내 생각이 간절하다고 이야기하곤 했다. 그래서 결국 다시 함께 살기로 결정했다. 몇 년 후, 부부 문제가 계속되자 이번에는 확정적으로 더 이상 한집에 같이 살지 않기로 결정했다. 이들은 비록 지금 떨어져서 살고 있지만 서로 여전히 예전처럼 사랑하고 있다고 말한다. 마크는 일상을 함께 살지 않는 게 자신에게 어떤 변화도 주지 않으며, 가정을 보호하기 위해 결혼 상태를 유지하며 살고 싶다고 말한다. 그는 안이든 다른 누구이든지 다시는 한집에서 함께 살고 싶어 하지 않는다. 한편 안은 성격상 혼자 사는 게 더 좋으며 자신에게는 다른 사람에 의해서가 아니라 자신 뜻에 따라 잘 살아가는 게 필요하다고 말한다. 그들은 전통적인 부부는 더 안정적이고, 적절하고, 사회적인 이미지에도 맞지만, 혼자 사는 생활은 공기 방울 같아서 더 가볍게 살아갈 수 있게 해준다고 한다.

한집에서 함께 살지 않는 방식을 선택하는 데는 여러 이유가 있을 수 있다. 젊은 사람들은 학생으로 자유롭게 살았기 때문에 서로 관계를 맺어서 살아가는 것을 주저하게 된다. 좀 더 나이가 들어서 만나도 이전에 자유롭게 살던 사람은 이제까지 누려온 자유를 포기하기 싫어서 한집에서 함께 살지 않는 생활을 선택하기도 한다. 예전에는 이전의 결혼 생활에서 생긴 아이가 한집에서 함께 살기 힘든 이유가 되었다. 따로 살면서 커플을 유지하는 삶의 방식은 주로 중류층이나 상류층에서 이루어지는데, 양쪽 집세를 낼 수 있을 만큼 경제적으로 여유가 있어야 하며, 양쪽을 오갈 수 있을 만큼의 시간적 여유도 있어야 하기 때문이다. 46세의 카티아는 58세의 드니와 한집에 살지 않고 살아가는 커플의 생활을 하고 있는데, 이런 방식을 택한 이유를 다음과 같이 설명한다.

"이혼을 하고 나서, 몇 년간 혼자 있었어요. 다시 커플 생활을 해야 한다는 생각이 숙제처럼 계속 떠나질 않았어요. 그런데 드니는 자기 일과 아이들을 돌보느라 정신이 없었어요. 그래서 우리는 한집에서 살고 있지 않아요. 그는 아이들이 가끔 그를 보러 올 수 있고 직장이랑 가까운 파리 근교의 자기 집에서 살기를 원했고, 저는 파리에 살기를 원했어요. 그래야 친구들

도 만나러 갈 수 있고, 영화를 보러 가거나, 철 지난 물건을 파
는 일도 할 수 있잖아요. 규칙적으로 일주일에 한 번씩은 그가
우리 집에 놀러 오고, 주말에는 제가 그를 만나러 가요. 휴가
때는 일주일 동안은 저 혼자서만 지내고, 나머지 시간은 함께
여행을 가요."

이런 유형의 사람들은 커플로 살아가는 사회적인 면을 받아들이
지만, 무엇보다도 자신의 개성과 독립성을 순수하게 지키고 싶어
한다. 이들은 휴가도 함께 떠나고, 공연도 함께 보러 가고, 친구들
도 함께 만나며 대개 아이들도 함께 키운다. 이들은 가족이나 친구
들에게 커플로 인식된다는 점에서 애인을 두고 살아가는 독신자들
과 차이가 난다.

함께 거주하지 않는 커플의 삶은 현대의 커플이 사랑과 성을 강
요한다는 점에서 잘 적용된다. 친밀함을 최고의 상태로 유지하는
게 관건이다. 지겨운 집안일을 함께 나눌 필요도 없고, 돈에 관해
지겹게 논의를 하지 않아도 되고, 컨디션이 좋지 않을 때는 만나지
않아도 된다. 서로 만나는 건 즐거운 시간을 보낼 때뿐이다. 그러
나 현실적으로는 커플이 서로 양쪽 집에서 번갈아가며 아이를 돌
보기 위해 시간을 짜는 모습을 보게 된다.

서로 함께 거주하지 않는 방식을 결정하면 여성들은 재결합하는
가정에서 분명하게 요구되는 모든 제약을 피할 수 있게 되며, 남성
들에게는 때때로 모험을 할 공간을 보유하게 되거나, 그들 스스로
이야기하듯이, '좀 더 나은 삶을 찾아 모험을 떠나는' 계기가 된다.

45세의 로랑스는 폴과 커플로 지내온 지가 15년째 되었다. 열

세 살 된 아이가 한 명 있다. 로랑스는 파리에서 프리랜서로 일하고 있으며, 폴은 파리에서 20킬로미터 떨어진 지방 도시에서 공무원으로 일하고 있다. 그들은 로랑스가 주말에 폴에게 올 때나 휴가 기간에만 함께 거주한다. 아들은 주중에는 엄마와 함께 살다가 휴가 때는 아빠와 함께 지낸다.

"제 상황에 맞는 남성을 찾지 못했어요. 그래서 이렇게라도 사는 게 애인이 없는 것보다는 나을 거 같아요. 이런 시스템으로 살다 보니 저만의 자유를 누릴 수가 있어요. 제가 하고 싶은 걸 하고, 공연도 보러 갈 수 있고, 전시회도 보러 다닐 수 있고, 친구들도 만날 수도 있어요. 제 주변에 있는 남자들은 다 집에만 있는 걸 좋아해서, 사회적인 장소에는 여자들하고 같이 다녀요."

물론 이러한 결정이 양쪽이 기꺼이 원해서 이루어지는 것만은 아니다. 한 명이 직업적인 면에서 더 바쁘거나 자유롭지 못하면, 상대편이 그 조건에 적응해야 하기에 상대가 선의를 베풀길 기대하며 **상대를 위해 어떤 조건이든 따라갈 준비가 된** 상태로 머물러 있게 된다. 물론 불평하는 여성들도 있지만, 여성들이 남성들보다 이런 상황을 더 편리하게 여기는 걸 볼 수 있다. 실직이나 조기 퇴직으로 인해 한 명은 시골에 있는 집에 정기적으로 가고, 다른 한 사람은 아직 도시에 살면서 일하는 모습을 점점 더 자주 보게 된다. 서로 다른 아파트에서 떨어져서 사는 커플 현상은 나이가 많아질수록 특히 남성의 경우에 더 늘어나고 있다.

## 다양한 방식의 커플 생활과 계약 커플

새로운 유형의 커플에는 커플 생활을 하면서 양성 관계를 즐길 수 있게 해주는 세 명으로 이루어진 커플이나, 성생활에 전적으로 자유를 허용하면서도 서로 간에 신뢰를 지키는 **개방적인** 커플처럼 다른 방식으로 관계를 맺는 방식도 존재한다.

한 남성이나 한 여성하고만 특별한 순간을 향유하기 위해서 꼭 전통적인 방식으로 커플의 삶을 살아야 하는 것은 아니다. 간간이 보며 살 수도 있기 때문이다. 2년 전에 동성 애인인 제롬과 헤어진 동성애자인 34세 프레드는 파리에서 300킬로미터 떨어진 곳에서 살고 있으며, 6개월 전부터 바스티앵과 관계를 맺고 있다. 그들은 매우 정확하게 만난다. 프레드는 다음과 같이 말한다.

"고독을 실제로 경험하기 전까지는 커플로 사는 게 맞는다고 생각했는데, 이제는 혼자 사는 일상이 제게 더 맞아요. 지리적인 거리 때문에 오히려 실용적이에요. 우리는 좋은 순간들을 함께 보내기 위해서만 보지요. 저는 엄마랑 심리적으로 거리감을 유지하는 게 힘들기 때문에, 바스티앵이 저를 자기 가족들에게 소개했을 때, 심리적으로 부정적인 감정에 사로잡힐까 봐 걱정을 많이 했어요. 그러니까 시어머니를 다시 갖게 되는 관계는 제겐 아닌 거죠."

물론 너무 강요하게 되면 실패하게 되지만, 사랑에 빠지지 못한다면 커플로 생활하는 거에 만족하며 살 수도 있다. 59세의 실직자이며 현재 이혼 요구를 받고 있는 루이즈는 이렇게 소개한다.

"스무 살에 저는 매력적인 왕자님, 즉 그 사람과 있으면 뭔가
대단한 일이 일어날 게 틀림없는 그런 사람을 만나고 싶었어
요. 저는 그동안 여러 남자를 만났으며 그들과 다소 오래 관계
를 지속해왔어요. 그런데 그 사람들은 그다지 아이를 원하지
않았어요. 40세가 되자 저는 매력적인 왕자님과는 뭔가 잘 진
행이 안 되니까, 이제는 좀 이성적이 되어 저를 진짜 원하는
사람을 잡자고 스스로 다짐했죠."

이처럼 대다수 현대인은 심리적으로 약하고 신체적으로도 멋지
지 못하기 때문에 자신의 과거를 누군가와 함께 잘 관리하고, 마치
은행 수표를 관리하듯이 다른 사람의 부족함을 가지고 자신의 부
족함을 관리한다. 가장 최상의 방법으로는 부드럽게 대하는 수준
단계로 넘어가기도 한다. 물론 자신의 체면을 유지하기 위한 **외관상**
커플도 있다.

거의 이혼에 다다랐을 정도로 커플의 중대한 위기를 넘긴 후
41세의 비르지니와 남편 에리크는 아이 셋에게 물질적으로 좋
은 환경을 그대로 유지해주면서 이혼하기는 힘들다는 것을 알
아챘다. 그래서 그들은 고민 끝에 커플의 삶을 다른 방식으로
유지하는 방법을 찾아냈다. 교사인 비르지니는 집 옆에 스튜
디오를 갖고 집 밖에 살면서 아이들이 하교할 때 아이들을 집
에 데려다 주는 일을 계속하고 있다.

그리고 남아서 아이들 숙제도 관리하고, 저녁에 살림도 하다
가 에리크가 오면 자기 집으로 돌아간다. 때때로 비르지니가
집에 들어가서 살기도 한다. 둘 중의 한 명이 하루나 여러 날

밤 집에 못 오면 다른 한 명이 집에서 아이들과 머문다.

새로운 유형의 커플에서 보여주는 중요한 특징 중 하나는 바로 커플이 유지되는 기간의 변화다. 우리가 봐왔듯이 이혼이 흔해졌고, 여성 잡지가 기사 한 편에 '그들이 결혼했고, 이혼했다'라고 쓸 정도로 이혼은 전보다 더 빠른 시기 안에 이루어진다. 서로 사랑하지만 상대가 만족스럽게 해주지 않으면 바로 사랑을 멈춰버린다. 점점 더 일정한 기간을 정해놓고 계약 결혼처럼 계약에 따라 만난다고 말할 수 있다. 서로 관계를 맺지만 일정한 기한을 정해놓고 만나는 것이다. 만일 상대가 외도를 하면, 계약을 새로 한다.

서로 아예 사랑하지 않게 되거나, 사랑이 충분하지 않으면 엉망인 커플의 모습을 고치려고 시도하기보다는 헤어지는 것을 선호한다. 그리고 한쪽이 심각하게 누군가를 사귀게 된 경우처럼 둘 중의 한 명이 계약을 존중하지 않으면 헤어진다. 어떠한 위기나 갈등은 서로의 관계가 결렬되는 방식으로 처리된다. 문제가 생기면 이미 만들어진 답변을 받는다. "난 너를 떠나서 다른 사람과 새로 시작해." 이러한 커플의 관계는 때때로 기대에 맞지 않거나 기대가 상하면 바로 버리는 물건처럼 파트너가 쓰인다는 점에서 매 순간 무효가 될 수 있는 관계라고 할 수 있다.

계약 결혼에는 사랑 뒤에 관계를 통해 얻고자 하는 게 숨어 있다. 시험 삼아 당신을 선택하지만 다른 모든 사람처럼 어떤 사람이라도 대상이 될 수 있기 때문에, 당신이 그를 사랑하지 않는다면 다른 사람을 바로 찾을 것이다. 사회학자 지그문트 바우만Zygmunt Bauman, 1925~은 이 태도를 다음과 같이 분석하고 있다. "소비 중심으로 삶이 지배되는 방식 때문에 인간은 마치 소비할 물건처럼 다루어진다. 물건을 평가하는 것처럼 자신이 제공할 수 있는 즐거움만큼 즉, '자기가 지급한 돈 만큼 얻는' 즐거움에 따라 관계를 평가하는 경향 때문에 사회성 감소가 더욱 두드러지게 나타나고 있으며 강화되고 있다."[4]

남녀는 커플에 문제가 발생했을 때 서로 다른 방식으로 접근한다. 남성은 상황이 나빠질 때까지 내버려두는 경향이 있다. 그들은 가정에 더 이상 관심을 쏟지 않으며, 아내에 대해 더 침범적으로 관계를 맺기 시작하고, 아내를 지적하고, 아내와 함께 있으면 기분 나빠하는 방식을 유지하며 결국 아내가 이혼을 요청할 때까지 밀고 간다. 그리고는 자신을 아내가 **밖으로 내쫓은** 희생양으로 여긴다. 반면 여성들은 빠르게 일을 처리하며, 남편의 과실로 이혼을 청구하기 위해 속상했던 일들을 적은 리스트를 가지고 몰래 변호사를 만난다. 이런 경우는 직접 서로 부딪히는 일이나 대화는 없으며 반대로 대화를 피하게 된다.

지금까지 소개한 방식의 관계 맺는 양식에서는 당신이 상대가 기대하는 것을 만족시켜주지 못하거나, 당신의 모든 가능성이 소진됐거나, 또는 단순히 상대가 다른 곳에 있는 게 더 좋기 때문에, 언제라도 당신을 제거할 수 있다는 것을 알아야 한다. 그러므로 유지하기 어렵기는 하지만 의존적으로 되지 않으면서 관계를 맺어야 한다.

## 계속되는 일부다처 방식

직장 일처럼 커플로 사는 생활도 점점 더 연속적인 단계를 거쳐 진행된다. 성인기의 삶은 아이 없이 함께 거주하지 않는 커플로서의 삶, 이후에는 아이와 함께 커플로 살아가는 삶, 이혼, 독신 생활, 새로운 연합, 실질적으로 새로 결합한 가족, 다시 독신, 어쩌면 한 번 더 재결합된 가족 등등으로 이루어진다. 남성들은 이혼 후 바로 새 파트너를 찾으며, 대부분 이혼이 실제로 실행되기 전부터 새로운 파트너를 찾는다. 반대로 여성들은 다시 파트너를 찾기 전에 자신의 상황에 적응하는 시간이 필요하다.

이 시대의 각 개개인은 연속적인 만남 속에서 오랫동안 강하게 서로 추구할 수 있는 대단한 사랑을 만날 것을 기대하면서 차례대로 계속되는 관계를 맺어간다. 그러나 시간이 흘러가면서 이러한 관계들이 점점 더 빨리 이어져가다가 결국에는 자꾸 바뀌는 데 지쳐서 혼자 사는 걸 택하게 되거나, 혹은 좀 불만족스럽더라도 그 관계를 견디며 사는 쪽을 선택하게 된다. 이러한 변화는 자신이 어떻게 살지 선택할 수 있으며 앞으로 새로운 사람을 만날 가능성이 줄고, 자신의 위치가 고정되는 순간이 온다는 감정을 가질 때 비교적 잘 받아들여진다. 55세 이상의 여성들은 아주 조회 수가 많은 인터넷 사이트로 연결되더라도 파트너를 찾는 게 쉽지 않다는 것과 나아가 생활 습관 때문에 시간이 가면 갈수록 적응하기가 더 어려워진다는 것을 점점 더 잘 알게 된다. 남성보다 여성에게 더욱 정조를 권장하는 영향 때문에 일부일처제가 유지되고 있지만, 다소 조절이 되고 있다. 몇몇 남성들은 커플로 살아가는 삶이 주는 편안함에 매달리는 경향이 있지만, 파트너와의 관계에서 만족을 느끼지 못하면 새로운 성의 자유를 누리기 위함이라는 변명을 내세우며 이중생활을 하기 위해 다른 곳에서 보상을 찾으려고 한다. 그들의 주장은 자신은 부인과 아이를 버리고 싶지도 않고, 가정을 깨고 싶지도 않다는 의미다. 신문기자인 프레드와 결혼한 정부 기관의 보도 담당관인 43세의 안이 살아가고 있는 모습이다.

"남편이 외도했기 때문에, 그를 떠나려고 해요. 처음에는 그 사실을 의식하지 않으려고 했어요. 그다음에는 그를 안 볼 수가 없었어요. 그래서 우리는 그것에 대해 이야기를 했어요. 그는 더 이상 그런 여러 관계를 하지 않겠다고 약속했어요. 그렇지만 멈추지 않았죠. 자기가 내 곁에 있을 거기 때문에 그런 일은 신경 쓸 필요가 없다고 했어요. 하지만 조금씩 우리 관계는 허물어지기 시작했어요. 다른 여자들한테 오는 전화나 문자를 보고 놀랐을 때는 아무 말도 하지 않을 수 없었어요. 한바탕 난리가 났지만, 결국 제 감정은 그에게 전혀 중요하지 않다는 것을 알게 됐어요. 그는 제가 어떤 생각을 하는지에 대해 관심도 없었고, 저를 좋아하듯이 다른 여자들도 좋아했어요. 그녀들에 관련되어서 제가 그를 위해 할 수 있는 건 제 자리를 지키고 살림을 하고 아이를 돌보는 것밖에 없는데, 우리가 이혼한다고 해서 뭐가 달라지겠어요?"

관용을 베푼다거나 새로운 커플이라는 명목 아래에 때로는 전처나, 이전의 애인이나, 현재 애인들을 함께 살게 하는 경우도 있다. 몇몇 서양의 가정에서는 옛날 중국의 모델을 다시 보기도 한다. 즉, 공적인 자리에 함께 나가는 첫째 부인, 그다음은 첫째 애인, 그다음은 두 번째 애인 등이 있는 것이다. 그 사이 사이에 사귀는 여자들은 치지 않더라도⋯⋯. 여러 여성은 사랑 때문에, 혹은 약해서, 또 때로는 이익을 위해서 이러한 상황을 받아들인다. 이러한 가족은 대중 매체에서 새로운 가족의 형태로 '부족'이라는 명칭으로 묘사된다. 자신의 현재 부인, 아이들, 전부인, 부인의 전남편, 다른 커플 사이에서 나은 아이들과 함께 휴가를 떠나는 이 남성들에게 찬사를 보낸다. 그러나 현실은 훨씬 덜 단순하다. 개인적으로 몇몇 여성들은 괴로워하지만, 관대하지 못하다거나 생각이 꽉 막혔다는 소리를 들을까 봐 감히 표현도 하지 못하고 지낸다.

> 58세의 그자비에는 얼마간 내연녀로 있던 훨씬 젊은 여자 때문에 부인인 욜란드를 막 떠났다. 그는 욜란드에게 **아이들과 지속적으로 관계를 유지하기 위해** 시골에 있는 집을 지키고 있으면 어떻겠냐고 제안을 했다. 욜란드가 남편의 새로운 여자를 만나는 게 싫다며 거부하자 마치 어린애들처럼 주말에 돌아가며 집을 나누어 쓰자고 강요했다. 그 후, 그자비에의 새로운 아내가 그에게 집중해 관계를 지킨 반면, 그자비에는 그녀의 친구 한 명과 다시 결혼했다.

우리가 본 것처럼 부부 관계를 새로 만드는 것은 점점 더 어려워지고 있다. 관계를 보장해주지 않는 사랑에 빠지느니 혼자 사는 게 훨씬 더 간단하게 보일 수 있다. 사랑을 느끼는 삶을 풍요롭게 누리면서 확정적으로 독신으로 사는 삶을 선택할 수도 있다. 융합을 확실하게 피하고, 자신의 독자성을 지키기 위한 한 방법이 될 수 있다. 앞으로 살펴보겠지만, 남녀 관계가 맺어지는 것에 대해 대비하는 것이 점점 더 어려워지고 있다.

당신을 떠나고 싶지는 않아
하지만 아무리 노력해도
당신을 사랑할 수는 없어

질리앵, 40세

# 5
# 점점 더 어려워지는 관계

완벽해지기를 바라는 요구 때문에 남녀의 관계도 점점 더 어려워지고 있다. 여성들은 남성들이 집안일을 도와줄 여유가 없으며, 자신에 대한 관심이 부족하다고 비난한다. 남성들은 그녀들이 너무 많은 것을 요구한다고 비난한다. "그녀는 뭐 하나 그냥 지나가는 게 없어요!" 50세의 리샤르와 부부로 살면서 세 아이를 키우고 있는 39세의 나디아는 남편에 대해 이렇게 이야기한다.

"제 남편이 식기세척기에 잔을 바로 넣지 않고 자동적으로 개수대에 놓으면, 한두 번 이야기해요. 그리고는 단념하고 제가 해요. 하지만 그에 대한 보상이 있었으면 좋겠어요. 어떤 보상일까요? 돈은 아니에요. 제가 그보다 더 잘 버니까. 그는 저에게 섹스를 제안하면서 저를 만족시켜주려고 하는 거 같아요. 저도 좋아요. 마음에 들어요. 하지만 그의 리듬이 제 리듬은 아니에요. 그는 특히 낮에 우리 사이가 좀 잘 돌아가지 않으면 어떤 면에서는 그걸 보상하려고 항상 기꺼이 섹스를 하려고 해요. 하지만 낮에 그가 친절하게 대하지 않았을 때는 섹스를 하고 싶지 않아요. 리샤르는 이런 저를 이해하지 못해요. 그래서 조금씩 저는 그가 원망스럽고, 때로는 그를 떠날 생각을 해요."

## 서로에 대한 비난

미팅 사이트에 대한 광고와 대중 매체는 이상적인 파트너를 만날 수 있다고 믿게 하기 때문에 우리는 사랑을 통제하고 싶어 하고, 사랑이 우리를 어디로 인도할지 미리 알고 싶어 한다. 우리는 까다로운 소비자처럼 최소한의 대가를 치르고 최상의 것을 얻고자 한다. 가능한 한 조금 주고 많은 것을 받기를 꿈꾼다. 이제부터 만남에서 가장 먼저 극복해야 할 난제는 기대의 눈높이를 맞추는 데 있다. 어떤 사람들은 자신의 자율성을 우선시할 수 있다. 그래서 어떤 관계가 맺어지자마자 바로 파트너에게 집착하거나 파트너를 숨막히게 한다. 또 어떤 사람들은 관계를 맺는 것을 급하게 이야기해 놓고는, 사랑이 너무 가깝게 느껴지면 달아나기도 한다. 우리는 기대하는 바에 상대가 딱 맞기를 바란다. 그렇지 않을 때 해결하는 가장 쉬운 방법은 관계를 깨고, 다른 관계로 가버리는 것이다. 그래서 관계는 더 힘들어지고, 갑작스럽게 깨지게 된다. 34세의 쥐스띤은 이렇게 증명한다.

"저는 오랫동안 열렬한 사랑을 믿어왔어요. 그런데 매번 누군가를 만날 때마다, 몇 주나 몇 달이 지나면 뭔가 잘못되는 게 생겼어요. 그러면 먼저 그걸 알리고 나서 전혀 개선되지 않으면 문자나 메일을 통해 관계를 끊어버려요."

분명히 각자는 사랑을 찾는다고 하지만 아무도 더 이상 환상을 갖지 않으며, 커플 사이에 구축된 열정도 일시적이라는 걸 안다. 욕구조차도 실제로 시험을 거치기 전까지는 상대가 나와 다르다는 것을 받아들이기 위해 명확하게 다시 표명되어야 한다. 관계를 구축해가는 것은 어렵기 때문에 어떤 사람들은 자신의 목표를 최적으로 달성하기 위해 **코치**나, 조언해주는 사람에게 도움을 청하러 가기도 한다. 그들은 관계가 주는 불쾌한 것을 견뎌내지 않고 관계가 주는 장점들만을 추구하려고 한다. 더 젊은 사람들은 쉽게 서로 관계를 맺는 만큼 쉽게 관계에서 벗어날 수 있는 인터넷 미팅 사이트의 가상 관계를 선호한다(뒤에서 이러한 **현상**에 대해 자세하게 설명을 다시 하겠다).

## 여전히 참기 힘든 부정행위

성이 자유로워지고, 성적인 면에서 모든 것을 다 시도해보고자 하는 선동에도 불구하고, 파트너에 대해 신의를 지키는 일은 강한 가치관으로 자리하고 있다. 또한 부정행위는 일반적으로 배신으로 경험된다. 파트너 간의 신의에 대해 이렇게 집착하는 것은 다른 사람과 나누지 않고 혼자만 경험하고 싶은 강한 사랑에 대한 열망 때문이다. 특히 여성들은 거짓말을 용서하지 않는다. 새로운 유형의 커플들은 순수한 관계, 파트너에게 하나도 속이지 않는 이상적인 관계를 꿈꾸며, 서로 존중해달라고 요구한다. 그러나 파트너에 대한 신뢰는 종종 서로가 열정을 가지고 있을 동안에만 지속된다. 그래서 현실적으로는 서로에 대한 일치된 사랑이 적어서라기보다 상대방에 대한 존중이 부족한 문제 때문에 부정행위가 발생한다. 그러므로 서로 더 이상 사랑하지 않으면 거리낌 없이 사랑하는 관계에서 벗어난다. 사랑이 식기 시작하면 남성들이 주로 쓰는 거짓말이나 가장을 겪으며, 더 이상 둘 사이의 신뢰는 존재하지 않게 된다. 50세인 아나벨은 다음과 같은 일을 겪었다.

"인터넷을 통해 한 남성과 서로 깊은 호감을 주고받은 후에 우리는 서로 만나고 싶어 했어요. 그러나 저는 그가 주말에 만날 수 있을 때가 거의 없다는 것을 알아차렸죠. 그런데도 그는 운동하느라 그렇다며 정당화했고, 자신은 자유로운 사람이라고 저를 안심시켰어요. 우리가 만났을 때 다시 이 주제에 대해서 이야기하자 마치 저도 그와 공범이라도 되는 듯한 분위기로 그가 부부 생활을 하고 있다는 것을 분명히 잘 알고 있지 않냐고 말했어요. 그래서 저는 그가 자유롭지 않다는 사실을 알았다면, 움직이지 않았을 거라고 이야기를 시도했죠. 그러나 그는 사신이 파트너를 사랑하지 않기 때문에 스스로 자유로운 몸이라고 생각한다며, 그게 아무 문제도 안 된다고 했어요."

일부 남성들은 별도로 어떤 관계를 유지한다. 애인이 없다면 애인이 대기 중에 있다. 또, 미래를 계획할 필요도 없으며 서로 얽힐 필요도 없는 단순한 관계라고 부를 수 있는 다른 관계를 유지한다.

또는 커플 관계에 동요가 느껴지자마자 바로 미팅 사이트에 등록
하거나 달아난다.

> 51세의 보리스는 불안하고, 심리적으로 취약한 남성이다. 보
> 리스는 대단한 운명을 꿈꾸었지만, 실제 그가 이룬 성공은 그
> 의 야망에 따르지 못했다. 늘 여성들을 유혹했기에 첫 번째 결
> 혼도 실패하게 되었다. 그는 최근에 사회적으로 만족을 주는
> 여성과 재혼했으나 부부 생활이 주는 여러 제약을 견디지 못
> 하는 데다가 다시 아주 어린 여자를 유혹하는 걸 멈출 수가 없
> 었다. 그는 아내와 헤어지기라도 하게 되면 혼자 있게 될 것이
> 너무 두려워서, 매번 부부 사이에 위기가 올 때마다 미팅 사이
> 트에 등록한다.

새로 개정된 이혼법에서는 외도가 더 이상 잘못으로 인정되지 않
을지라도, 파트너의 외도는 대부분 힘겨운 경험이다. 사랑하는 관
계에 모든 것을 쏟아부은 만큼 큰 고통을 겪는다. 몇몇 여성들은
이러한 상황을 상대에게 심하게 폭력적으로 거절당한 것처럼 경험
하기도 하며, 자신의 성 정체성에 대해 상당히 혼란을 겪었다고도
고백한다.

또 다른 경우, 진실한 사랑을 바탕으로 서로의 관계가 형성된
경우에 배우자가 가장 고통을 덜 받을 수 있는 해결책은 아마도
부부 관계를 파기하는 것이겠으나, 실제로는 부부로 살면서 누릴
수 있는 물질적인 혜택을 그대로 유지하고 자녀를 보호하기 위한
목적이라는 가정 아래 다소 숨겨진 방법을 통해 관계가 지속되기
도 한다.

40세의 은행원인 쥘리앵은 아내 프랑수아에게 자신이 사무실에 있는 동료를 사랑하게 되었다고 알렸다. 그런데 직장에서 해고되었기 때문에 아주 기분이 안 좋다고 했다. 이후부터 그는 프랑수아에게 공격적으로 대했다. 쥘리앵은 다른 여성을 놓치고 싶지 않았기 때문에 그녀에게 전화하거나 문자를 보내기 위해서 아내와 멀리했으며, 때로는 없어지기도 했다. 프랑수아는 아이들과 일상을 다 관리해야 했을 뿐만 아니라, 남편이 집에 있을 때는 남편을 위로해주어야 했다. 남편은 자신이 아내를 존경하기 때문에 프랑수아 곁에 머물고 싶다고 이야기했다.

"당신을 떠나고 싶지는 않아. 하지만 아무리 노력해도 당신을 사랑할 수는 없어."

"당신이 날 사랑하지 않는 건 중요한 주제지. 하지만 그것 때문에 내가 대가를 더 지불하고 싶지는 않아."

"난 지금 그녀 생각을 하고 있기 때문에 당신에게 친절하게 대할 수가 없어."

프랑수아는 자신의 부부 관계를 중요하게 여기지만, 이 모든 고통을 이겨내는 게 정말 지겹다고 말한다. "제 힘이 오히려 저에게 도움이 안 됐어요, 제 힘 때문에 남편을 약하게 만들었으니까요."


남성이나 여성이 부정을 저지르고 부부 관계를 배신한 것이 상대에게 얼마나 큰 상처를 입힐 수 있는가를 인식하는 경우는 매우 드물다. 이런 위험에 마주치지 않기 위해 누군가와 관계를 맺는 자체를 피하는 것일까? 현대 사회의 커플들은 어쨌든 외도를 저지르는 것이 버림받은 파트너로부터 자주 용서되고, 해결된다는 것을 잘 안다. "별일 아니야, 그(혹은 그녀)가 받아들인걸……." 이러한 상황은 어쨌든 아무 일도 아닌 게 아니다. 왜냐하면 이 일은 감추어진 많은 심적 고통과 원망을 불러일으키기 때문이다. 다음은 43세의 브리지트의 경우다.

"남편은 평생 저 말고 다른 여자가 있었어요. 그이에게는 그 일이 아무것도 아니죠. '걱정할 거 없어, 그 여자는 똑똑하지도 않아!' 남편이 다른 여자랑 노는 동안 저는 애들을 챙기고, 선생님들과 치과의사, 살림, 집안 서류 등을 처리하며 살고 있는데 그는 한술 더 떠서 가증스럽기까지 했어요. 아내를 속일 수 있어요. 좋아요. 하지만 어떻게 그렇게 감쪽같이 몰래……. 그렇지만 왜 다 망가뜨리기까지 하느냐고요?"

오늘날의 파트너들이 부딪히는 또 하나의 어려움은 여성이건 남성이건 이상적인 파트너감으로 자신보다 더 젊은 상대를 구하려 한다는 점이다. 여성이 자신보다 더 젊은 남성과 커플을 이루는 게 과거보다 드문 일은 아니지만 이 경우는 아직 예외로 남는다. 남성들은 특히 45세가 지나면 자신보다 확연히 훨씬 젊은 파트너에게 마음을 많이 돌린다. 중년의 남성들은 다시 커플을 이루기 위해서 대부분 자신보다 더 젊은 여성을 찾으며, 이러한 이유로 50세 이상의 여성들이 혼자 사는 경우가 많다. 한편, 젊고 아름다운 것을 강요하는 시대의 흐름은 일부 남성들이 더 이상 여성을 기쁘게 해줄 수 없다는 생각에 빠져 스스로 여성을 만나는 것을 단념하게 한다. 4년째 실직 상태에 있는 62세의 크리스티앙은 한 번 이혼한 뒤, 다시 다른 여자와 살다 헤어져서 2년 전부터는 혼자 지내고 있다.

> "제가 누군가를 사랑할 수 있는 시기는 이미 지나갔을까요? 이제는 도저히 사랑할 엄두가 나지 않아요. 제가 존경할 수 있는 누군가에게 만나자고 제안할 수가 없어요. 제가 너무 나쁜 선물이 될 것 같아서 감히 보잘것없는 제 몸을 제안할 수가 없어요."

## 이혼에 대담하게 맞서기

오늘날 커플들이 단단하게 결속되지 못하는 현상을 더 잘 이해하기 위해서는 그들이 헤어지게 되는 조건을 다시 돌아봐야 한다. 앞서 살펴보았듯이 이혼을 청구하는 쪽의 대부분은 여성이다. 이들은 절망스럽고 고통스러운 부부 생활을 더 이상 지속할 수 없다고 느낄 때 이혼을 결정한다. 여성들은 이혼하고 나면, 정상 상태로 회복하기 위해서 혼자 있는 시간이 필요하다. 이렇게 하면서 자신에게 닥친 일을 받아들이게 된다. 부양할 어린 자녀가 있는 여성은 교대로 아이를 돌보는 방식이 새로운 인생을 시작하는 데 많은 자유를 주는 게 사실이지만, 새로운 파트너를 찾는 것보다 양육권을 차지하기 위해 더 애를 쓴다. 커플로 살았을 때 자녀를 주로 돌본 건 자신이었기 때문에 아이들이 자신과 함께 살지 않게 되는 건 옳지 않다고 여긴다.

남성들이 이혼을 제안할 때는 혼자 떠나는 경우가 거의 없다. 많은 경우 대개는 정부가 상황을 정리하라고 요구하기 때문에 등이 떠밀려서 이혼하게 된다. 남성은 누리고 있는 행복을 거절하지 않으려고 자식과 멀어지는 것보다는 새로운 사람과 사는 것을 더 중요하게 여긴다(물론 희박하기는 하지만, 자녀를 자신이 독차지하기 위해서 남편을 이혼으로 몰아붙이는 소유욕이 강하거나 신경증적인 여성들의 몇몇 예를 무시해서는 안 된다). 그래서 다음과 같이 변명한다. "난 사랑에 빠졌다고!"

많은 남성은 당해낼 수 없는 감정인, 새로운 사람에 대한 사랑 때문에 결혼과 가정과 부모로서의 관계를 희생하는 것을 정당하게 여긴다. 그들은 이러한 방법을 통해서 자신을 실현하고 싶어 하기 때문이다.

남성이 아내와 헤어질 때, 아직 헤어지지도 않은 아내에게 사실을 알리기도 전에 아빠의 인생에서 소중한 사랑을 만났다면서 새로 사귄 여성을 자녀에게 소개하는 경우도 이제는 흔한 일이 되었다. 결국 아내는 아이의 입을 통해 자신의 불행을 알아차리게 된다. 이러한 방법에는 **버려질 수 있는 그리고 버려진** 아내에 대한 존중을 전혀 찾아볼 수 없다. 아내는 엄마에 대한 혼란스러움을 전면에서 받게 되는 자녀를 배려하는 수준만큼의 배려도 받지 못한다. 한 사람을 놔두고 다른 사람을 더 좋아하기로 결정하는 것은 자발적으로 한 사람을 멀어지게 해서 선택받지 못한 당사자를 죽음보다 더하게 망가뜨린다.

사회학자 이렌 테리Irène Thére는 이혼에 대한 이야기가 성별에 따라서 다르다는 점을 보여주었다.[1] 여성은 폭력, 외도, 무관심한 애정 생활 등을 겪을 만큼 겪고 이혼을 결정하는 경우가 많기 때문에 여성에게 이혼은 충분히 오래 고민한 뒤 내려지는 결정이다. 한편 남성은 이혼이 드라마처럼 갑자기 찾아오는 경우가 가장 많다. 그들 말에 따르면 자신의 부부 관계는 아무 문제 없이 잘 굴러왔으며, 자신들은 부부 생활에 모든 것을 걸었고, 아내에 의해 **갑자기 밖으로 내 쫓기는** 운명의 그날이 오기 전까지 서로가 공통의 역사를 만들어왔다는 것이다. 공무원인 54세의 필리프는 아내가 떠난 것에 대해 우리에게 다음과 같이 상세하게 이야기해준다.

> "정말 이해할 수가 없어요. 아내가 미쳤어요. 모든 걸 다 망가뜨렸어요. 사실 자기는 다 가졌어요. 일도 반나절밖에 안 하고, 제가 돈 걱정을 하게 하지도 않았고, 애들도 거의 다 자랐고요. 그런데 어느 날 심리치료를 시작하더니, 독립적이고 싶다는 거예요. 말도 안 되는 소리죠. 제 생각에는 그 심리치료사와 무슨 일이 있는 게 틀림없어요. 의사협회를 고소할 작정이에요. 아내를 이런 방식으로 탈선시킬 권리는 없다고요. 게다가 아내는 집도 반이나 자기에게 달라고 하고 위자료까지 요구하고 있어요. 이 집은 제가 번 돈으로 산 건데도 말이죠!"

이혼을 하고 나면 무엇보다도 상대방이 곁에 없기 때문에 고통스럽다. 충격의 단계가 지나고 나면 자신의 공간을 즐기고, 침대에서 가로로 자기도 하고, 자기가 먹고 싶을 때 먹고 싶은 것을 먹는 행복을 자주 경험한다. 어떤 사람들은 극적인 생활을 하기도 하는데, 고독에서 달아나기 위해 여러 상대를 동시에 만나면서 자신을 잊기도 한다. 그러나 이혼을 하고 난 이후에는 새로운 파트너라는 다른 도움 없이, 자신을 혼자 다시 추스르는 게 중요하다. 자신의 심리적인 불편함을 채우기 위해서 곧바로 새로운 사람을 집어넣는 것은 위험하기 때문이다. 반대로 어떤 사람들은 우울감에 빠지고,

자신을 반성하기도 하지만, 파트너의 죽음으로 갑자기 사별한 경우에는 이렇게 되는 경우가 드물다.

남편과 사별한 뒤, 리디아는 7년째 어린 자식 셋을 혼자 키우며 살고 있다. 일과 자녀 양육을 하느라 과부하가 걸려 개인적인 자신의 삶은 다 포기해왔으며, 성생활도 하지 않았다. 혼자 사는 사람이 부부로 사는 사람들 집에 눌어붙으면서 관계를 만들어가는 것은 꼭 필요하지는 않다고 여기기 때문에 점점 더 친구들을 집에 초대하지도 않게 되었다. 시간이 갈수록 점점 더 사람들을 만나거나 사귀고자 하는 욕구가 줄어들었으며, 침대에 파묻혀서 혼자 좋은 책을 읽는 걸 더 선호하게 되었다. 이때, 혼자 사는 자신의 삶과는 다른 세계로 들어갈 수 있게 해주는 소설만 읽는다. 그녀는 자신이 사회적인 관계를 덜 할수록 그런 습관을 더 잃어간다는 것을 의식하고 있다. 그래서 어떤 때는 구실을 만들어서 약속을 어기기도 하지만, 때로는 가면 지겨울 것을 미리 알면서도 약속에 나가기도 한다.

## 이별의 고통

또 하나의 역설적인 현상은 커플의 생활이 점점 더 한시적으로 되면 될수록, 결별이 더 고통스러워진다는 것이다. 충돌이 생기는 순간에 오가는 말이 폭력적이게 되고, 잔인하게까지 변하면 곧바로 둘 중 한 명이 결별에 대해 이야기를 꺼내게 된다. 헤어지기로 결정하고 나면, 상대는 더 이상 한 사람으로 존재하지 않게 된다. 그 순간부터 그 사람은 더 이상 보살펴지지 않는다. 가장 취약한 점을 이용해서, 그 약한 데를 공격한다. 커플 생활은 파트너의 사적이고 은밀한 영역까지도 알게 해주기 때문에 친밀한 순간에 믿고 이야기했던 내용을 이용해서 우스갯소리를 하고, 빈정거리면서 상대에게 상처를 준다. 커플 생활의 실패가 자신의 잘못이라는 것을 인식할 수 있는 경우는 매우 드물다. 대부분 상대방을 탓하기를 좋아한다. 사람들은 주변 사람이나 필요한 경우 가족 문제 담당 판사에게까지 상대방이 **제정신을 잃었다**는 것을 받아들이게 하려고 한다. 이미 치욕스럽게 된 이상 상대를 **자기밖에 모르는 못된 자아도취자**라고 단정하면서, 이혼의 책임에서 벗어나기 위해 그녀 혹은 그가 미쳤다는 것을 증명하려고 애쓴다. 대가를 가장 적게 치르고 이혼을 달성하기 위해서 어떠한 충격이라도 주는 게 다 허용되며, 두 사람이 이성적으로 서로 협의하는 일은 전혀 없다. **상대를 이기기 위해서** 이제는 적이 된 과거의 파트너를 깎아뭉개기 위한 일을 하게 된다. 이러한 심리전 속에서 승리하는 건 대개 가장 못된 사람이다. 한편 자아도취적인 사람들은 이혼이라는 주제를 다시 토의할 수 있는 능력이 없으며, 상대가 자신이 사랑했고, 원했던 사람으로서가 아니라 한 인간이라는 사실을 인식할 수 있는 능력도 없다. 부부 생활이 잘 이루어지지 않는다면 이건 당연히 상대의 잘못이다. 그래서 상대를 깎아내리기 위해 아이들을 수단으로 활용하는 것도 주저하지 않는다.

파트너를 더 이상 원하지 않게 되는 순간부터 그를 파멸시키고 심리적으로 망가뜨리려는 유혹에 빠질 수 있다. 상대가 이에 저항하면, 자신은 피해자로 자처하며 상대를 떠나가는 것을 정당화할 수 있다. "그 여자는 악독한 여자야." "그 사람은 포악해. 그래서 떠나왔어."

45세의 뛰어난 학생인 카롤린은 대학 시절에 스테판을 만났다. 서로 함께 살기 시작할 때부터 스테판은 포악했고, 여러 번 폭력을 행사하기도 했다. 스테판이 그녀가 일하는 것을 견디지 못했기 때문에 카롤린은 좋은 일자리도 포기했다. 부부생활을 한 지 20년 만에 스테판은 휴가 전날, 다른 여자랑 휴가를 보낼 거라면서 폭력적인 어투로 아내에 대해 구구절절 길게 비난을 늘어놓았다. 다음 날부터 그는 새 여자와 살았으며, 물질적 조건을 강요하기 위해서 일종의 상업적인 협상을 시작했다. 스테판은 양육비를 지급하던 것도 바로 끊었으며, 카롤린에게 통보도 없이 보험도 다 끊어버렸다. 뿐만 아니라 아이들에게도 계속해서 엄마를 헐뜯었다.

판사 앞에서 이미 합의가 이루어진 것도 무시한 채, 자신이 편할 때 아이들을 만나도록 아이들에게 압력을 가했고, 아이들이 주저하는 데도 아랑곳하지 않은 채, 전부터 늘 카롤린과 함께 갔던 곳으로 휴가를 갔다. 과거의 추억들까지도 포함해서 모든 것을 자신에게 유리하게 하려고 애쓰는 게 매우 명확하게 드러났다. 한편 카롤린은 흠이 잡히기가 싫어서 잘 방어하지도 못하고 희생을 감수하고 있으며, 이런 태도가 스테판의 공격성을 더 강화하고 있다.

남성이든 여성이든 상관없이 어떤 사람들은 아이들을 양육하는 걸 원하지도 않으면서 단순히 상대에게 상처를 주거나 양육비를 받아내기 위해 양육권을 청구한다. 어떤 여성들은 때로는 아빠가 성 학대를 했다는 거짓 주장을 휘두르는 것도 주저하지 않으며, 다른 도시나 다른 나라로 이사까지 하면서 아빠가 아이들을 방문할 수 있는 권리를 필사적으로 제한하려고 한다. 자신의 전 배우자가 아이의 엄마나 아빠라는 것도 잊은 채, 전 배우자에 대해 엄청나게 비방한다. 독립적이지 못한 여성들에게 이혼은 복수해도 되는 모욕으로 경험될 수 있다. 융합된 커플 생활에 모든 것을 걸었던 남성들에게 이혼은 엄청난 실패가 된다.

시간이 어느 정도 지나고 나면, 각자는 새로운 도시에 자리를 잡고, 모든 것이 정상으로 돌아올 거라고 생각할 수 있다. 그러나 항상 그렇게 되기는 쉽지 않다. 마치 어긋나기 시작한 것을 영원한 증오로 은폐하기라도 하려는 듯이 군다. 개개인이 완벽하기를 원하도록 요구하는 우리 사회 때문에 편집증적인 성격을 만들거나 또는 적어도 편집적인 기능을 갖게 된다. "나는 흠이 하나도 없어. 난 아무 책임도 없어. 전부 다른 사람 잘못이라고!" 이렇게 해서 많은 남녀가 헤어지게 되는 현상이 나타나는 것이다. 그들은 경쟁자가 되어 서로 관찰한다. 여성들은 남성들을 거만하게 바라본다. "남자들한테는 아무것도 기대할 수가 없다니까!" 한편 남성들은 여성들이 딱딱해졌으며, 타협할 줄도 모른다고 자주 이야기한다.

이런 부류의 일반적인 특성은 사회가 깊게 변화된 모습이 증상으로 드러나는 것이다. 여성들이 자율성을 요구하고, 남성들은 혼란스러워하고, 부부 관계는 더 딱딱해지는 이 **새로운 고독**을 일으키는 원인은 **예외도 물론 있지만** 각 개인 수준에 따라 독특한 방식으로 드러난다. 사회 속의 생활에 광범위한 변화가 일어난 것이 구체적으로 모습을 드러낸 결과다. 북유럽 선진국에서는 소위 남성보다 여성이 열등하다는 것을 정당하게 받아들이는 가부장제 시대가 이제 끝났다. 남유럽도 점점 그러하기는 하다. 앞서 보았듯이 이러한 현실은 일상에서 받아들여지기가 쉽지 않다. 1970년대에 미국과 유럽에서 시작된 **인류학적인 혁명**은 적어도 두 세대 후에야 진정하게 자리 잡을 수 있다고 전망하는 것이 논리에 맞다.

　그러나 이 혁명을 더 복잡하게 만드는 것은 지금까지 내가 부수적인 방법으로만 언급했던 또 다른 뒤엎는 변화다. 그것은 바로 1980년대 이래로 모든 개개인이 경쟁하는 것이 효율적이라는 주장과 각 개인의 신화를 찬양하면서 잘사는 국가에서 지배적으로 영향력을 미치고 있는 새로운 이데올로기를 인정하게 된 점이다. 가부장제가 막을 내리고 인터넷을 통해 창조된 **가상 사회**가 등장하면서 고안된 새로운 변화는 이 시대를 살아가는 젊은이나 나이 많은 사람 누구에게나 이상하고도 새로운 틀의 삶을 만들어내는 데 한 몫을 했다. 이로 인해 직장에서는 각 개인 간의 관계가 경직되고, 정신적인 괴롭힘처럼 새로운 병리 현상이 발달해왔다. 그러나 사랑하는 관계나, 친구, 가족 관계에서도 역시 더욱 차분한 새로운 삶의 방식이 등장했으며, 이 삶에서는 고독이 받아들여져서 자신의 자리를 찾을 수 있다. 상반되는 이러한 현실을 다음 장에서 내가 만났던 환자들의 증언을 통해 명확하게 밝히려고 애를 쓰겠다.

II

# 성공 세계 속에서의 고독

사람들은
스스로 고립되려고 한 나머지
결국에는
잊히고 만다

피에르, 58세

사람들은
스스로 고립되려고 한 나머지
결국에는
잊히고 만다

# 6

## 일 때문에 고독을 느낄 때

커플에게는 보장된 미래란 없다. 그래서 사람들은 일을 통해서 자신의 존재를 규정지으려고 하기도 한다. 미혼모의 자녀로 태어나 현재 회사 경영진의 보좌관으로 일하고 있는 46세의 엘렌은 이렇게 말한다.

"저는 미혼이에요. 일하는 데 많은 것을 투자하죠. 남편이 없거나 아이와 가족이 없으면 일이 사회적인 소속감을 줘요. 일은 제가 왜 존재하는지 분명하게 알게 해줍니다. 제게 무슨 일이 생겼을 때 제 걱정을 해주는 사람도 저를 고용한 사람, 즉 사장님일 거라는 생각까지 해요. 아마 다른 사람들은 언뜻 이해하기 어려울 거예요. 저에게는 일을 통해 재정적으로 안정을 이루는 것이 가장 중요해요. 아무도 저를 보호해줄 수는 없

　　으니까요."

　　불행한 일이지만 노동 조직이 새롭게 변화하는 가운데에서도 여전히 많은 고독이 발생하고 있다. 모든 기업이 해당하는 것은 아니지만 일반적으로 노동 집단은 응집되기보다 분열되는 양상을 보인다. 예전에는 업무 중간 중간 휴식 시간도 있고 커피 자판기 앞에서 수다를 떨기도 했는데 이제는 그마저도 극히 제한되고 있다. 예전에는 근무 중 잠깐씩 휴식을 취하고 수다를 떨던 시간은 버려진다고 여겨 아예 죽은 시간으로 간주했다. 하지만 주 35시간 근무제가 시작되면서 사람들 사이의 교류가 줄다 보니 이런 자투리 시간 자체가 아예 사라져버렸다. 근무 시간 동안은 철저하게 일에 집중해야 하기에 비는 시간이란 없다. 또 예전에는 다른 부서에서 정보를 얻으려면 직접 해당 부서를 찾아다녀야 했기 때문에 직원끼리 교류할 기회가 열려 있었다고 할 수 있지만, 지금은 비인격적이고 위협적이기도 한 서식을 첨부하고 딱딱한 업무 내용만 담긴 메일 한 통을 보내면 그만이기 때문에 직원끼리 직접 교류할 기회가 없어졌다. 이러한 현상은 인간을 매우 메마른 존재로 만들어버렸다. 또한 아무리 다른 사람들과 함께 일하는 인상을 주는 **개방된 공간**에서 이루어지는 업무라 할지라도, 사람들은 외로움을 느낄 수밖에 없다.

## 업무의 강화와 외로움

업무의 속도는 점점 더 빨라지고 있다. 이와 함께 사람들은 늘 위급 상황이라는 생각에 사로잡혀 있다. 그래서 빨리빨리 일을 해치워야 한다는 의무감으로 마치 텔레비전 리모컨으로 채널을 돌리듯이 다른 사람에게 업무를 재빠르게 전달해야 한다. 무리에서 제외될지도 모른다는 두려움 때문에 사람들은 다른 사람들이 자신에게 기대하는 것에 부응하고자 애쓰느라 진이 빠진다. 일의 속도를 높여야 한다는 부담과 그에 따른 정신적 스트레스가 커지고 있다. 그 결과, 업무가 강화될수록 한순간도 피로감을 떨쳐버릴 수 없으며, 개인은 나약해져 꿈을 잃어버리게 되고, 사기가 저하되며, 점점 혼자가 되어간다. 현재 이혼 소송 중에 있는 금융 업체 간부 디디에는 이렇게 말한다.

"사람들은 저를 전문가로 대우해요. 전 항상 더 많은 걸 희생해야 하고, 더 많은 부담을 져야 하죠. 물론 그래서 제가 더 가치 있는 존재가 되는 건 사실이에요. '아, 나는 없어서는 안 되는 존재구나!'라고 믿게 돼버리거든요. 하지만 제가 업무의 속도를 조금이라도 늦추게 되잖아요? 그러면 전 죄책감이 들어요. 이건 함정과도 같죠. 제가 주체할 수 없는 속도를 따라가지 못한다면, 저의 가치도 저평가되고 말 거예요. 제 위치를 위협받지 않고 업무의 속도를 늦춘다는 것은 불가능합니다. 주위에는 온통 성공에 매달리는 뱀파이어들만이 널려 있을 뿐이에요."

업무의 조건이 어떠한가의 문제 이상으로 사람들 사이의 관계가 소외와 외로움의 근원이 되는 경우도 많다. 대기업 내에 새롭게 자리한 경영 관행은 사람들이 고통을 느끼는 기준 자체를 상실하게 했다. 계층을 막론하고 자신의 자리에 대한 위기를 누구나 느끼게 된 것이다. 사람들은 고독하면 고독할수록 저마다 자신의 일에만 더욱 열중하며 직장 동료를 파트너가 아닌 경쟁자로 느낀다. 만약 집단의 정원을 줄여야 할 때가 오면 가장 경쟁력 있는 사람만이 살아남기 때문이다. 실직과 해고에 대한 두려움은 많은 사람에게 파트너이기 이전에 경쟁자인 동료를 밀어낼 준비를 하게 만들며, 주위의 모든 사람을 불신하게 한다. 거부와 박해라는 삶의 방식 앞에서 직장 동료 사이의 연대감은 더 이상 존재하지 않으며, 언제 자신의 일자리를 잃을지 모른다는 두려움에 자신을 보호하기에 급급해진다.

크리스토프 드주르가 말하는 것처럼 직장 내에서 정신적 괴롭힘을 당하면 사람은 혼자가 된다. "개인에 대한 평가가 우선시되면서 새로운 방식의 조직은 연대감을 중요시하던 삶의 기존 방식을 무너뜨렸다. 만약 당신이 어려움에 부닥치더라도 아무도 나서주지 않을 것이다."[1] 주위 사람들은 권력을 지닌 쪽에 서 있는 것을 더 원하며, 권력을 휘두르는 사람을 지지한다. 이는 정신적 괴롭힘을 암묵적으로 동조하는 행위다. 수동적이긴 하나 어찌 보면 괴롭히는 사람을 목격하고도 아무런 행동을 하지 않는 것이야말로 괴롭힘을 당하는 자에게 가장 큰 영향을 끼치게 된다. 이러한 수동적인 행동은 결국엔 괴롭힘을 당하는 사람을 무너지게 하는 원인이 된다. 정신적 괴롭힘의 희생자가 되면 자신감을 잃어버리게 되며 모든 사람을 불신하게 된다. 한 직장인의 사례를 소개한다. 그는 직장 내 정신적 괴롭힘으로 불안에 시달린 적이 있다. 이 일로 그는 경쟁자들을 의심하는 것은 물론, 자신의 능력과 심지어 자신의 정신적 건강까지도 의심하게 되었다.

경영관리자로 일했던 56세의 프랑수아는 은행 계좌를 정리할 때면 조금씩 따로 저축을 해둔다. 지금 그는 아무런 일을 하지 않고 있다. 이렇게 조금씩 모으기만 할 뿐이다. 새로운 자리에 들어가고자 노력했던 모든 시도는 수포로 돌아갔으며, 아내와도 점점 멀어져버렸고 그나마 가끔 보던 친구와 만나도 더 이상 새로울 것이 없다.

프랑수아는 지쳤으며 실망감에 사로잡혀 있다. 공허함을 들키지 않기 위해 협회 활동에 참여도 해보지만, 허무감만 들 뿐이다. 프랑수아는 자신이 하는 일에 대해 누군가로부터 인정을 받고 싶다. 그런 인정이야말로 그를 바로 서게 하는 바탕이 되기 때문이다. 프랑수아는 공허함과 감정 결핍, 그리고 지적 결핍이 두렵다고 말한다. 때로는 모든 것을 놓아버릴까 하는 생각을 할 때도 있다. 다른 일자리를 구하는 것도, 심지어 친구들이나 다른 지인들을 만나는 것조차도 포기해버릴까 하고 생각한다.

또 다른 문제는 업무가 불평등하게 분배된다는 것이다. 자유 시간이 남아도는 사람이 있는가 하면 너무 많은 일을 하는 사람, 사생활은 꿈꾸지 못하는 사람도 있다. 재무관리자인 36세, 도미니크의 말을 들어보자.

"관리자라는 역할 때문에 일터에서 저는 소외되기 일쑤예요. 사람들은 저에게 항상 더 많은 것을 요구하고, 저는 더 많은 것을 퍼주죠. 전 꽤 훌륭한 장난감 병정입니다. 날이 갈수록 업무 역량과 경쟁력은 커져가죠. 전 빈틈이 없는 완벽주의자

예요. 지나치게 많은 업무를 소화하면서 다른 분야에 자신이
없는 것을 무마하려 하죠. 그리고 다른 사람과의 관계 속에서
그게 우정이든 애정이든 일정한 선을 넘고 싶은 생각이 추호
도 없어요."

특히 **50대** 직장인의 고독감은 내적 공허감과 미래에 대한 자신감
을 잃는 데에서 비롯된다. 실제로 자기실현을 위해 개인에게 필요
한 것은 애정 관계뿐만 아니라 사회적으로도 자신이 충분히 존중
받고 있다는 사실이다. 오늘날 사람들에게 가장 결핍된 것이 바로
이것이다. 행정 간부인 50세, 베랑제르의 사례를 보자.

"전 제가 연약하게 느껴지고, 인간으로서도 의미를 잃은 것 같
아요. 일터에서는 전 그저 더 많은 것을 생산해내야 하는 체스
판의 말일 뿐이에요. 집에서는 아이들에게 돈 버는 기계일 뿐
이고, 아내에게 성적 도구일 뿐이죠."

어떤 기업들은 구성원 간의 응집력이 부족하다는 것을 인식하기
도 한다. 그래서 이를 개선하기 위해 억지로 축제 같은 행사를 열
어 직원들이 연합할 기회를 조성하기도 한다. 하지만 직원들은 회
사의 이런 배려에 속지 않는다. 그들은 회사의 이러한 새로운 경영
방식이 회사 차원에서 자신들을 더 쉽게 관리하기 위해 모두가 같
은 가치를 가지고 있다는 생각을 심어주려고 하는 것은 아닐까 경
계한다.

## 냉혹한 세상에서 그만큼 냉혹해지기

젊은 세대 위주로 돌아가는 업무 환경은 나이 든 직장인을 소외시킨다. 많은 기업에서 직원이 50세가 넘어가면 구석으로 밀려나 소외되고 만다. 그 후 퇴직해야 하는 순간이 닥치면 삶 대부분을 직장에서 보내왔던 이들은 공허함에 직면하게 된다. 그들에게 은퇴는 사회적 사망 선고와 같다. 62세 크리스티앙은 다음과 같이 이야기한다.

"동료들은 업무에서 저를 제외했어요. 그런데 지금 저를 고립시키는 건 동료들이 아니라 다름 아닌 제 자신이에요. 생활용품, 가구, 책…… 팔 수 있는 건 모두 팔았어요. 경제적인 이유였죠. 전 계속 스스로 무너지고 있어요. 저는 더 이상 친구들과 다른 지인들도 찾지 않아요. 그들도 점점 저를 찾지 않게 되었고요. 더 이상 사람에 대해서 생각하지 않아요. 고립되려고 애쓴 나머지 아예 잊힌 거죠. 엄마와 아빠만 당신을 연약한 존재로 만드는 게 아니에요. 이제는 사회 집단이 당신을 무력화하는 임무를 맡은 거죠.

원래 가는 게 있으면 오는 게 있잖아요. 제가 일할 때 우편엽서를 보내면 돌아오는 게 있었지만, 지금은 아무것도 받는 게 없어요. 전 세상에서 **아웃**된 거예요. 더 이상 사람들이 절 보려고 하지 않아요. 모두 주고받는 데 익숙하니까요. 50세가 넘어 일자리를 구하려고 하면 그게 어떤 분야일지라도 인맥이 필요하죠. 하지만 그런 인맥을 갖추기까지는 정말이지 적극적으로 나서야 할 거예요.

이 상황을 이겨내기 위해서 하루 동안 해야 할 수많은 사소한 일에 대해 애써 흥미를 느끼려고 해요. 어찌 보면 하찮은 일이죠. 하지만 굉장히 단호한 결단력이 필요한 일이기도 해요. 원하는 것도 없고 행동하지도 않는다면 우리는 아무것도 아니게 되잖아요. 우리는 미래를 예측하고 행동하지 않으면 살아갈 수 없어요. 그리고 신의 존재를 믿지 않는다면 세상은 지금 아마 완전히 절망적일 거예요."

직업 세계에서는 나이가 든다는 것을 잘 받아들이지 않는다. 나이가 든 사람을 마치 차마 견뎌낼 수 없는 짐처럼 여긴다. 나이가 든 사람, 아름답지 못한 사람, 경쟁력이 없는 사람은 직업 세계에서 순식간에 **아웃**당한다.

25세에 결혼한 프랑수아는 자녀가 둘이다. 자녀는 사실상 공부를 마치면서 독립했다. 프랑수아와 아내의 사이가 악화된 것은 이미 오래전이었지만 그들에겐 아이들이 있었고, 부부 공동의 삶의 터전도 있었기 때문에 굳이 새로운 삶을 찾을 이유가 없었다.

직장에서 스스로 자신의 업무를 정리해야 할 시기가 다가왔을 때, 프랑수아는 점점 더 심각한 고독에 빠져들었다. 사람들이 그를 원하지 않는다는 사실이 너무도 분명하게 드러났다. 프랑수아는 너무 늙었고(당시 나이 56세), 사람들은 젊은 사람들이 그의 자리를 채우길 원했다. 그때부터 프랑수아는 정신적인 괴롭힘을 당하기 시작했다. 직장 동료들은 아주 교묘한 방식으로 그를 괴롭혔다. 상사는 프랑수아에게 업무를 맡기지 않았으며, 동료들은 그를 회의에 부르지도 않았고, 그와는 대

화도 하지 않았다. 동료들은 마침내 그동안 프랑수아가 몸담
아온 이 부서에는 더 이상 그가 필요하지 않다고 말을 했다.
프랑수아가 결국 다른 부서로 지원하자 정신적 괴롭힘의 고통
도 끝이 보였다.

자신이 하던 일을 박탈당한다는 것, 그것은 이제는 능력과 수많
은 기회 또는 편의에 목매던 그동안의 태도에서 벗어나야 한다는
것을 의미한다. 이제부터는 단지 일을 열심히만 하거나 좋은 결과
를 내는 것만으로는 충분하지 않다. 실력을 발휘해야 하는 것은 물
론, 자신을 더욱 존중받을 수 있는 존재로 만들어야 하며, 자신의
인맥을 잘 활용할 줄도 알아야 한다. 얼마나 효율적으로 일을 하는
지, 그리고 얼마나 능력이 있는가 하는 문제보다 겉으로 얼마나 드
러나느냐가 더 중요시되는 것이다. 더 이상 재능이 문제가 아니다.
주소록이 얼마나 채워져 있는지가 더 중요하다. 자기 혼자서 자기
주장대로만 하려는 사람은 때로 아주 비싼 인생의 수업료를 내야
한다.

그리고 직장에서 요구되는 또 하나의 필수 가치는 바로 적응력이
다. 실패했을 때일지라도 다시 마음을 다잡고 재빨리 에너지를 되
찾을 줄 알아야 하며, 빨리 문제에서 빠져나올 줄도 알아야 한다.
또한 자신의 실수를 너무 혼자서 떠안으려고만 하지 말고 다른 사
람에게도 그 실수에 대한 책임을 물을 수 있어야 한다. 그리고 지
나친 감정 이입은 자제하고, 직장 동료와 경쟁자를 밟고 일어서기
위해 충분히 공격적이어야 한다. 그리고 때로는 원하는 것을 얻기
위해서 거짓말도 서슴지 말아야 한다. 이 **게임**에서는 자신을 강하
게 만들고 포장할 줄 아는 사람이 다른 사람들보다 강한 인상을 줄

수 있다.

현대 사회의 법칙은 바로 냉혹한 세상에서 그만큼 냉혹해져야 한다는 것이며 또한 당신이 성공하는 데 걸림돌이 되는 사람이 있다면 주저 없이 그를 밟고 일어서야 한다는 것이다. 〈르마이용페블르 Le Maillon faible〉[2]와 같은 텔레비전 방송은 정신적 괴롭힘을 하나의 소재로 삼으며 심지어 정당화하기도 한다. 이 프로그램에서는 당신에게 가장 직접적인 경쟁자, 즉 가장 강한 자를 제거하는 것이 관건이다. 경쟁도 되지 않을 사람을 제거하는 것은 문제가 아니기 때문이다. 이처럼 사람들은 자신의 존재감을 밖으로 드러내고자 할 때, 비열하거나 악독한 방법을 서슴지 않고 다른 사람을 희생해 자신을 부각하고자 하는 유혹에 빠지기도 한다. 1980년대 이후, 개인의 삶은 물론 직장 생활까지 물들였던 정신적 괴롭힘의 음모가 무엇인지 그 정체를 목격할 수 있었던 것은 바로 그런 이유에서일 것이다.[3]

이러한 변화를 겪으면서 우리 사회는 점점 더 불평등한 사회가 되어왔다. 한쪽에서는 사람들이 성공의 게임을 즐기고, 사사로운 감정에 휘둘리지 않고 자신의 감정을 철저하게 숨기면서 아무렇지 않게 행동한다. 지나치게 예민하고 연약한 사람들은 한쪽 구석으로 밀려난다. 다른 사람을 경쟁자로 간주해버리는 데 익숙해진 경쟁 사회의 분위기 속에서 우리가 서로 불신할 수밖에 없다는 현실을 받아들이는 것은 그리 어렵지 않다.

1990년 말에 들어서면서, 남녀 관계에는 구조적 위기가 찾아왔고 일적 관계는 더욱 강화되었다. 게다가 각종 시청각 매체, 휴대전화, 그리고 인터넷이 우리의 삶 속으로 동시에 들이닥쳤다. 불신하는 사회 분위기 속에서 사람들은 매체의 가상 세계 속에 빠지게 되었고, 그 세계 속에서 어쩔 수 없이 느껴야 하는 고독과 맞서보려고도 했다. 하지만 잔인하게도 이러한 시도는 결국 사람들을 환멸에 빠지게 했다.

가상 세계 속에서 나는
본질적으로 형체가 없고, 냄새도 없고,
맛도 느낄 수 없고
심지어 색도 없는 관계를 맺었다

루시아 에세바리아, 《나를 사랑해줘, 제발》

# 7
# 가상 세계와 소통에 대한 환상

정보 통신 사회에서는 인터넷에서 누군가를 만난다는 건 극히 자연스러운 일이다. 실제로 실생활에서는 약속 장소를 정해 직접 누군가를 만난다든가, 지나가다가 우연히 누군가를 마주치는 일이 점점 줄어들고 있다. 대도시에 사는 사람들은 서로 그리 멀리 떨어져 살지도 않으면서 직접 만나는 일이 별로 없다. 게다가 가족이나 친구들 사이에서 벗어나고 싶을 때조차도 그들이 갈 수 있는 데라고는 고작 인터넷 세상뿐이다.

## 혼자가 아니라는 환상

고독은 반드시 혼자 있다고 해서 느끼는 게 이니디. 왜냐히면 원래 사람은 늘 고독한데 사람들과 만나거나 바쁘거나 또는 직업적 활동을 하고 있어서 잠시 고독감을 잊은 것일 수도 있기 때문이다. 정적을 견디지 못하는 사람은 사실 딱히 뭘 보거나 듣는 것도 아니면서 라디오나 텔레비전을 틀어놓는다. 또는 누군가에게 전화를 하거나 밤새도록 컴퓨터 앞에서 채팅을 하기도 한다. 또 어떤 사람들은 정보에 목말라 있다. 그들은 휴대전화 문자 메시지로 실시간 소식을 보내주는 사이트를 정기적으로 구독하면서 뉴스를 들여다본다. 이런 사람들에게 뉴스 없는 하루란 상상조차 할 수 없다.[1] 정보는 날이 갈수록 많아지고 있을 뿐만 아니라 점점 더 세분화되고 있다. 정신을 차릴 수 없을 정도로 많이 그리고 빠르게 쏟아지는 정보 속에서 우리는 모든 것에 집중해야 하고 그중에서도 특히 생각에 집중해야 한다. 텔레비전 토론을 한번 떠올려보자. 일단 토론이 시작되면 참가한 패널들에 대한 브리핑이 빠르게 이어진다. 의견을 말하는 패널들은 최대한 짧고 빠르게 말해야 한다. 패널마다 할당된 시간이 정해져 있기 때문이다.

2006년 프랑스인들의 하루 평균 텔레비전 시청 시간은 세 시간 26분이었다. 반면 사회적 활동이나 감정을 소비하거나 애정 관계에 쏟는 시간은 아주 적었다. 그리고 프랑스 청소년들은 텔레비전이나 컴퓨터 모니터 또는 게임기 모니터 앞에서 하루 네 시간 17분을 보낸다고 한다.[2] 그런데 그들은 온종일 혼자 방 안에 갇혀 지내면서도 자신이 혼자 있다는 생각을 하지 않는다. 왜냐하면 그들은 그 무엇과 항상 연결되어 있기 때문이다. 그들은 전 세계와 통하고 있는 기분을 느낀다. 채팅을 통해 자신의 의견을 토로할 수도 있으며, 누군가에게 자신의 사진을 보이거나 목소리를 전달할 수도 있다.

사람들은 우리가 고독을 느끼는 것이 소통이 불완전해서라고 믿고 싶어 한다. 또 우리가 정보에 심취하거나 음악을 듣고, 소비하고, 누군가와 소통하거나 자기 계발을 위해 교육을 받게 되면 고독을 피할 수 있을 거라 믿는다. 세상은 사람들에게 소통하라고 한다. "소통하라!" 하지만 문제는 바로 이렇게 너무 지나치게 많은 소통의 통로에 있다. 이로 인해 사람들 내면에는 개인만을 위한 공간이 점점 더 사라져가고 있다. 사람들은 정보를 주고받지만 진정한 의사소통은 이루어지지 않고 있는 게 현실이다. 지나치게 많은 정보에 우리는 정신을 차릴 수가 없다. 비판 정신과 다른 사람을 향한 감성도 잃어버렸다. 우리는 소통을 많이 하고 있다고 생각하지만 그것은 순간적이고 피상적일 뿐이다. 깊은 소통에는 시간이 필요하다. 진정한 소통은 말을 주고받는 것 이상으로 서로의 마음이 열려 있는지도 중요하다. 하지만 그보다 더 중요한 것은 상대가 잘 지내고 있는지 아닌지, 지금 그가 이야기를 나누고 싶어 하는지, 조용히 있고 싶어 하는지를 판단하는 능력이 뒤따라야 한다. 그런데 우리는 요즘 우리 자신하고만 소통하거나 진정한 소통이 전혀 없는 사람들과 대면하고 있다.

물론 이러한 문제는 어제오늘 일이 아니다. 극작가이자 연극배우였던 해럴드 핀터Harold Pinter, 1930~2008는 1960년대에 이미 여러 편의 연극 작품을 통해 고독을 다루면서 냉소적이고 공격적인 가면 뒤로 감춰진 타인에 대한 두려움을 이야기했다.[3] 그는 작품을 통해서 상대를 이해하지도 만나지도 못하는 사람과 그런 사람의 외로움을 보여주었다. 하지만 오늘날에는 이러한 현상이 밖으로 잘 드러나지 않은 채 사회적으로 규모만 커져버렸다. 휴대전화, 문자 메시지, 컴퓨터만 있으면 특별한 이유가 없더라도 타인과 만날 수 있는 사회다. 사람들은 단지 자신이 혼자가 아니라고 스스로 위안하거나 꿈꾸고 싶어 한다. 이렇게 함으로써 자신이 계속해서 타인과 대화한다는 느낌을 갖게 되는 것이다. 하지만 이런 대화는 그들이 원하는 순간에 단 한 번의 클릭만으로 중단될 수 있다. 휴대전화 액정에 뜨는 발신 번호를 보고 상대를 확인한 후, 만약 그와 통화하고 싶지 않다면 받지 않을 수도 있다. 마치 소통에서 자신이 절대적 권력을 지닌 것 같은 기분을 느끼게 된다고 할까…….

우리는 어디에 있든지 동시에 또 다른 곳에 있을 수도 있다. 각자 자기 통신 도구를 통해 직접적으로 누군가와 접촉하지 않아도 외관상으로는 타인과 함께 있는 것처럼 보일 수 있다.

길을 걸어가는 젊은이들을 보면 마치 혼자 말하고 있는 것 같은 인상을 자주 받는다. 그들은 휴대전화에 연결된 이어폰을 귀에 꽂고 곁에 있지도 않은 사람과 이야기한다. 사실 그들의 대화는 대부분 진정한 교류도 없는 단지 지금 무엇을 하는지에 대한 단순한 설명뿐이다. 그들은 타인과 소통하고 있는 것이 아니라 자기 자신과 마주하고 있을 뿐이다. 그들은 휴대전화가 없으면 음악을 듣는다. 소리로 정적을 채우고 혼자가 아니라는 환상 속에 젖어든다. 법학자인 51세, 리샤르가 말하는 것처럼 말이다.

"어렸을 때는 끊임없이 이야기하는 엄마 때문에 짜증스러웠어요. 들어보면 아무 내용도 아닌데 엄마는 온종일 뭘 하는지를 설명했죠. '빨래해야 하는데 세제가 다 떨어졌네. 슈퍼에 가야겠다. 아니, 일단 식사 준비를 해놓고…….' 이런 식으로요. 그런데 지금 제 아이들을 보면 엄마가 했던 것과 똑같은 행동을 해요. 예전에 엄마가 이야기하던 것과 별다를 것도 없는 내용을 끊임없이 누군가에게 이야기하죠."

우리는 모르는 사람이나 다름없는 사람과 휴대전화로 이야기를 나누고, 채팅을 한다. 수많은 사이비 우정은 고독을 떨쳐버리기 위해 손쉽게 선택할 수 있는 하나의 방법일 뿐이다. 채팅은 중요한 내용도 없고 비어 있는 시간을 채울 뿐인 쓸데없는 잡담이다. 더군다나 토론은 아니다. 다시 말해, 시간을 가지고 조심스럽게 조금씩 핵심에 접근해가며 이어지는 의식적인 말의 교환이 아니라, 모니터에 흔적만 남을 뿐 중요할 것 하나 없는 대화다. 사람들은 채팅을 할 때 상대에게 다가가기보다는 피상적으로 대화한다. 인터넷 토론방이나 채팅, 블로그, 미니홈피 등을 통해 현실에서 도피하고 고통스러운 감정에서 벗어나고자 한다. 타인과의 관계를 두려워하는 사회성 공포증 환자들은 채팅이야말로 타인의 협박 없이 소통할 수 있는 유일한 통로라고 믿기도 한다.


## 가상 세계에 대한 망상

이론적으로 보면 인터넷에서는 모든 사람이 모든 사람과 소통할 수 있다. 감정과 거짓 내면이 점점 소통의 바탕이 되어간다. 우리는 불안에 시달리며 외부의 충고에 지나치게 예민하게 반응한다. 사람들과 깊은 관계를 유지하지 않게 되면서, 대외적으로만 보이는 가짜 사생활이 만들어진다. 사람들은 타인에게 이 거짓 사생활이 진짜라고 믿게 하기 위해 일부러 감정을 드러내야 하고 늘 무엇인가를 고백해야 한다는 강박에 시달린다. 모든 것을 혼자서 매우 빠르게 생각해야 한다. 서로에 대해서는 깊이 아는 게 없는데 점점 더 많은 것을 털어놓는다.

또한 인터넷상에서는 익명으로 모험을 즐길 수 있다. 특히 성적인 경험을 할 수 있다. 미디어 전문가 파스칼 라르들리에Pascal Lardellier는 이것을 가면을 쓰고 행진하는 카니발과 같다고 분석했다.[4] 신체를 직접적으로 드러내지 않기 때문에, 원한다면 수많은 정체성을 만들어낼 수 있다. 동성애 남성들이 여자로 가장해 다른 남성에게 접근할 수도 있고, 늙은 사람도 자신이 젊은 사람인 양 젊은 사람을 만날 수 있다. 사람들은 실제 삶에서 벗어나 아무런 위험 부담 없이 자신의 환상 속에 빠져든다. 이름은 원하는 대로 빌려 가져올 수 있고, 포토샵 작업을 거친 사진들은 고갈될 염려도 없다. 수많은 정체성이 끊임없이 재생산되는 것이다. "사이버 문화는 잠재적 애인을 경쟁하는 셰에라자드[5]로 변하게 해 충격적이거나 비겁한 생각 또는 사진을 이용해 상대를 이기기 위해 애쓰게 한다. 이로써 전통적으로 우리 사회 속에 자리하고 있던 사랑의 낭만은 그 정반대로 변질되어버린다."[6]

가상 세계는 타인과의 관계에 대한 환상을 심어주어 사람을 안심하게 하지만, 결과적으로 사람을 고독하게 만드는 건 똑같다. 가상 세계에서 소통이 늘어날수록 실제 생활에서는 타인과의 소통을 위한 공간과 시간이 점점 줄어들기 때문이다. 우리는 가상 세계를 통해 현실에서의 고통을 위로받기도 한다. 하지만 그것은 속임수다. 인터넷상의 상대는 실제로 존재하는 것이 아니기 때문이다. 그것은 하나부터 열까지 사람들이 만들어낸 망상일 뿐이다. 이는 스페인 여성 작가 루시아 에세바리아Lucía Etxebarria, 1966~의 소설 《나를 사랑해줘, 제발Aime-moi, por favor》에 잘 나타나 있다.

가상 세계 속에서 나는 본질적으로 형체가 없고, 냄새도 없고,
맛도 느낄 수 없고 심지어 색도 없는 (모니터 화면과 글자뿐이어

서 흑백의 본질을 가졌다고 할 수 있겠다. 왜냐하면 난 상대의 상상력을 자극하기 위해 이야기를 나누기 시작할 때부터 사진 교환을 거절했다) 관계를 맺었다. 가상 세계의 일상적인 메시지가 아무리 재미있고, 기발하고, 지능적이라 하더라도 그 글이 쓰이기까지 얼마만큼의 시간이 소요되는지는 전혀 알 길이 없기 때문에 내가 상상하는 것만큼 상대가 재미있고 기발하고 지능적인지는 확인할 수 없다. 어쩌면 그 글은 노력이 가상한 애송이 카사노바의 일상적인 글짓기일지도 모른다.[7]

가상 세계 속 만남이 늘어날수록, 상대에게 다가가는 것을 전제로 하는 일반적인 만남의 기회는 더 희박해졌다. 인터넷상에서 대화 상대를 찾으려 하는 것도 정확하게 이야기하면, 자기 자신하고만 대면하고 있는 절대적 자기중심주의에서 비롯된 것이다. 만약 개인이 자기 삶에 불만족스럽다면 직장 상사에게 괴롭힘을 당하지 않는 삶, 항상 아름답고 건강하기만 한 삶, 사람들이 그에게 기대하는 멋진 삶을 가상으로 만들어낼 수 있다. 제2의 삶을 가능하게 하는 게임이라는 기차가 출발하는 플랫폼에서 모든 것을 새롭게 시작할 수 있다. 꿈꾸었던 모든 캐릭터를 아바타를 통해 소화하면 되는 것이다. 이를 통해 사람들은 자신의 정체를 드러낼 필요도 없이 가상 세계 속 절대적 자유를 만끽하게 된다. 비밀의 삶인 제2의 삶을 통해 사람들은 현실 세계에서보다 우정의 관계를 더 쉽게 시작할 수 있다. 정신분석학자 세르주 티스롱Serge Tisseron은 이런 현상에 대해 "이러한 삶에서는 서로 만질 수 없는 데도 서로를 가깝게 느낀다"[8]고 말한다. 물론 이 모든 것은 거짓이다. 하지만 또 모든 것이 실제 같기도……

　이처럼 제2의 삶에서 친구로 삼을 만한 대상을 발견하는 것은 그리 어렵지 않다. 인터넷 사용자들은 공통점을 가진 사람끼리 모여 무리를 형성한다. 인터넷에 접속하고, 새로운 프로필을 만들어내고, 이어서 메일을 보내 수신인에게 자신과 친구가 되어주길 제안하기만 하면 된다. 이 **친구**와 의견을 나누기 위해서는 자리를 이동할 필요도 없기 때문에 아주 편하다. 이렇게 가상 세계 속에서 우정을 찾아다니다 보면 결핍되었다고 느꼈던 것들이 순식간에 채워진다. 실질적으로는 교류가 없을지라도 "안녕, 잘 지내지?" "응, 잘 지내!" 같은 인사만으로 혼자가 아니라는 환상을 가지게 되는 것이다. 인터넷상에서 이루어지는 이런 사이비 우정 속에는 갈등도 없다. 상대에게 뭔가 마음에 들지 않는 게 있다면 다른 곳에 접속해 다른 친구를 사귀면 되기 때문이다. 결국 이 우정은 리셋 버튼을 한 번만 클릭하면 순식간에 실현되는 하찮은 접속에 불과하다. 원래 우정이란 것은 시련을 함께 나누었던 경험과 추억의 시간을 통해 형성되는 것인데 말이다.

　2005년, 홍콩에 기지를 둔 인공생명협회가 실제 애인이 생기기 전에 맞춤 훈련을 도와줄 피앙세 로봇을 개발했다. '비비엔느 Vivienne'라고 이름 지어진 이 로봇과 시간을 함께 보내기 위해서는 지갑을 열어 한 달에 6달러만 지불하면 된다. 비비엔느는 문장도 구사할 줄 알아서 3만 5,000가지의 주제로 대화할 수 있다. "가상 세계란 잘 굴러가지 않고 우리를 고통스럽게 하는, 또는 헤쳐나갈 수 없다고 여겨지는 현실을 보호하기 위한 하나의 방법이다."[9]

　그런데 역설적이게도 쉽게 소통할 수 있도록 한 새로운 기술 때문에 사람들은 오히려 더 고독해진다. 가족이 집에 머물 때도 가족 구성원들이 뿔뿔이 흩어져 있는 현상은 점점 더 뚜렷해지고 있다.

각자 자기만의 공간에서 휴대전화나 컴퓨터, 게임과 같은 자신만의 소통 도구와 마주한다. 함께 식사하는 시간도 점점 줄어들고 있다. 가족 중 엄마만이 가족을 위해 냉장고를 채우고 모든 가족 구성원을 한 식탁에 모이게 하려고 갖은 애를 쓴다. 예전에 역 플랫폼에서 기차를 기다리는 사람들은 서로 이야기를 나누며 서 있었다. 하지만 요즘은 다들 귀에 이어폰을 꽂고 있다. 남편은 퇴근길에 언제쯤 도착한다고 말하려고 아내에게 전화해 아이들이 무엇을 하고 있는지 물어보며, 자녀를 늘 걱정하고 있다는 것을 잘 알게 하려는 듯 목소리를 높인다. 그 옆에는 한 기업가가 계약에 대해 누군가와 논의하고 있다. 젊은 사람들은 자신이 무슨 음악을 듣고 있는지 모든 사람이 알게라도 하려는 듯 음악을 크게 듣는다. 세상에는 온통 진심 없는 교류의 웅성거림만이 넘칠 뿐이다.

또한 넘쳐나는 정보는 우리에게서 시간을 빼앗는다. 사실 정보를 외면하는 것은 점점 더 어려워지고 있다. 이런 현실에 싫증이 난 일부 사람들은 혼란스러운 세상에서 벗어나 자신의 내면 상태가 어떤지 들여다보기 위해서 휴식을 취하고 싶어 한다. 비우는 것이야말로 자신을 위한 진정한 사치라고 생각하게 된 것이다. 소리를 비우고, 정보를 비우고, 사진을 비운다. 그들은 휴대전화, 라디오, 인터넷이 연결된 컴퓨터도 없이 모든 것에서 벗어나는 것을 꿈꾼다. 하지만 또 한편에서는 이와 반대로 **사이버 중독**의 함정에 빠진 사람들이 있다.


## 사이버 중독

가상 세계에서의 소통 때문에 발생한 질환이 새롭게 주목받고 있다. 2006년, 아동심리학자 마리크리스틴 무랑시메오니Marie-Christine Mouren-Siméoni는 의학 아카데미의 발표에서 학교 가길 거부하는 어린 아이와 청소년이 늘어나고 있다고 설명했다. 이러한 학교 공포증은 엄마와 분리되는 것을 불안해하거나 일부 교사들과 친구들이 놀리거나 비판할까 봐 두려워서 생겼을 수 있다. 하지만 이런 문제는 사실 아이의 삶을 인터넷과 비디오 게임, 애완동물, 인터넷 강의로 채워버리는 부모들 때문에 발생한다. 이런 부모들은 아이와 함께 소통하는 시간을 가지지 않는다.

일본에서는 수많은 젊은이가 집에 갇힌 채 나올 생각을 하지 않는다. 이런 사람들을 가리켜 **히키코모리** 또는 은둔형 외톨이라고 부른다. 현재 일본인들 중 1퍼센트가 이에 해당한다. 주로 20세에서 30세 사이에서 나타나고 있는 이런 사람들은 현실과 마주하기를 두려워하면서 자신의 어린 시절이나 가상 세계, 인터넷과 비디오 게임, 만화 세계 속으로 피신한다. 그들은 집에서 한 발짝도 나가지 않은 채 인터넷을 통해 모든 것을 해결하려고 애쓴다. 결국 성욕조차도 비디오 게임이나 포르노 영화의 환상 속에 방치한다. 그들은 밤 시간에만 밖으로 나간다. 사람들과 마주치지 않고 자판기 음료수나 먹을거리를 사기 위해 텅 빈 거리를 걷는다.

**히키코모리** 현상은 일본만의 문제가 아니다. 이런 현상은 다른 선진국에서도 나타나고 있다.


정보처리 기술자인 엄마가 홀로 키운 아르노는 명석한 아이였다. 그런데 아르노는 대학 입학 자격시험이 바로 코앞으로 다가오는 시기인데도 학업에 흥미가 없다. 아르노는 열 살 때부터 집에만 있으면서 특별한 일을 하지 않았다. 하루 동안 그가

하는 일이라고는 자다가 오후가 다 지나갈 무렵에서야 겨우
일어나는 일밖에 없다. 일어나는 것도 특별한 이유가 있어서
라기보다 냉장고에서 먹을거리를 꺼내기 위해서다. 겨우 일어
나서 하는 일이라고는 컴퓨터를 켜고, 채팅을 하고, 게임을 하
고, 음악이나 영화, 게임을 다운받는 것뿐이다.
아르노의 엄마는 그에게 공동생활의 규칙에 대해 가르치려고
도 해보았다. 하지만 헛수고였다. 아르노의 엄마는 아르노를
최소한 저녁 식사 자리에는 나오게 하고 싶어서 몰래 사라져
있어보기도 했지만 아르노는 식탁에 앉기보다 혼자 근처에서
샌드위치를 사 먹는 편을 더 좋아했다.

인터넷 채팅과 만남에 중독되는 것은 순식간이다. 병적인 게임
중독이나 쇼핑 중독에 빠지면, 게임을 하지 못하거나 원하는 것을
구매하지 못하게 되었을 때 안절부절못하고, 불안해하거나 불면증
에 시달리게 되는데 사이버 중독도 이에 필적할 만한 행동 양상이
나타난다. 사이버 중독자는 인터넷에 접속하려는 욕구를 억제하지
못하며 인터넷으로 점점 더 많은 시간을 보낸다. 사회생활은 물론
가족, 친구들과 보내는 시간도 부족해지며 다른 여가를 위한 시간
도 없다. 또한 직업으로서 꼭 해야 하는 일까지도 까맣게 잊어버린
다. 저녁 시간과 주말을 꼬박 컴퓨터 앞에서만 보내기 때문이다.

긴 투병 생활 끝에 결국 남편이 사망하고 나자 43세의 아니는
새로운 만남을 위해 여러 인터넷 사이트에 가입했다. 아니는 2
년 동안 퇴근하면 채팅을 하기 위해 곧장 집으로 돌아왔다. 밤
마다 알지도 못하는 사람을 만나러 외출을 했고, 집으로 돌아

와서는 또다시 채팅에 빠졌다. 때로는 밤을 꼬박 새우고 바로 출근을 하기도 했다. 그녀는 점점 자신의 일에 소홀해졌다. 인터넷 세상에 중독되어 먹는 것도 잊어버렸고 집안일에는 신경도 쓰지 않았다.

그런데 인터넷상에서의 만남은 항상 위험 부담이 따른다. 어느 날, 한 남자가 그녀와 주고받았던 메일을 아니의 회사로 보내온 것이다. 그 메일들은 아니가 업무 시간에 그와 주고받았던 것들이었다. 게다가 또 다른 남자는 아니와 나누었던 성적인 대화 내용을 그녀의 비서에게 보냈고, 또 남자인지 여자인지도 모를 어떤 사람은 아니의 닉네임을 이용해 채팅하면서 아니의 이름과 전화번호를 퍼뜨렸다. 그러자 알지도 못하는 사람들이 아니에게 만나자고 전화를 해댔다. 아니가 문제를 인식하고 상담을 요청해왔을 때는 이미 상황이 심각해질 대로 심각해져 있었다.

아니는 우울증의 일종인 **애도증**이었다. 흔히 애도는 슬프고 고통스러운 분위기를 풍긴다. 이처럼 애도증에 빠지면 외부 세계에 대한 흥미를 잃고, 모든 활동이 줄며 때로는 죄의식조차 잊어버리게 된다. 그런데 아니는 특이하게도 수면 욕구가 줄고 심각한 흥분 상태에 있었으며 정신적으로 혼란스러워했다. 게다가 지나치게 활동적이고 충동적이어서 분별없이 소비하고 성관계를 가졌다.

아니는 남편의 투병 생활 동안 오로지 남편에게만 헌신적이었다. 하지만 남편의 투병 생활이 끝날 무렵 남편이 힘들어했을 때 그를 다독이지 못했다는 죄책감이 마음속에 자리하고 있었다. 그전까지는 혼자였던 적이 없었던 아니는 남편의 죽음으로 혼란에 빠졌고, 혼자라는 생각을 하게 되었다. 아니는 자신의 내면은 이미 죽었다고 생각했다. 그녀가 보였던 혼란의 증세는 우울증에 빠지지 않기 위한 자기방어였을 뿐이다.

사이버 중독의 또 다른 증세는 전에는 없었던 공격적 양상이다.

한 여성이 인터넷 미팅 사이트인 미틱Meetic.fr과 포털 사이트 와나두Wanadoo의 일부 미팅 동호회에서 신분을 사칭한 죄목으로 고소되어 결국 2006년 6월 16일, 오드 지역 카르카손 지방 법원에서 유죄 판결을 받았다. 이 여성의 죄목은 '계획적으로 저지른 고의적 학대'였다. 이 여성은 거짓으로 여러 개의 닉네임을 사용하려고 회사 사장의 컴퓨터로 인터넷에 접속했다. 이 여성은 한 여성 동료의 이름으로 거짓 활동을 하면서 자신을 성적으로 '쉬운 여자'라고 말하고 다녔다. 그녀는 동료의 신상을 주저 없이 미팅 사이트에 공개해버렸고 이 때문에 동료는 쉬운 만남에 급급한 사람들에게 수많은 메시지를 받게 되었다. 곤란에 빠져 큰 충격을 받은 불쌍한 동료는 결국 열흘 동안 병가를 냈고, 결국 이 여성을 고소했다.[10]

인터넷과 성이 결합해 나타나는 이러한 이상 행동은 온라인 만남의 편리성만으로는 설명될 수 없다. 이는 현대 사회의 지나친 성애화sexualisation, 한 사람의 가치가 다른 특성은 모두 배제된 채 오로지 성적인 호소나 행동으로만 평가되는 것-옮긴이 현상이 인터넷과 결합함으로써 나타난 기이한 현상이라고 할 수 있다.

## 자위의 사회

그동안 쾌락을 회복해야 한다는 명목 아래에 금기시되던 부분들이 붕괴되면서, 현대 사회는 24시간 내내 선정적인 분위기에 노출되어 있다고 해도 무방하다. 이로 인해 성적 행위에 관해서도 새로운 행동 양상들이 나타나기 시작했다. 예전에는 섹스와 관련해 만족을 얻기 위해서는 섹스 상대의 수와 관계의 빈도수를 늘려야 했다. 그런데 사람들은 **정상적인** 성생활에서 더 이상 충분한 성적 쾌락을 느끼지 못하게 되자 다양한 성행위 행태를 시도하게 되었다. 성적 파트너 스와핑, **경미한** 변태적 성도착, 여러 섹스 용품 사용 등……. 현대 사회에서는 오럴 섹스와 자위행위가 눈에 띄게 증가하고 있다. 어떤 사람들은 이를 **플라스틱 성생활**이라고 한다.[11]

아이들은 포르노 영화나 인터넷을 통해 기술적으로나 역학적으로 섹스가 무엇인지에 대해 너무 일찍 접하게 되었다. 이는 뚜렷한 욕구도 없는 아이들이 아무런 억압 없이 성적 쾌락에 노출되는 결과를 낳았다. 이렇게 아무런 제재 없이 위험에 노출되어버린 아이들은 결국 성욕을 아예 느끼지 못하는 상황에 이르기도 한다. 캐나다 사회학자인 리처드 폴린Richard Poulin이 말했듯이, 청소년 대상의 패션과 잡지가 범람하는 가운데 특히 여자아이들은 자신의 성적 매력을 뽐내는 법을 자연스럽게 습득하게 된다. "여자아이들은 스스로 성욕의 주체가 되는 법을 배우기도 전에 성욕의 대상이 되어버린다. 타인의 시선 때문에 아이들의 존재는 마치 노예처럼 되어버린다. 그리고 여자아이들은 섹스와 소비를 부추기는 잡지 속에서 사랑과 섹스에 대한 환상을 가지게 된다."[12]

현대 사회에서 성에 중독된 현상은 특히 젊은 남성들 사이에서 더 많이 발견된다. 하지만 젊은 여성들 사이에서도 이러한 현상이 새롭게 발견되고 있다. 충동적인 성적 본능은 병적인 식욕 부진이나 허기증과 같은 이상 식이 행동 후에 발생하기도 한다. 하지만 현대 사회의 이러한 변화는 소위 성 자유화를 이끈다는 여성 잡지들 덕분에 과대한 평가를 받게 되었다고 할 수 있다. 특히 여성들 사이에서의 변화가 두드러지는 이유는 유행에 뒤떨어졌을 때 여성이 남성보다 더 빨리 따라잡는 경향이 있기 때문이다.

섹시한 이미지의 50대 여성 글로리아는 예술가다. 재벌들과 자주 만남을 가진다. 글로리아는 결혼을 했지만 남편이 출장 관계로 자주 집을 비운다. 하지만 어차피 남편의 출장이 아니더라도 둘은 커다란 아파트에서 각방을 쓴다. 아들은 학업을 따라가느라 여념이 없다. 글로리아와 남편은 서로가 이미 오래전에 끝난 사이라는 것을 인정하지만 겉으로는 계속 부부의 모습을 유지하는 데 동의했다.

글로리아는 자신에게 필수적인 삶의 조건이란 '만족스러운 성생활'이라고 서슴없이 말한다. 그녀는 섹스를 '사랑을 하는 것'이라고 표현하지 않는다. 어쨌든 글로리아의 문제는 요즘 자신이 원하는 삶이 잘 유지되지 않는다는 데 있다. 그래서 그녀는 상담을 받기로 결심했다. 글로리아는 젊고 정상적인 성 기능을 가진 남성들과 관계를 갖지만 엑스터시를 복용했을 때만 강렬한 쾌락을 맛본다. 더 심각한 문제는 점점 더 많은 양의 엑스터시가 필요하게 되었고, 그럼에도 여전히 만족하지 못한다는 것이다.

어떤 사람들은 체위 변화와 포르노 영화, 변태적 경험을 통해 성적 흥분과 욕망을 채우려고 한다. 하지만 이는 육체적 관계에 관한 것이지 사랑의 감정을 바탕으로 한 관계가 아니다. 여성 대부분은 포르노에 소극적인데 이것은 아마도 여성이 남성보다 순종적이고 수동적인 성향을 지니고 있기 때문이기도 하고, 포르노가 성적 폭력과 같은 말이기 때문이기도 하다.

성에 지배적인 처지에 대한 반발로 점점 더 많은 현대인이 인터넷에서 특이한 성에 관한 이야기들을 경험하고자 한다. 인터넷의 70퍼센트가 섹스와 관련되어 있고, 온라인 조사의 25퍼센트가 포르노 내용이 담긴 사이트와 관련 있다. 미국 아동심리학자들에 따르면 2005년, 10세에서 17세 사이의 젊은 네티즌 중 42퍼센트가 원하지도 않은 포르노 자료에 노출된 적이 있다고 하며,[13] 이것이 장래 성적 행동 양상에 영향을 끼치게 될 것이라고 했다. 섹스를 두려워하는 일부 남성들은 혼자서 포르노를 보는 것을 더 좋아하며 실제 여성과는 실천에 옮길 수도 없는 성행위를 꿈꾸기도 한다.

상담을 요청해온 38세의 여성 지젤은 남편이 남는 시간 동안 오로지 포르노 사이트와 성 관련 사이트를 보며 보낸다는 것을 우연히 알게 되었다. 간호사인 지젤은 일이 고되지만 반대로 그녀의 남편은 실직 상태다. 지젤은 집 컴퓨터를 뒤져보았고, 남편이 여러 여성과 성적 대화를 나눈 흔적을 발견했다. 심지어 남편은 어떤 여성에게 자신의 발기된 성기 사진을 보내기도 했다.

지젤이 남편에게 이 이야기를 하자 그는 꽤 오랫동안 습관적으로 이렇게 해왔다고 솔직하게 털어놓았다. 남편은 다소 수치스러워하는 것 같았지만 모든 남자가 그렇다며 심각한 일이

아니라고 했다. 그렇다고 해서 그런 남자들의 성생활이 비정
상적이지 않다는 것이었다. 지젤은 충격을 받았고 어떤 태도
를 보여야 할지 알 수 없었다. 그녀는 남편과 이혼하길 원하지
는 않지만, 이제 더 이상 그를 신뢰할 수 없을 것 같았다.

　인터넷에는 밤낮을 가리지 않고 몰래 접속할 수 있는 섹스 쇼핑
몰이 수도 없이 많다. 중독된 사람들은 직장에서조차 성 관련 사이
트에 접속하기도 한다. 이러한 사이트의 운영자들은 고객들의 회
사 메일로 포르노 내용이 담긴 스팸 메일을 보내는 것을 잊지 않는
다. 이들은 사람들에게 육체의 불쾌감을 줄 필요 없이 가상 세계를
통해 성욕을 해소해보라고 자극한다. 실제로 미국에서는 사이버
섹스가 기술적 피임으로 소개되기도 한다. 자위에 중독된 사회에
서 육체는 존재하지 않는 그저 허울일 뿐이다. 사회학자 다비드 르
브르통David Le Breton, 1953년~은 이제 육체는 마치 남아돌아 점점 없어
져야 하는 것으로 여겨지고 있다고 말한다.[14]
　하지만 이러한 변화는 선진국에서 나타나고 있는 가상 세계 뒤에
가려진 고독을 반영하고 있다. 이는 세계적인 배경이 얼마나 더 있
는지에 대해 이미 사람들이 짐작한 것보다 구체적으로 짚어보지
않고는 쉽게 이해할 수 없는 현상이다. 대표적인 배경을 꼽자면,
개인과 소비 그리고 자기애가 으뜸인 풍요의 사회가 있겠다.

부족한 것에 대한 욕구는 있지만,
부족하지 않은 것에 대한 욕구는 없다

소크라테스

# 8
## 소비와 자기애의 지배

개인이 자신의 의견을 표현할 수 있는 방법이 늘어나기 시작하던 디지털 혁명 이후로 개인주의는 우리 사회를 오랜 시간 동안 지배해왔다. 이러한 사회적 분위기가 반영되면서 우리는 생활 속에서 고독과 마주하게 되었다. 사람들은 현대 사회가 야기한 고독감을 채우려고 애쓰느라 힘겨워한다. 무엇이든 순식간에 채워지고, 오랫동안 노력을 할 필요도 없이 즉시 해결되는 시대 속에 살면서 사람들은 고독을 잊으려고 정신 활성 물질을 복용하기도 한다.

### 세계의 중심에서 일률화된 개인

개인은 세상의 중심에 있지만, 그 안에서 혼자다. 사람들의 무리 속에서 각각의 개인은 모두 동일시된다. **일률화된 개인**[1]은 그저 체스판의 졸일 뿐이다. 사람들은 인간이 복제 생물로밖에 여겨지지 않는 세상 속에 살고 있으면서도 자신이 세상에서 단 하나밖에 없는 존재가 되길 갈망한다. 직업 세계에서는 인간의 고유성을 인정받는다는 것이 거의 불가능하기 때문에 사람들은 최소한 커플 관계에서라도 자신이 대체 할 수 없는 존재가 되길 바란다. 1950년 직후, 미국의 사회학자 데이비드 리스먼David Riesman, 1909~2002은 유명한 저서《고독한 군중The Lonely Crowd》에서 다음과 같은 비유를 통해 이러한 현상을 꼬집었다. "경제학자들이 사용하는 어휘 중 **제품의 차별화**라는 말이 있다. 이는 기업이 유사 제품으로 타 회사와 경쟁할 때 판매 가격을 통해 경쟁력을 두려는 것이 아니라, 아주 작은 차이지만 대중에게는 큰 차이로 느껴질 수 있는 작은 아이디어로 특이한 제품을 생산하려고 노력하는 것을 가리킨다. 기업은 이러한 차별화를 통해 유사 품목을 생산하는 경쟁 회사와의 경쟁에서 이기고자 한다."[2]

　직장에서든 인터넷 미팅 사이트에서든 오늘날 남성과 여성에게 중요한 것은 어떻게 해야 자신이 남보다 눈에 더 잘 띌 수 있으며 어떻게 해야 자신의 특수성을 더욱 가치 있게 할 수 있을지에 대한 고민이다. 그런데 한쪽에서는 개인의 주체는 유일성을 지녀야 한다고 말하지만, 또 다른 한쪽에서는 모든 사람의 생각을 규격화하려고 억압한다. 다른 사람들이 생각하는 것처럼 생각해야 하고, 혼자 있기 보다는 무리에 소속되어야 하며 무리에서 벗어나면 안 된다. 특히 직업 세계에서는 이처럼 '한 입으로 두말하는' 경우를 자주 볼 수 있다. 한편에서는 직원들에게 똑같은 틀에 갇혀 있길 강요하면서 또 다른 한편에서는 각자의 개성을 살리라고 한다. 인터넷 미팅 사이트에서도 회원들은 요구 조건에 똑같이 부합해야 하면서도 다른 회원들과는 차별화된 자신의 개성을 드러낼 수 있어야 한다.

우리가 유사성의 공동체를 확립하려고 하는 것은 이질성에 대한 두려움 때문이다. 우리는 같은 생각을 하는 사람끼리 모여 있을 때 편안함을 느낀다. 이렇게 되면 갈등이 없다. 그렇지만 꼭 필요한 논의도 사라지며, 다른 사람과 내 생각을 비교하면서 발전할 기회도 사라지게 된다. 그리고 사람들은 다른 관점에서 **공동체**에 대해 이야기하기도 한다. 여기에는 성적, 민족적, 음악적 소수자들과 같은 하위군이 속한다. 그런데 현실에서는 그 어떤 공동체라 할지라도 유사성으로 모였다는 점은 어차피 마찬가지다. 하지만 우리는 특히 이러한 하위군에 대해서만 특별한 차이점이 있는 집단이라는 환상을 가진다. 그 결과 규모가 큰 개방된 공동체는 더 이상 존재의 의미를 잃었고, 소속원끼리만 서로 인정하고 타인을 아예 배제해버리는 소그룹들이 그 자리를 대신하게 되었다. 청소년들 사이에서 몇 명이서만 무리 지어 다니며 같은 장르의 음악을 듣고 같은 스타일로 옷을 입는 모습도 바로 이런 현상을 보여주는 예라고 할 수 있다.

현대인들은 이렇게 다양한 작은 공동체에 속해 있다. 그 사이에서 개인은 **리모컨 누르듯** 이리저리 옮겨 다니며 결국 자신이 아무 곳에도 속하지 못했다는 기분을 느끼고 만다. 왜냐하면 실제로 아무 곳에도 속해 있지 않은 것이 사실이기 때문이다. 이처럼 사람들은 사회적으로 어느 한곳에 확실하게 소속되는 것은 꺼리면서 단순히 친구, 애인, 아이들과 같은 거품 같은 인간관계만 늘려간다. 이러한 사회적 분위기 속에서 미디어는 개인에게 **소비 대집단**의 규정에 맞춰 살아가라고 부추긴다. 일반적으로 소비 대집단이란 대기업을 상대로 일하는 광고 회사의 미디어플래너media planner, 광고주가 한정된 예산으로 최상의 목표를 달성할 수 있도록 기획하는 사람–옮긴이가 정의한 소비 대상을 말한다.

## 존재하기 위한 소비

현대 사회에서 개인이 존재감을 나타내기 위해서는 단순히 존재하는 것만으로는 부족하다. 소비를 해야 한다. 겉모습이 어떠한지와 무엇을 얼마나 소유하고 있는지를 통해 사회에서 개인의 존재가 규정되기 때문이다. 수많은 여성 잡지는 독자에게 옷, 향수, 화장품과 같은 사치품을 사도록 유도한다. 대중 일간지와 주간지 역시 기발한 아이디어의 최신형 제품, 여행 상품, 영화를 끊임없이 보여준다. 우리의 삶을 채우기 위해 **항상 더 많은 것**을 소비하라고 재촉한다.

하지만 이런 것들은 우리를 충족시키지 못한다. 아무리 최고 수준의 삶을 누리고 최신형의 소통 도구를 사용하더라도 사람들은 정신적으로 그만큼 고통스럽고, 여전히 더욱 고독하다. 철학자 질 리포베스키Gilles Lipovetsky, 1944~는 개인이 이것저것 소비하는 이유가 욕구 불만 때문이라고 말한다. "개인이 자신의 생활에서 실망과 욕구 불만이 커져갈수록, 소비를 통해 위로와 보상을 받고 사기를 충전하려는 **소비 제일주의**는 더욱 만연해진다."[3] 그런데 소비가 욕구 불만인 사람들을 오히려 더욱 불만족감에 빠지도록 하는 것은 아닐까? 욕구가 물질적 재화를 소유하는 것에만 한정되면, 사람은 재화에만 의존하게 되어 오히려 늘 부족한 것처럼 느낀다. 왜냐하면 **항상 더 많은 것**을 원하는 인간의 심리는 결코 만족시킬 수 없기 때문이다.

언제 엄습할지 모를 공허감과 불안이 두려워 우리는 잠시도 쉬지 않고 분주하게 움직이고 타인을 향해 열심히 달려간다. 우리는 여기서 1688년에 이미 다음과 같은 글을 썼던 장 드 라브뤼예르Jean de La Bruyère, 1645~1696를 기억해야 한다. "모든 불행은 도박, 사치, 낭비, 술, 무지, 비방, 욕망, 자신과 신의 존재를 망각하는 것 이상으로 혼자 있지 못하는 습성 때문에 생긴다."[4] 우리는 자신의 고유 모습과 대면하기 두려워서 타인과 교류하고 주위에 늘 사람들을 두려고 한다. 만남과 소비, 활동, 새로운 욕구를 끊임없이 추구하면서 존재의 무의미를 잊을 수 있다. 하지만 사방에서 욕구를 충족시키라고 자극하는 이 시대에서 우리는 역설적이게도 오히려 더 뒷걸음질 치게 되고 여전히 더욱 커진 허무감과 직면하게 된다. 53세의 심리학자 이렌은 이렇게 말한다.

"왜 그렇게 공부하고, 일하고, 운동하려고 진을 뺐을까요? 단지 잘 지내고 싶어서? 전 엄마보다 나은 사람이 아니에요. 제 자신을 가만히 바라보면 인생에 흥미를 잃어버린 사람 같아요. 분주한 활동을 한다고 해서 자신의 생명력을 확인할 수 있지는 않다는 걸 전 잘 알고 있어요. 죽음과 생명력이 없다는 것을 두려워하지 말고 땅에 귀 기울이고, 별을 바라보기 위해서는 바로 그 자리에서 쉬어야 해요."

현대인들은 점점 인내심을 잃어가는데 시간은 더 빨리 흘러간다. 이런 사회적 분위기 속에서 우리는 꿈을 꿀 여유가 없다. 아이들은 각종 스케줄로 힘들어하며 자란다. 학교 수업과 숙제 외에도 운동을 해야 하고, 악기를 배워야 하고, 예술 활동도 해야 한다. 사회적 생활이 고갈되었다는 것을 느끼게 되면 우리는 이 분주한 세상에서 벗어나고 싶어 하며, 타인이 우리에게 기대하는 그 무엇에 도달하려던 것을 마치 **단념**이라도 하듯이 멈춰 서려 한다. 그리고 우리 자신, 그 이상도 그 이하도 아닌 단지 이 모습 이대로이길 바란다. 은퇴하기도 전에 일에서 손을 떼거나 시골로 숨어드는 많은 사람은 아마도 이런 이유 때문에 그런 선택을 하게 되었을지도 모른다.

## 행복 명령

현대 사회가 개인에게 강요하는 것은 비단 소비뿐이 아니다. 의무적으로 사치를 해야 하는 시대에 개인에게 존재감을 부여해주는 또 다른 계기는 바로 타인의 시선이다. 광고업 종사자인 43세의 에리크의 말을 들어보자.

> "저는 타인의 시선에 굉장히 신경을 써요. 그래서 자신에 대해 스스로 생각해볼 여지가 없어요. 오로지 여자들이 절 어떻게 생각할까에 따라 저 자신을 규정하죠. 전 혼자 살 수 없는 사람이에요. 여자는 제 인생에 없어서는 안 되는 존재예요. 만나던 여자와 헤어지면 불안에 사로잡혀요. 그 불안감에서 벗어나려면 떠난 여자를 대신할 다른 여자를 빠른 시일 내에 찾아야 하죠."

일자리를 찾기 위한 것이든, 솔메이트를 찾기 위한 것이든 우리는 자신의 이미지에 신경을 써야 한다. 아름다워야 하고, 에너지가 넘쳐 보여야 하며 웃는 얼굴에 편안하고 행복해 보이는 인상이어야 한다. 꼭 행복감을 전해주는 인상이 아니라고 하더라도 자신이 무능해 보이거나 거부감을 느끼게 하는 사람으로 보이지 않으려면, 겉모습에 신경을 써야 하는 것이다. 행복은 우리 시대의 명령이다. 행복해 보이지 않는다는 것은 곧 병을 의심하게 하는 징후다. 그리고 그 이유야 어찌 됐든 불행하다는 건 개인적인 실패를 의미한다.

일자리를 잃을 수 있는 위험을 안고 직장 생활에서 성공하고자할 때, 필연적으로 헤어질 수밖에 없는 상황에서 행복한 커플로 비치고 싶을 때, 제멋대로인 아이를 제대로 훈육하려고 할 때, 그 어떤 상황에서도 다른 사람들에게 절대로 불행을 들켜서는 안 된다. 들키는 순간 다른 사람들은 당신을 의심하고 걱정할 것이다. 힘없어 보이는 얼굴로 어떻게 일자리를 구하며, 찌푸린 인상으로 어떻게 짝을 만나겠는가? 피곤하더라도 피곤함을 감추고 상냥한 얼굴을 해야 한다. 화가 나려고 해도 미소 지어야 한다. 이렇게 사람들은 행복 명령에 길들어서 그 어떤 상황에서도 적응력이 강한 **가짜 자아**를 발달시켜 자기 내면의 진짜 감정을 잊어가고, 진정성을 잃어버린 존재로 살아간다.

많은 사람이 최고가 아닐 때는 자신이 아무것도 아니라고 생각한다. 현대 사회가 가진 특징은 사람들이 스스로 절대 권력을 가지고 있다고 믿게 만든다는 것이다. 다시 말해 의학 발전으로 아이도 대부분 원하는 시기에 가질 수 있게 되었고, 성형 수술 기술의 발전으로 신체의 결함을 보완할 수 있게 되었으며, 정신 활성물질을 통해 더 유능한 사람이 되길 바랄 수 있게 되었고, 인터넷을 통해 자신이 꿈꾸던 이상형의 남자와 여자를 만나기를 바라게 되었다. 광고와 미디어는 사람들이 최고의 성공을 꿈꾸도록 부추긴다. 몇 주 동안의 훈련을 거친 후 유명 가수로 태어나게 해주는 〈스타 아카데미Star Academy, 프랑스 TF1 채널에서 2001년부터 2008년까지 방송되었던 가수 발굴 프로그램-옮긴이〉가 바로 그런 예다. 사람들에게 **거대한** 꿈만 꾸도록 자극하는 이런 프로그램 때문에 사람들은 더 낙심하고 의욕을 상실한다. 정작 그들 스스로 꿈의 크기만큼 거대해지지 못하기 때문에 타인을 대상으로 정하고 영웅으로 만들어 최고의 극찬을 아끼지 않는다. 하지만 그 영웅이 자신을 실망하게 하면 무섭게 돌아선다.

"아름다워져라!", "부자가 되어라!", "능력을 갖춰라!"와 같은 우리 시대의 명령은 실패와 상실을 견디지 못하게 한다. 개인은 자신이 무능해서 원하는 데까지 이르지 못하고 높은 곳에 오르지 못할까 봐 고통스러워하며 상담을 요청한다. 그들은 지나친 인생의 무게 때문에 불행하다. 또 자신의 무능함과 부족함으로 의기소침해 있으며 광적으로 행복을 추구하면서 혼란스러워한다. 사회학자 알랭 에른베르Alain Ehrenberg, 1950~는 요즘 사람들은 지나치게 무엇이든 해야 한다는 **책무의 병**에 걸려 있다고 말한다. 그는 "요즘 사람들을 보면 부족의 병보다 무능의 병이 더 심각하다"[5]라고 말하면서 현대인들은 자신의 무능함을 발견하면 삶 자체가 짓눌려버린 것으로 여긴다고 말했다.

이러한 우리 시대의 명령대로 살기 위해서 그리고 경쟁에서 살아남기 위해서 많은 사람이 정신 활성 물질의 힘을 빌린다. 어떤 사람들은 아침에 일어나면 비타민이 첨가된 약제를 복용하며, 심지어 힘겨운 하루가 예상되는 날에는 더 오랫동안 지속될 수 있는 자극제를 먹는다. 그리고 저녁에 돌아오면서는 긴장을 완화해주는 약제를 먹고, 잠들기 전에는 수면제를 먹는다. 사람들은 점점 이런 약에 의존해간다. 중독은 우울증과 싸우기 위한 하나의 방법이다. 하지만 결국 중독은 순간적으로 갈등을 피하게만 하고 충동적 행동으로 고독을 채우도록 한다. 이처럼 알코올, 도박, 약, 섹스 또는 애정 관계를 통해 더 강렬한 자극을 원하게 만드는 정신 활성 물질이 늘어나고 있다.

그리고 정말 실패했다고 생각하게 되는 순간에는 진정제나 강장제에 의지한다. 프로이트는 이미 이렇게 말한 바 있다. "삶이 우리에게 강요하는 삶을 살고자 하면 우리는 힘겨울 수밖에 없다. 그런 삶은 우리에게 너무 많은 고통과 실망, 풀리지 않는 숙제를 던져준다. 이를 짊어지고 살아가기 위해서는 진정제 없이는 불가능하다. 진정제에는 세 가지 종류가 있다. 우리의 고통을 하찮은 것으로 만들어주는 기분 전환, 고통을 줄여주는 대리 만족, 그리고 고통에 무감각하게 만드는 마약이 그것이다."[6]


## 도착적 양상의 보편화와 취약한 자기애

행복하게 보였으면 좋겠다는 욕망은 20세기 초에는 유럽의 일부 부르주아들만의 것이었다. 하지만 오늘날에는 더 많은 사람이 이러한 욕망을 품게 되었다. 왜냐하면 겉치레의 세상에서는 어떤 사람이냐가 중요한 것이 아니라 타인의 시선에 어떻게 비치느냐가 중요하기 때문이다. 타인의 눈은 시간이 흐른 후 우리의 행동이 어떤 결과를 낳느냐를 지켜보는 것이 아니라 즉각석으로 무엇이 눈에 띄느냐를 지켜본다. 이것이 바로 도착적 양상의 보편화를 설명하는 주요 요인이다. 모든 분야에서 타인을 유용할 때만 써먹고 쓸모없어지면 버리는 물건처럼 다루는 경향이 뚜렷하게 나타나고 있다. **새로운 정신 경제**에 대해 말한 정신분석학자 샤를 멜망 Charles Melman에 따르면, 도착적 양상은 심지어 사회적 표준이 될 수도 있다.[7]

우리는 실제로 요즘 점점 더 많은 사람이 병리적 자기애 양상을 나타낸다는 것을 볼 수 있다. 현대 사회에서 빠르게 적응해나가기 위해서는 자기중심적이어야 하기 때문이다. 기업의 존속 기간과 경제적 갈등에 의해 사회적 변동이 발생하면서 일반적인 개인에게도 이러한 변화가 나타난 것이다. '삶의 투쟁'에서 타인들과 맞서는 호모 에코노미쿠스 Homo Oeconomicus, 경제 행위의 주체를 일컫는 말로, 자신의 이익을 행동의 기준 목표로 삼는 인간의 유형을 비유하는 라틴어다.—옮긴이는 오늘날의 평균적 개인을 잘 설명해준다. 호모 에코노미쿠스적 인간은 충동적이며 늘 행동을 한다. 내면의 진정성은 없고, 유희적이고 피상적인 관계 속에서 살아가며 내적인 모든 얽매임은 피한다. 이들은 이런 얽매임 때문에 불안감에 시달리게 되기 때문이다. 사람들은 삶의 의미를 찾고 싶어 하며, 타인을 희생시켜서라도 자신 내면의 공허함을 채우려고 한다.

나와 같은 세대의 정신의학자들은 프로이트가 성격 이상을 설명하면서 묘사했던 이러한 신경증의 상태 변화를 확인할 수 있었다. 그런데 안타깝게도 많은 정신분석학자가 프로이트를 신뢰한다는 이유 하나만으로 오늘날의 사회적 변화는 전혀 고려하지 않은 채 충동을 억제해야 인간이 겪는 고통을 해결할 수 있다고 생각한다. 그래서 이런 성격 이상을 보이는 사람들을 도울 직접적인 방법은 없다고 한다. 정신분석학은 강한 초자아 프로이트가 생각한 정신의 한 측면으로 인격의 사회적 가치와 양심, 이상을 가리킨다.—옮긴이를 지녀 도덕적으로 엄격한 개인을 연구하면서 발달했다. 충동 때문에 문제가 발생하면 초자아가 이에 맞선다. 하지만 오늘날에는 충동을 억제해줄 절대적인 권력이 없다시피 되었고 이러한 초자아를 지탱했던 수많은 외적 금기사항들이 사라져버렸다.

환자들은 스스로 직접 원인을 파악하고 치료 방향을 정할 수 있을 때는 우리를 찾지 않는다. 자신의 내부에서 그 원인을 찾기보다 오히려 외부 세계의 냉혹함에 대해 불만을 토로하고 싶어서 병원에 찾아온다. 그들은 고통의 근원이 무엇인지에 대해 진심으로 궁금해하지 않는다. 그저 어떻게 하면 자신이 더 유능해질 수 있는지 알고 싶어 하면서 자신의 고장 난 **기계**를 잘 고칠 수 있는지에 대해서만 묻는다. 그들은 정신적으로 무감각하고 지속적으로 공허감을 느낀다고 하면서도 자신의 감정을 깊이 분석하려고 하지 않는다. 마치 당뇨병과 고혈압 환자들이 의사에게 당장 고통만 진정시켜줄 안정제를 요구하는 것처럼 단지 병에 대한 눈앞의 해결책만을 제시해주길 기대한다.

이렇게 되면 감정의 두께와 깊이는 더 이상 존재하지 않게 되어 감정도 피부처럼 겉만 남는다. 최소한의 자극만으로도 즉각적인 반응이 일어나게 된다. 자신의 이미지에만 너무 중요성을 부여한 나머지 자기애가 약화되고 이로 인해 상사나 친구의 아주 작은 비판에도 쉽게 무너진다. 사람들은 타인들로부터 자신이 받아들여지지 못하고 거부당한다고 느낀다. 그래서 자신을 향한 모든 비판은 곧 공격이라고 생각한다. 이렇게 자신을 학대하는 감정을 통해 우리는 자기애가 약화된 사람들의 육체와 정신적 외피가 어느 정도의 투과성을 가지고 있는지를 잘 알 수 있다. 이는 또한 유년 시절에 형성되어야 했던 자율적 자아의 보호막이 제대로 형성되지 못했다는 것을 증명한다. 따라서 그들은 외부의 모든 침입으로부터 자신을 보호하려고 하며 타인과 자신을 구별해야 한다고 생각한다.

도착적 개인이 타인을 하나의 주체로 바라보지 못할 뿐만 아니라 타인이 고통을 받을 때도 연민을 느끼지 못하는 이유는 취약한 자기애 때문이다. 극단적이게는 타인을 정신적으로 괴롭히거나 그들의 삶을 피폐하게 만들면서까지 자신의 존재를 드러내려고 한다. 모든 자기애적 개인이 모두 도착적인 것은 아니더라도 이미 우리 사회 속에서 도착적 행동이 보편화된 것을 확인하는 것은 그리 어려운 일이 아니다. 즉 사람들은 점점 타인을 덜 중요시하며, 스스로에게는 책임을 지우지 않게 되었다. 문제가 생기면 자신을 돌아보려 하지 않고 제삼자에게 그 책임을 떠넘긴다.

## 자아 존중의 잘못된 방법

모두는 자신을 스스로 보호한다. 도착적 양상과 비교되는 병리적 자기애를 관찰하면서 나는 심리치료사들이 **감정 표현 불능증**alexithymie 환자들을 상대하는 경우가 점점 증가한다는 것을 확인할 수 있었다. 정신의학자이자 정신분석학자인 모리스 코르코스Maurice Corcos가 설명하듯이, 감정 표현 불능증은 1972년에 생겨난 개념이다. 어원을 살펴보면 'a(~이 없는)+lexis(언어)+thymie(기질, 감정)'으로 언어를 통해 자신의 감정을 표현하지 못하는 것을 의미한다.[8] 감정 표현 불능증 환자들은 서술적인 방법으로 자신의 생각을 표현한다. 다시 말해 그들이 표현하는 내용을 살펴보면 그들이 실용적 사고에만 치우쳐 있다는 것을 알 수 있다. 이들은 자신이 경험한 사건에 대한 느낌보다는 사건의 평범한 광경에 대해서만 묘사하고 있다는 인상을 준다. 그리고 생각 없이 본능적인 행동을 자주 하는데 이는 갈등을 피하고 싶어서다.

감정 표현 불능증은 무감각적 방어의 메커니즘과 관련되어 있다. 이러한 증후를 보이는 여성과 남성은 그들의 감정을 제대로 표현하지 못한다. 게다가 타인의 감정도 인지하지 못하고 타인의 감정에 자신의 감정을 이입하지도 못한다. 혼자지만 외로움이라는 것에 그들은 별로 신경 쓰지 않는다. 어떤 전문가들은 감정 표현 불능증 환자들이 이런 식으로 반응하는 것은 외상성 경험의 결과일 수도 있다고 말한다. 하지만 이때의 외상성 경험이란 심각한 사건에 의한 것이 아니라 오히려 너무 흔하고 일상적인 사건에서 겪은 정신적 손상을 말한다.[9]

정치적인 약속이나 언론과 광고를 보면서 자신의 욕구가 충족될 줄 알았다가 이에 실망감을 느꼈을 때, 이런 증상이 나타날 수 있다. 이들은 자신이 제대로 자라나고 자율적인 인간이 되기 위해서는 모든 욕구를 만족시키려고 해서는 안 된다는 것을 이해하지 못한다. 그래서 모든 욕구를 채우지 못한 자신을 희생양인 양 여기고 그들 중 일부는 충족되지 않았던 손해를 금전적으로 보상해달라며 법정에 요구하는 이상 행동을 보이기도 한다.

이를 통해 우리는 정신적 고통에 시달리는 환자들이 받고자 하는 치료 방식이 어떻게 변했는지 잘 알 수 있다. 사람들은 더 이상 자신을 더 잘 들여다볼 수 있게 하는 치료법을 원하지 않는다. 그들은 현실에서 당장 겪고 있는 불편함에 어떻게 맞서야 할지를 알려주는 치료법을 원한다. 이렇게 정신분석학은 점차 간단한 치료, 특히 인지 행동 치료로 대체됐다. 환자들은 자신이 행복할 권리가 있다고 생각한다. 이들의 치료 방식은 환자들이 행복에 접근할 수 없도록 하는 것이 무엇인지 쉽게 찾을 수 있도록 도와야 한다. 그래서 심리치료는 짧은 기간 동안 진행될 수밖에 없으며 어려워서도 안 된다. 또한 심리치료는 충동을 억제하거나 즉각적으로 충족시키려 하지 않고, 내면의 불편함을 빨리 해결하는 데 그 목적이 있다. 치료 방법이야 어찌 됐든 심리치료는 **자아 존중감**을 높이고 타인에 의존하지 않을 것을 권고한다. 이는 결국 여전히 더 자기애적이고 타인에게 덜 얽매일 것을 권장하는 것으로, 자아와의 싸움 속으로 한 걸음 더 나아가게 되는 것이다.

이러한 권고와 새로운 치료법은 환자가 자신의 감정적 욕구를 충족시킬 수 있도록 해주면서 자신이 가진 가치만으로도 안정을 찾을 수 있도록 하는 데 초점이 맞추어져 있다. 환자 자신의 욕구와 관심을 타인의 것으로 만들지 못하도록 하는 것이다. 치료의 초기 목적은 **자신의 잠재성을 계발**할 수 있도록 하는 것이다. 그리고 치료를 너무 오랜 기간 지속하지 않으면서 각자가 능력을 갖출 수 있게 한다. 지나치게 복잡한 문제에 대해 파고드는 것을 피하도록 하면서 우리 사회에 만연한 결점에는 적응할 수밖에 없다는 것을 인정하게 한다.

예를 들어, 조작을 일삼는 사람들의 세상에서는 반대로 자신도 조작하는 것을 배우라는 것이다. 또는 당신이 고독감을 느껴 낙심했다면 당신이 마주하는 만남을 어떻게 하면 더 잘 유지해나갈 수 있는지 알려준다. 이것은 자아에 더 나은 이미지를 부여하는 방법을 배우기 위한 것으로 감정에 새로운 옷을 입히는 과정이다. 많은 사람이 하나의 무리에 통합되기 위해 자아의 더 나은 이미지가 자신의 특이성을 없애주도록 하는 심리치료를 기대한다. 이러한 신속한 방법은 사람들에게 타인을 필요로 하지 않고도 자아를 충분히 사랑하는 법을 깨닫게 해준다. 여전히 자신을 평가하기 위해 타인의 칭찬에 목말라 있다 하더라도 말이다.

여기저기에서 사람들은 우리에게 자기 존중에 대해 이야기하지만 인간의 육체적 능력에 집착하는 사람들은 자기가 얼마나 무능력한지 실감하게 된다. 그는 자기 나름의 기쁨의 대상인 자신만의 우상을 만들기도 한다. 이들을 위한 치료의 진짜 목적은 스스로 불완전하고 연약한 존재임을 받아들이고 슈퍼맨이 아니라는 사실을 인정하게 하는 것이다. 하지만 대부분의 새로운 치료 방식들은 우리를 **언제나 더 많은** 편리함의 환상에 빠지도록 부추긴다. 자신이 상처받기 쉬운 연약한 존재라는 것을 겁 없이 인정하고, 내면에 잠재된 우울함에 대한 두려움에서 벗어나고, 우울함에 빠지더라도 곧바로 회복하기 위해서는 대단한 용기가 필요한데 말이다. 우리는 우리가 **보통** 사람이라는 사실을 받아들여야 한다. 그리고 무엇보다 중요한 것은 **올바른** 누군가가 되기 위해 열심히 노력해야 한다는 것이다. 심리치료사들은 환자들에게 그들이 실현할 수 있는 목표에 전념하도록 가르쳐줘야 한다. 왜냐하면 목표가 지나치게 비현실적이면 실패했을 때 또 다시 실망감에 빠질 수 있기 때문이다.

오늘날 확실성의 시대 속에서 미디어는 삶에 대해 쉽고 고통이 없다는 환상에 빠지게 한다. 그러나 걸림돌도 없고 어려움도 없는 삶이란 있을 수 없다. 불멸의 행복만 찾아 헤매다가는 우리는 자칫 현실의 모든 즐거움조차도 빼앗겨버릴지 모른다. 신경학자 에르베 크네베스Hervé Chneiweiss는 다음과 같이 말했다. "개인의 행복 추구권을 생각해야 한다고 해서, 타인뿐만 아니라 자기 자신이 보는 앞에서도 불가피하게 감정을 억제해야 한다고 해서, 또 행복을 지속적으로 유지해야 한다고 해서, 우리의 삶에서 고통은 제외되어야만 하는 것일까?"[10]

정신적으로 건강한 상태라는 신호일 수도 있는 어떤 것을 의심하고 문제 삼는 행동은 가치를 잃고 점점 더 부정적으로 여겨지고 있다. 경우에 따라서는 고통이 뒤따를 수도 있겠지만 성찰과 창조적 질문들이 정말 쓸데없는 것일까? 실제로 이러한 지배적 견해 때문에 우리는 스스로 고독을 선택할 수 없게 되었는지도 모른다. 수고를 덜어주고 효율을 높여준다는 의미에서 **자기 계발** 입문서들은 감정을 관리하고 인간관계를 개선하고 잠재력을 발달하기 위한 조언들을 쏟아내고 있다. 게다가 이런 분야의 사람들은 현대인에게 이러한 지침이 필요하다는 것을 이용해 **개인을 다시 정립하기 위한** 연수나 사이비 심리치료 교육을 받아보라고 제안하기도 한다. 그런데 이러한 조언이나 교육에는 정확한 기준이란 게 없기 때문에 사람들을 더욱 혼란스럽게 만들 수 있다. 정체성이 불확실해지고 이 때문에 나약해진 사람들은 도움을 요청한다. 이들은 절대적인 진실을 통해 안정을 얻고 싶어 한다. 그 진실이 자신을 광적인 무리의 먹이로 내몰리게 할 수도 있는데 말이다.

그러나 두려움으로 나타나는 자기애는 기쁨과 해방감을 느끼지 못하게 한다. 이는 주로 타인에 대한 두려움, 실직에 대한 두려움, 공격에 대한 두려움, 질병에 대한 두려움, 노화에 대한 두려움, 특히 자신이 세상에 부합하지 않을지도 모른다는 두려움처럼 세상의 두려움과 직면해 있는 자폐와 동일시될 수 있다. 타인의 칭찬에 따라 자기 존중의 방식이 달라지면 실패와 노화는 삶의 자연스러운 과정이 아니라 결국 슬픔과 고독으로 귀결될 수밖에 없다. 그래서 욕망은 자기 자신을 돌아보게 하거나 균형 있는 애정 관계를 형성할 수 있게 하는 중요한 역할을 하게 되었다. 앞서 환상적 측면에 대해 이야기했지만 이 같은 최근의 흐름 속에서 우회적 수단이 되어야 할 인터넷 미팅 사이트들은 거의 불가피한 방책이 되어버렸다.

죄송합니다
제가 원했던 분이 아니네요
안녕히 가세요

미틱 회원

# 9
# 인터넷 미팅 사이트

프랑스에서 최초로 구혼 광고가 등장한 것은 19세기 말이었다. 구혼 광고를 낸 정기 간행물 중 가장 유명한 것은 《르샤쇠르프랑세Le Chasseur français》다. 이때의 구혼 광고는 사람들이 무엇보다 물질적 기준에 바탕을 둔 결혼을 추구했다는 것을 보여준다. 예를 들어, 전쟁 직후 수많은 과부는 남편감을 만나기 위해 모든 것을 양보할 준비를 했다. 이것은 혼자 살지 않기 위한 타협이었다. 만약 결혼 후에 애정이나 사랑이 생기게 된다면 그건 덤이었다.

## 르샤쇠르프랑세에서 미틱까지

1980년대에 들어서자, 미니텔Minitel, 1980년대 초반 프랑스인들이 사용했던 PC 통신 기반 전용 단말기—옮긴이이 광고와 함께 등장했다. 하지만 미니텔은 곧 판

타지 박스로 변질됐고, 이를 통해 이루어지는 만남은 섹스에 치우치게 되었다. 그리고 《르누벨옵세르바퇴르 Le Nouvel Observateur》의 3행 광고가 그 뒤를 이으면서 **밤 시간 동안 유혹할 준비가 된** 파트너를 찾으려고 혈안이 된 젊은 층이 주를 이룬 **스피드 데이팅**과 **터보 데이팅**과 같은 만남의 장이 모습을 드러냈다. 고급 식품관 라파예트 구르메 Lafayette Gourment 는 심지어 고객들이 손에 장바구니를 들고 운명의 상대를 발견할 수 있도록 '애인 낚는 목요일'을 기획하기도 했다. 특히 20대에서 40대 사이의 외로운 도시인을 대상으로 한 새로운 만남의 장이 점점 늘어났다.

> 32세의 공무원인 사라는 아는 사람 하나 없는 파리로 전근을 왔고, 주위에는 유부남뿐이라 다양한 방식의 만남을 시도해 보았다. 사라는 고르고 고른 뒤 선택한 멋진 저녁 식사 자리에도 나가봤고, 젊은 외국 여성뿐이었던 싱글을 위한 요리 교실과 섹스에 관해서만 이야기하는 여행에도 참여했다. 이제 사라는 그런 만남에 싫증이 났고 새로운 만남에 대해서도 체념했다. 그녀는 "전 끔찍한 외로움으로 암울한 미래를 맞이해야 한다는 게 정말이지 무서워요!"라고 말한다.

그런데 1990년대 말이 되자 인터넷의 등장으로 만남의 가능성은 전에 없이 커졌고 운명의 상대를 만나는 방법으로 데이트를 성사해주는 유료 사이트도 늘어났다. 이처럼 인터넷상에서의 만남은 새로운 사업 아이템이 되었다. 프랑스에서 2001년에 개설된 가장 유명한 데이트 중개 사이트 '미틱 Meetic'은 2005년 10월 주식 시장에서 3억 5,600만 유로의 가치로 소개되었다. 현재 13개국에서 아홉 가지 언어로 서비스를 제공하고 있는 미틱은 2006년 회원 수가 프랑스인 5만 명을 포함해 17만 명에 달한다고 했다. 경쟁 사이트로는 '마취Match'와 '넷클럽Netclub'이 가장 잘 알려져 있다. 또한 종교, 성별, 또는 지역에 따라 특성화된 여러 사이트도 있다.

사람들은 일반적으로 결혼 정보 회사를 찾은 사실을 드러내려 하지 않는다. 하지만 미팅 사이트에 접속했던 것은 전혀 숨길 일로 여기지 않는다. 오히려 재밋거리로 이야기를 나누거나 친구들끼리 서로 괜찮은 사이트 주소를 알려주기도 한다. 세상은 소통이 넘쳐나지만 다른 사회에 속한 개인과 관계를 맺는 경우가 줄어들면서 인터넷을 통한 만남은 더 이상 사회생활이 만족시켜주지 못하는 필요를 해결해준다. 사람들은 누군가와 만나고 사적인 관계를 형성하기 위해 위와 같은 사이트에 들어간다. 실질적으로 이런 사이트들은 이성이나 동성의 싱글을 만나고 싶어 하는 사람들에게 편의성을 제공한다.

만남을 주선하는 사이트들은 수천 명의 회원이 가입되어 있다고 스스로 자부하지만 그 수치는 그리 신뢰할 만한 것이 아니다. 이 수치에는 음성적인 만남을 즐기려는 기혼자(특히 남성)와 여러 닉네임으로 활동하는 사람, 가입은 했지만 사이트에 더 이상 접속하지 않는 유령 회원까지 포함되어 있기 때문이다. 2004년 미국에서 실시한 미팅 사이트에 가입한 회원의 행동에 대한 조사[1]에 따르면, 그들의 평균적 프로필을 알 수 있다. 대학 과정을 거친 25세에서 45세 사이의 평균적 또는 다소 상위의 삶을 누리는 사람들이다. 비록 가입 회원 중 65퍼센트가 남성이라 할지라도 활발하게 활동하는 회원의 절반은 여성이 차지하고 있다(그 이유는 남성들은 반응이 없으면 포기만 하고 탈퇴는 하지 않기 때문이다). 또한 남성은 데이트

신청의 73퍼센트를 받아들이며, 자신이 신청하면 18퍼센트가 응답한다고 한다. 반면 여성은 데이트 신청의 25퍼센트를 받아들이며, 자신이 데이트 신청을 하면 거의 대부분 응답을 받는다고 한다.

이러한 사이트들이 성공하는 주요 원인은 편리성과 익명성이다. 컴퓨터 한 대와 ADSL 회선만 있으면 **즐기기만** 하면 된다. 실제로도 가벼운 연애와 비슷한 유희적인 면이 있어서 지나친 위험 부담이 없다. 편리하고, 실제 이름을 밝힐 필요도 없고, 경제적이라는 이유로 사람들은 이런 사이트를 찾는다. 쉽게 이성에게 접근하지 못하는 수줍음이 많은 사람에게는 최고의 만남의 장이다. 또한 이 사이트들은 밤이고 낮이고 아무 때나 접속할 수 있다. 심지어 파자마 차림으로도 채팅을 할 수 있다. 그런데 문제는 일단 외로움을 잠시나마 잊게 하는 오락거리라는 장점이 있지만 쉽게 중독된다는 것이다. 현실에서 전통적인 소통 방식으로는 인간관계에 어려움을 겪고 있는 사람들이 특히 이와 같은 중독 현상에 빠지기 쉽다.

온라인 만남에서는 자신의 이미지와 말투, 비밀을 조정할 수 있다. 사람들은 온라인 만남에서는 육체에서 비롯되는 감정을 피한다. 그리고 원한다면 아무 설명 없이도 관계를 끊을 수 있다. 이런 사이트에 가입한 회원들은 상대를 실제로 만날 용기가 없는 사람들이기 때문이다. 익명으로 활동할 수 있기 때문에 다른 사람들에게는 자신이 쉽게 상처받는 나약한 성격이라는 것을 숨길 수 있다. 또한 자신도 스스로 나약하지 않다고 여기게 된다. 사람들은 인터넷에서 새로운 인격체와 새로운 이미지를 만들어 가상의 자신이 된다. 어떤 사람들은 마치 **게임**을 하듯 가상 세계 속에서 살아간다. "저는 밤 동안 다른 정체성을 지닌 사람이 될 수 있어요." 회원들 사이의 암묵적 동조와 합의로 온라인상에서의 만남이 실제 만남으로 이어질 위험은 없다. 채팅은 주로 사이버 섹스로 이어지는 선정적이고 사적인 비밀 이야기를 나누는 방탕한 게임일 때가 많다.

이런 미팅 사이트가 막 생기기 시작할 때는 남성이 대부분을 차지했다. 그래서 여성들은 선택의 여지가 너무 많아 탈이었다. 그녀들은 노골적인 말로 자기를 소개하는 남성들만 피하면 됐다. 하지만 그 후로 여러 가지가 변했다. 남성과 여성이 수적으로 비슷해졌고 여성들도 이제는 노골적으로 성적인 만남을 위해 자신을 소개하는 것을 꺼리지 않는다. 전통적인 만남에서는 점차 시간을 두고 커플이 되어갔지만, 인터넷을 통한 만남은 커플 탄생을 촉진하는 양상을 보여준다. 이런 사이트에서 여성들은 까다롭고 남성들은 다급하다. 남성들은 너무 쉽게 사랑에 빠지고 여성들에게 구속되고 싶어 한다. 그리고 그들이 원하는 대로 되지 않는다 싶으면 재빠르게 자취를 감춘다.

## 클릭 한 번이면 충분하다

파트너를 구하기 위해서는 가입하려고 마음만 먹으면 된다. 그러면 모든 것이 매우 간단하다. 아니 지나치게 단순하다. 사람들은 간단히 자신에 대해 설명하고자 서식을 채운다. 그리고 사진을 첨부한다. 몇몇 사이트를 제외하고는 정보를 제어할 방법이 아무것도 없기 때문에 만남의 기회를 늘리기 위해 약간의 수정을 할까 하는 생각 정도는 쉽게 할 수 있다. 남성들은 나이와 직업, 주소(몇몇 지역은 오히려 밝히지 않는 편이 낫다), 문화적 수준(그들은 모든 콘서트에 가고 모든 그림 전시회에 간다), 심지어는 결혼의 여부까지도 속인다. 매장 관리를 하는 34세, 에마의 경험을 들어보자.

"남자들은 마음대로 현실을 조정해요. 한 남자는 이혼했다고 말했었죠. 하긴 실제로도 아내와 각방을 쓰긴 하더라고요. 그리고 또 다른 남자는 아내와 침대를 따로 쓴다고 했는데 실제로는 같이 썼고, 매트리스를 따로 썼대요."

여성들 역시 나이와 직업, 문화적 수준을 속인다. 공공연하게 이뤄지고 있는 거짓말은 불신과 시니시즘Cynicism,인간이 인위적으로 정한 사회의 관습, 법률, 전통, 제도, 도덕 등을 부정하고, 본성에 따라 살아갈 것을 주장하는 사상-옮긴이을 확대한다. "그들도 날 속였으니 나도 그렇게 하겠어!" 이런 식이다. 상대를 실제로 만나게 되면 걸림돌이 될지 모르는 부분을 포장해 이상형을 만들고 이를 반영해 자신을 소개한다. 거의 모든 사람이 외모를 먼저 부각하려고 하지 정신적 자질이 얼마나 훌륭한지에 대해서 말하려 하지는 않는다. 많은 사람이 수치스럽게 여기거나 콤플렉스라고 여기는 부분에 대해서 어떻게 숨기려 하는지를 지켜보는 것은 흥미로운 일이다. 이런 속임수는 결국 환멸로 이어지기 마련이다. 다음은 한 미팅 사이트의 51세 회원이 쓴 게시글이다.

한 해가 다 가고 뒤를 돌아보니, 나는 늘 혼자다. 내가 왜 혼자일까 하고 생각해보면, 내가 여자들에게 신경 쓰기보다 다른 데 시간을 더 투자한 게 부분적인 이유라고 할 수 있겠다. 여자를 내가 관심을 기울일 가치가 있는 대상이라고 생각했던 적이 있다. 하지만 온라인 만남을 경험한 뒤부터는 그 반대가 되었다. 나이, 사진 그리고 '자기 자신'에 대한 거짓말이 끝없이 이어진다. 그래서 나는 그 여성을 만나기도 전에 지쳐버린다. 나는 고민을 했다. 그냥 이대로 혼자인 게 그리 나쁘지 않다는 생각을 했다. 거짓과 위선에 과감히 맞서기보다 그냥 가만히 있는 편이 더 좋을 것 같다. 나는 까다로운 사람이 아니다. 단지 냉정한 판단을 내렸을 뿐이다. 나는 계속해서 활동하고 외출하고 운동을 하며 지낼 것이다. 혼자보다는 둘이 낫겠지만 그래도 나의 더 나은 삶을 누릴 것이다.

만남의 게임이 한 번 시작되면, 예정대로라면 사람들은 수십 번이고 수백 번이고 파트너를 찾아 접촉해볼 수 있다. 그리고 또 그만큼의 접촉 제의를 받을 수도 있다. 그런 수많은 사람 속에서 다른 사람들을 제치고 내가 두드러지기 위해서는 어떻게 해야 할까? 사실 파트너를 찾으려면 생각보다 시간을 많이 빼앗겨 짜증이 난다. 인터넷 사용자의 말을 들어보면, 채팅을 하고 메시지에 일일이 대답을 해주려면 대부분 하루 한 시간에서 두 시간 정도가 필요하다고 한다. 실질적으로 인터넷을 통하면 다른 경로로는 절대 만날 수 없을 사람과도 만날 수 있다. 하지만 실제로는 먼저 의식적 선택을 통해 선발이 이루어지기 때문에 관심사가 같은 사람들이 선별된다.

그리고 특히 주목할 것은 인터넷상에서는 사람의 실체인 육체가 존재하지 않는다는 것이다. 사진을 보일 때조차도 그렇다. **구식** 만남에서는 현실적인 판단 기준이 인터넷에서보다 훨씬 더 빨리 개입했다. 우선 사람의 육체가 있었고, 상대를 대하는 태도, 시선, 감정 등이 있었다. 하지만 이제는 그런 기준 없이 비밀 이야기를 주고받으면서 친밀감이 빠르게 형성된다. 육체와 육체가 마주한 뒤 둘에게 끼치게 될 영향은 차후의 문제일 뿐이다. 인터넷상에서는 만나자마자 말을 놓으면서 곧바로 가족 같은 분위기가 만들어진다. 채팅은 짧은 시간에 매우 사적인 교류를 하게 한다. 젊은 층에서는 토론방이나 웹캠을 이용한 채팅이 늘어나고 있다. 새로운 기술에 쉽게 적응하지 못하는 나이 든 사람들은 실제 만남으로 이어지기까지 걸리는 시간이 젊은 사람들보다 조금 빠르다. 인터넷에서 교류가 시작되면 주로 메일이나 전화로 본격적으로 만남을 가진다. 그런데 이들은 실제로 만나면 대부분 상대가 자신이 상상했던 모습과 달라 실망했다고 한다.

이러한 만남이 거듭될수록 사적인 관계로 발전하는 속도는 점점 더 빨라진다. 버릴 시간이 없고 합리적으로 생각해야 한다. 관련 조사에 따르면, 첫 만남에서 서로 마음에 들면 바로 성관계로 이어질 수 있다고 한다. 이러한 미팅 사이트의 궁극적인 목적이 사랑이 아니라고 믿기 때문이다. 많은 사람이 단지 섹스를 위해서 이런 사이트를 찾는다. 심지어는 **전문 사냥꾼**(물론 여성 낚시꾼도 포함하여)들도 있다. 이들은 주로 밤에 만나고 목적을 달성하고 나면 또 다른 먹잇감을 찾아 나선다. 한 전문 사냥꾼은 자신의 블로그에 일 년 동안 미팅을 통해 52명의 여성을 만났고 그중 27명과 잠자리를 가졌다고 고백했다. 그의 블로그 글을 담아 출간한 책에는 **사냥** 방법과 실제 사례들이 담겨 있다.[2] 그리고 일부 남성과 여성은 상대가 전혀 마음에 들지 않더라도 일회성 섹스로 만족하기도 한다. 인터넷을 통한 인간관계는 전반적으로 섹스로 시작되어 이어져나가는 것으로 나타난다.

한 번의 이혼과 두 번의 만남 후 4년 동안 정신적 그리고 성적으로 외로움을 겪었던 에마는 데이트 중개 사이트에 등록했다. 그녀는 처음 세 달 동안 오로지 섹스만을 찾아 헤맸다. 에마는 이런 만남에 중독되어버렸다. 매일매일 사이트에 접속했고, 채팅을 했고 수많은 남자를 만났다. 사랑과 섹스에 관해 수다를 떠는 사이트도 들락거렸다. 결국 과부하에 걸려버린 팜므파탈 에마는 만약 자신이 남자들에게 실제로 만나자고 하면 그들이 "날 위해서가 아니라 당신을 위해서예요!"라고 말하고 달아나버릴 거라는 생각을 하게 됐다.

에마는 이런 만남에 대해 그 어떤 환상도 없다. 에마는 "이런 만남의 장에는 이제 막 힘겨웠던 부부 생활을 끝낸 사람들, 다시는 그와 같은 족쇄를 차고 싶어 하지 않는 사람들이 있어요. 바람둥이들이죠. 정직에 대해 이야기하는 남자가 있다면 그 사람은 결혼한 사람일걸요"라고 말한다. 팜므파탈이 남자들에게 원하는 건 별로 없다. 섹스와 자상함뿐이다. 에마는 남자들에게 성적으로 자신에게만 충실할 것을 요구하지 않는다. "저 여자는 쉽게 차지하지 못할 여자라는 것을 알게 되었을 때 그는 공손해지죠!"라고 말하는 에마가 원하는 것은 아마 남자와 단순히 **한팀**이 되는 것이었을 것이다.


만남이 곧 섹스라는 인식이 자리하면 인간의 감정은 진부한 것으로 치부된다. 사랑의 감정을 키우기 위해서는 현실에서 조금 벗어나 이상화하는 것이 필요하다. 하지만 쉽게 만남의 기회를 가지고 신속하게 육체적 관계를 갖게 되는 현상은 현실을 더욱 주목하게 한다. 그래서 둘이 함께 살고 아이를 갖는 것 같은 커플이 살아가면서 당면하게 되는 과제들을 문제 삼는다. 쓸데없는 데 시간을 버릴 수 없으니 어디에 무엇을 투자할지에 대한 고민은 가능한 한 빨리 끝내야 한다. 예전에는 만남을 위해 시간, 돈, 그리고 노력을 투

자했다. 하지만 지금은 모든 것이 최소한의 비용으로 빨리 이루어
져야 한다. 싱글인 36세, 셀리아는 다음과 같이 말한다.

"제가 이 사이트를 통해 만났던 첫 번째 남자는 절 정말 놀라
게 했어요. 그 남자는 저에게 대뜸 어느 작은 공원에서 만나자
고 했죠. 그동안 마음에 들지도 않았던 여자에게 한두 번 저녁
을 사고 술을 산 일이 있었나 봐요. 돈이 아까웠겠죠. 그는 더
이상 낭비하고 싶지 않았나 봐요."

사람들은 무엇을 찾는 것일까? 사랑은 물론, 자신의 사회적 기준
을 보완해줄 파트너 또는 섹스 상대다. 사실 사랑이라는 단어 뒤에
는 다양한 현실이 숨어 있다. 정욕의 사랑, 부부 생활의 규범에 맞
는 사랑, 개방적인 사랑 등이다. 요즘 들어, 가정 안에서 느끼는 조
용한 행복을 바라는 사람이 눈에 띄게 점점 줄어들고 있다. 대신 섹
스를 바탕으로 한 만남처럼 **첫눈에 반하는 사랑**을 기대하는 사람이
늘고 있다. 물론 남녀가 커플로서 좋은 관계를 유지하려면 만족스
러운 성관계가 필요하지만 그전에 더 중요한 것이 있다. 서로 칭찬
하고 올바른 소통이 있어야 하며 공통 관심사를 공유하는 것이다.

많은 사람이 아무런 대가를 지불하지 않고도 사랑할 수 있길 바
란다. 그리고 그들은 곧 그동안 꿈꿔왔던 것을 얻지 못해 실망한
다. 만약 생각했던 대로 잘 **굴러가지** 않으면 지금 문제가 무엇인지
고민해보지도 않은 채 다른 곳으로 눈을 돌려 더 사랑해줄 또 다른
누군가를 찾을 것이다. 그들은 이렇게 끊임없이 이 사람 저 사람을
옮겨 다니게 된다. 일부 싱글들이 인터넷에서 끊임없이 누군가를
찾아다니기만 하려는 것도 결국에는 이처럼 아무도 만나지 못하게

되는 결과를 가져온다. 그리고 남성보다 여성 사이에서 "저도 남자를 만나려고는 하는데 눈높이에 맞는 사람이 없어요"라는 식의 비현실적인 상대를 만나려는 경향이 많이 나타난다. 또 어떤 여성들은 "난 매력이 없어. 너무 못생겼고!"라고 하며 자신의 처지를 불평만 하거나 아예 자기 자신을 포기해버린다. 이런 여성들은 설사 훌륭한 상대를 만나게 되더라도 금세 포기하고 그 만남을 이루려는 노력의 필요성을 느끼지 못한다. 그녀들에게 필요한 것은 더 많이 **노력**하고 마음을 열고 자신을 가꾸는 일이다. 최근에 이혼한 62세, 카트린의 말을 들어보자.

"저는 미팅 사이트에 가입했어요. 하지만 이미 용기를 잃어버렸죠. 너무 뚱뚱하거나 키가 작거나, 못생기거나 또 너무 어린 남자들만 저에게 관심을 보였어요. 그들은 저와 채팅을 하고 싶어 하지만, 전 쓸데없는 데 시간을 쓰고 싶지 않아요. 마음에 드는 남자에게 메시지를 보내보지만 아무도 저에게 넘어오지 않았어요. 더 많은 남자와 접촉을 하기 위해서는 적극적인 자세가 필요하죠. 하지만 전 남자들의 환심을 사는 법도, 유혹하는 법도 몰라요. 반드시 누군가를 찾아야겠다는 절실함이 아직 부족한가 봐요."

우리를 찾아오는 환자 중에는 과거의 상처 때문에 상대가 누가 됐든 만날 준비가 되지 않아 그 누구도 만날 수가 없다고 토로하는 사람도 있다. 자기 연민에 빠져 헤어 나오지 못하고 있는 것이다. 이런 사람들은 마음을 열고 과거의 상처에서 벗어나야 하고 이별이나 이혼을 훌훌 털어버리고 부모로부터도 독립해야 한다.

그런 면에서 보면 모차르트 오페라의 돈 조반니가 현대 사회와 그리 먼 인물은 아니다. 하지만 이제 돈 조반니는 유럽에서 유혹했던 1,000명하고도 세 명이나 되는 여자의 이름이 빼곡하게 적힌 예전의 수첩을 의미하는 것이 아니다. 이제는 세계 어느 곳에서라도 일회성 만남을 가질 수 있는 상대를 정보처리 기술로 작성해놓은 목록을 의미한다.

## 일회용 파트너

인터넷을 통해 쉽게 만나면 또 그만큼 빨리 마음이 멀어지는 게 사실이다. 사람들은 인터넷 만남의 이런 성질을 굳이 탓하지 않고 담담하게 받아들인다. 왜냐하면 일회성 만남이야 또다시 찾으면 되고, 그러면 또 곧바로 외로움을 채울 수 있기 때문이다. 사람들은 관계가 오래 지속되지 않으면 상대가 기대했던 것과 달랐고 자신을 만족시키지 못했다고 책임을 떠넘긴다. 현대 사회는 실리와 일회성을 추구한다. 사회의 이러한 특성이 인터넷 만남에서는 더욱 적나라하게 반영된다. 즉, 타인을 하나의 도구로 간주하고 쓸모가 있을 때까지만 가지고 노는 물건으로 여긴다. 그리고 마음에 들지 않거나 이익이 없어지면 주저 없이 버린다. 나를 찾아왔던 환자 중 한 여성이 이런 경우였다. 그녀는 미팅 사이트에서 한 남자와 처음 만났을 때 느꼈던 모욕감을 잊지 못한다. 그가 첫 만남에서 "죄송합니다. 제가 원했던 분이 아니네요. 안녕히 가세요"라고 말했던 것이다.

물건이 고장 나면 사람들은 물건을 바꾼다. 실제로 인터넷에는 수백, 아니 수천 명이 늘 만남을 준비하고 있다. 게다가 언제든 또 다른 파트너를 선택할 수 있는 환경이기 때문에 사람들은 자기 마음대로 할 수 있다는 환상을 가진다. 왜냐하면 자신의 사랑을 전할 남자와 여자는 클릭 한 번이면 얼마든지 찾을 수 있기 때문이다. 다음 만남은 더 **나을 것**이라고 기대하기 때문에 관계를 유지하는 데 조금의 어려움만 와도 다른 누군가와 새롭게 시작하려고 상대를 거절하거나 만남을 끝내고 싶어 한다. 가상 세계에서의 관계는 언제나 취소가 가능하고, 언제나 **삭제** 버튼을 누를 수 있다. 사람들은 어려움을 감수하면서까지 관계를 만들어가려고 하지 않는다. 다음은 31세의 에밀리의 고백이다.

> "남자를 만날 때 상대가 기대에 못 미친다는 생각이 들면 즉시
> 그 만남을 끝냅니다. 그러고 나면 아쉬워요. 우리가 함께할 수
> 있었던 것에는 무엇이 있었을까 뒤돌아보곤 하죠."

　이러한 만남의 방식에서는 의식적 선택이 가장 먼저 이루어진다. 이를테면 "저는 키가 크고 능력 있고 자유로운 직업을 가진 남자를 원합니다" 또는 "저는 키가 작고, 금발에 세련된 여자를 원합니다" 라는 식이다. 그런데 이렇게 의식적인 선택 조건을 앞세우는 것은 무의식적인 선택을 사전에 방지하기 위해서다. '얼팀Ulteem, 2005년 말 미틱이 서비스를 시작한 35세에서 50세 사이의 싱글 사이트' 과 같은 새로운 미팅 사이트 들은 **의식적인 선택** 조건에 맞는 사람을 찾을 수 있게 하려고 간단한 심리 테스트를 제시하기도 한다. 하지만 이러한 사이트들도 이를 해결하지는 못한다. 심지어 그와 반대로 오히려 의식적인 선택을 방해하기도 한다. 왜냐하면 의식적으로 바라왔던 것과 무의식적인 욕망 사이의 불일치는 모든 만남에서 존재하지만, 인터넷 만남에

서 이러한 불일치 현상이 더욱 두드러지기 때문이다. 다시 말해 타인과의 관계가 소위 합리적이라고 하는 **프로필 카드**의 선별 과정을 거치지만 않을 뿐, 모든 주관적 판단을 배제한 채 미리 입력한 개인 프로필이 있으니 그에 맞는 상대를 만날 수 있을 거라는 환상이 계속 유지되기 때문이다.

이처럼 사람들은 끊임없이 만남의 상대를 찾는다. 그리고 어떤 사람들은 사람을 만나는 데 너무 혈안이 된 나머지 여러 해 동안 미팅 사이트에서 살다시피 한다. 사실 많은 사람과 의미 없이 만남을 반복하는 것은 자신을 훨씬 더 성숙하게 만들어줄 수 있는 진정한 만남의 가능성을 모두 포기하는 거나 마찬가지다. 그래서 그들은 타인과의 관계에서 상대에게 진심으로 열중하지 않고 그저 만남을 소비하기만 하는 위험한 결과를 낳는다. 진정한 사랑을 위해서는 성공이 보장되지 않더라도 위험을 감수하고, 보상을 바라지 않고 상대에게 부어줘야 한다는 것을 많은 사람이 잊고 있기 때문이다. 사람들은 "난 누군가를 만나야만 해!"라고 말하지만, 진실한 만남을 위해서는 그만큼 마음을 열어야 한다는 것을 잘 모른다. 노력 없이 자신에게 딱 맞는 맞춤식 사랑은 준비되지 않는다.

오랜 시간 커플을 유지하기 위해서는 노력이 필요하다. 사랑에 눈이 멀어 있는 시간이 지나고 나면 비판 의식이 되살아난다. 열린 마음으로 가치나 활동, 계획을 상대와 공유하게 되면 그 관계는 더 돈독해지는 반면, 상대를 그저 실리주의적 도구로만 여긴다면 둘은 조화를 이루지 못하고 끝내 헤어지게 된다. 커플의 삶이란 누군가와 함께 있는 것을 편안하게 느끼는 습관과도 같다. 누군가와 함께 잠을 자고, 그 사람의 체온을 느끼는 것이다. 모나코 출신 상송 가수 레오 페레Léo Ferré, 1916~1993도 말했지만 불행한 상황에 부닥친 사람들 사이에서는 "잘 잤니?"라는 말이 큰 의미가 있다. 함께하는 누군가와의 편안함은 그만큼 의미가 있고 하루를 살아가는 에너지라는 표현이다.

누군가를 만나기 위해서는 자기 자신을 보호하려 하지 말아야 하며 자신의 상처를 드러내는 것을 두려워하지 말고 자신이 도움과 위로가 필요한 사람임을 부끄러워하지 말아야 한다. 그리고 자기만 옳다는 식의 고집과 아집을 내려놓아야 한다. 또한 사랑이 얼마나 놀라운 것인지 인정해야 한다. 우리는 사랑에 '빠진다'고 하지 않던가? 이 말은 사랑이란 기대하지 않았던 뜻밖의 놀라운 일이라는 의미다. 하지만 우리는 우리가 꿈꿔왔던 환상이 깨질까 봐, 돈을 잃게 될까 봐, 또는 상대에게 거절당해 상처받을까 봐 두려워한다. 그래서 우리는 합리적인 사람이 되려고 하고 자신이 상당히 확고한 사람인 것처럼 행동한다.

만남의 상대가 될 만한 후보들만 계속 늘려간다면 오히려 길을 잃을 수도 있다. '뷔리당의 당나귀'[3]처럼 어느 쪽으로 가야 할지 몰라 결국에는 아무것도 선택하지 못하게 될 수 있다. 선택하는 데 지쳐버린 어떤 사람들은 이처럼 의식적이든 무의식적이든 모든 것을 포기하게 된다. 이것이 인터넷에서의 만남의 역설성이다. 사람들은 누군가와 쉽게 접촉할 수 있다고 우기면서 은신처를 찾아 은둔 생활을 하려 한다. 하지만 외로움을 덜고자 컴퓨터 앞에 앉은 사람들은 오히려 점점 더 고립되고, 다른 사회적 활동도 내팽개친 채 채팅을 하며 밤을 지새운다.

## 가혹한 선택

미팅 사이트에서 사람들은 하나같이 낭만적인 사랑에 대해 이야기한다. 심지어 이 사람 저 사람 기웃거리기만 하며 가벼운 만남을 찾아 헤매는 사람들조차도 자신의 소개에 사랑이란 감정에 대해 이야기한다. 하지만 정작 파트너를 찾을 때는 실리를 우선시하고 합리적으로 생각한다. 다음은 한 미팅 사이트에 올라온 남성의 글이다. 그는 현재 직업적으로 어려움에 직면해 있는데 경제력이 있는 여성을 찾는다. 그는 그런 여성을 만나면 자신의 경제적 어려움이 해소될 수 있을 거라 기대한다.

나는 남녀가 하나가 되는 관계를 기다린다. 이는 나를 행복감에 젖어들게 해서 이전에 경험했던 모든 것을 하찮게 여기게 만들 것이다. 축복만 가득한 관계 속에서 나는 더 이상 잠을 잘 수도, 먹을 수도 없고 상대에게 사로잡혀 사랑을 할 것이다.

실제로 만남의 상대를 찾고자 할 때 우리는 예전의 경험을 바탕으로 한다. 이를 토대로 이성적으로 종합해 상대를 찾는다. 그런데 이렇게 상대를 찾는 것은 사랑과 닮기 마련이다. 왜냐하면 이성적 사고의 조합은 결국 자신을 위로해줄 수 있는 일종의 보상처럼 나타나기 때문이다. 이러한 위로는 이 세상의 혼란을 잊게 할 수 있는 사랑에 대한 열정의 꿈과 멀어졌던 삶을 다시 정비할 수 있게 해준다. 그런데 상대를 선택하는 순간에는 합리적이고 실용적이고 냉정한 기준이 더 앞선다. 처음에 원했던 감정적이고 감성적으로 보완할 수 있는 사람보다 실리적이고 사회적인 기준에 맞는 상대를 선택하게 되는 것이다.

예를 들어, 경제적으로 부족함이 없는 40세의 여성은 자신보다 경제적인 조건은 부족해도 아이를 갖고 싶어 하는 남성을 찾고자 할 것이다. 만남은 사회적 환경이 같거나 서로 조화를 이룰 수 있는 문화적 수준을 가진 사람, 또는 레저나 문화와 같은 상호 목적을 가진 사람 간에 형성된다. 가장 중요한 것은 주말 활동, 영화나 연극을 보러 가는 것처럼 둘이 함께 **무엇을 할 수 있느냐**다.

우리는 사랑이란 이해관계가 없다고 믿고 싶어 한다. 하지만 모든 인간관계에는 시장경제의 원리가 담겨 있다. 사랑에 가장 중요한 것은 감정이라고 하겠지만 사실 정확하게 말하자면 사랑은 **주고받기**다. 예전에는 집에 있는 여자와 보호자 역할의 남자가 결속했던 것처럼 말이다. 그런데 오늘날에는 **주고받는** 상황이 변했다. 여성들은 사랑을 통해 어떤 이득이 있을까에 대해서는 생각하지 않는다. 왜냐하면 이제 더 이상 남자가 여자의 보호자로 존재하지 않기 때문이다.

만남의 상대를 찾을 때도 직원 채용 과정에서 1차 면접 대상자를 걸러내기 위해 이력서를 선별할 때와 비슷한 기준에 따라 선택이 이루어진다. 어떤 남성들은 "이것도 직원 채용을 위한 선택이에요. 똑같은 과정이 필요하죠!"라고 말하면서 상대를 선택할 때 얼마나 냉정한 방식을 적용하는지 숨기려고 하지 않는다. 그들은 우선 시장의 상황을 확인하고, 이어서 자신들이 투자한 것에 대해 수익을 얻으려 한다. 왜냐하면 대부분의 사이트가 남성에게는 유료이기 때문이다. 그렇기 때문에 최소한의 시간을 들여서 최고 조건의 상대를 최대한 많이 만나야 한다. 흔히 기업의 협상 관계를 이야기할 때 '윈윈win-win'이라고 하는 것처럼, 커플의 경우는 '기빙기빙giving-giving'이다. 45세의 로랑이 한 인터넷 미팅 사이트에서 처음으로 만나게 된 여성에게 한 말을 들어보자.

"일 때문에 정말 바쁘시군요. 하지만 누군가와 커플이 되기를
원한다면 아주 적은 시간이라도 여유를 가지길 바랍니다."

로랑의 말을 다시 해석해보면, '당신이 하는 일에서 잠시라도 여
유를 갖지 않는다면, 당신은 누군가와의 만남에 대해서 생각해서
는 안 된다'라는 의미다. 직업 생활에서처럼 거대한 압박이 작용하
면서 개인에게도 규격 제품과 대체 용품처럼 훌륭한 성능을 가진
상태에서 팔리길 강요한다. 여기에서 사람들은 고유한 인간으로
여겨지지 않는다. 단지 구매자의 눈에 띄는 화려한 포장과 구매욕
을 불러일으키는 상품 광고로 가치가 매겨질 뿐이다. 이처럼 사람
들은 냉혹한 캐스팅 현장에 놓이게 된 것이다. 인터넷에서 **발견한**
상대에 대해 이 현장에 정통한 소비자들의 평가가 내려지고 상품
의 가치와 결점에 대해 논의가 이루어진다. 다음은 정보처리 기술
자이며 이혼 후 두 명의 아이를 홀로 키우고 있는 34세의 레아의
이야기다.

"인터넷에서 상대를 찾으면서 저는 이미 주눅이 들어 있었어
요. 경쟁이 너무 치열해서 사람들이 저를 선택할 만한 그럴듯
한 이유를 떠올리지 못했거든요. 잠깐 게임을 즐기듯 하긴 했
지만 잘되진 않았어요. 이젠 아주 진절머리가 나요. 제 모든
삶의 전선에서 제대로 서 있을 수가 없어요. 늘 누군가를 경계
해야 하는 직장에서도, 문제를 일으키는 집에서도, 이제는 인
터넷 사이트에서도 저를 포장해야 하잖아요."

만남의 상대를 찾기 위해서는 적극적으로 나서야 한다. 그래서 사람들은 자신들이 열의가 있다는 것을 계속해서 드러낸다. 남성들은 "전 최근에 이혼했어요. 아이들을 돌보는 데 전념하는 아빠가 되는 건 정말 어려워요! 절 도와주실 분 안 계신가요?"라는 식으로 돌봄이 필요한 자녀를 위해 어떤 여성을 원하는지 분명하게 표현한다. 이에 지원하는 여성들의 특수성은 별로 중요한 것이 아니다. 그녀들은 단순히 40세 미만이라는 지원 조건에 맞는 후보일 뿐이다. 그 안에서 아이가 이미 있는 여성, 아이를 원하는 여성, 갈색 머리의 여성, 금발 머리 여성처럼 여러 하위군으로 나뉠 수는 있다. 하지만 사실상 남성이 저 여성이 아닌 이 여성을 택하게 되는 이유는 무엇일까? 그 이유는 간단하다. 제일 처음으로 접속해 있었기 때문일 것이다. 그러므로 여성은 눈에 띄는 기회를 얻기 위해서 가능한 한 자주, 오래 접속하고 채팅을 해야 한다. 구직 활동을 할 때도 많은 시간이 필요하듯 인터넷에서 만남의 상대를 찾을 때도 마찬가지다. 어떤 여성들은 진흙 속의 진주를 발견하기 위해 24시간 내내 접속 상태를 유지한다.

32세의 디안은 2년 전에 이혼했다. 그 후로 그녀는 직장 생활과 아이들 교육에 신경 쓰느라고 지쳤다. 디안은 좁아터진 집에서 사는 것도 경제적으로 쪼들리게 사는 것도 불만이다. 그래서 그녀가 만나려고 하는 남성의 가장 중요한 조건은 직업적, 사회적 지위다. 자크는 아마도 누구에게나 흥미를 끄는 남성은 아닐 것이다. 하지만 그의 높은 연봉은 삶의 조건을 개선할 수 있게 해줄 것이며, 디안이 덜 노력해도 되게 할 것이다.

여전히 전통적인 방식으로 상대를 찾으려고 하면 삶이 힘겨워질 수 있다. 여성들은 겉으로는 남성 우월주의를 거부한다고 하면서도 남자답고, 믿음직하고, 능력 있는 남성을 찾는다. 하지만 막상 이런 남성을 만나면 실망한다. 심리학자인 40세의 클로에의 경우를 보자.

"인터넷에서 남자를 만날 수는 있겠지만, 저에게는 잘 안 맞는 것 같아요. 너무 위험하죠. 저는 절 꿈꾸게 할 남자에 대한 환상이 있었어요. 하지만 일반적인 남자와 제가 만났던 남자들 때문에 그 환상을 잃어버렸어요. 이제 더 이상 저에 대해서건 다른 사람들에 대해서건 기대하지 않아요. 남자들은 너무 노골적이에요. '저희 집으로 오세요. 제 항공기로 모시겠습니다. 함께 투렌에 가서서 저희 집 정원도 보시고, 제가 얼마나 능력이 있는지도 보실 수 있으실 거예요'라고 말을 하죠."

남성들은 자신이 매력을 느끼는 여성의 육체적 매력에 대해 아주 자세하게 설명한다.

"저는 전형적인 미인형이나 흑인 여성, 혼혈 여성에게 특히 매력을 느껴요. 저는 글래머러스한 여성을 만나고 싶습니다."

남성들은 대부분 젊은 여성을 더 좋아한다. 심지어 나이 차이가 너무 많이 나는 여성을 찾기도 한다. 한 예로 65세의 어떤 남성은 30세 이하의 어린 여성을 찾으려고 한다. 곧 은퇴 시기를 맞이할 남성들은 새로 가정을 꾸리고 싶어 한다. 그래서 여성으로서 전형적인 신체적 매력을 가진 40세 미만의 여성을 찾으려 한다.



53세의 앙투안은 소소한 정신신체학적 질환으로 나타나는 불안 증세에 대해 상담하려고 병원을 찾았다. 정보처리 서비스 회사의 간부였던 그는 4년 전에 해고를 당했다. 다시 일자리를 찾아봤지만 헛수고였다. 앙투안은 상담사로 일해보기로 결심했지만 불행히 이마저도 잘되지 않았고 지난 몇 개월을 고스란히 날려버렸다.

남는 시간이 많았던 앙투안은 여러 미팅 사이트에 가입했다. 5년 전에 이혼한 그는 이제 얼마 남지 않은 삶을 함께 보낼 여성을 만나고 싶었다. 앙투앙은 4년 동안 200명 이상의 여성을 만났다고 한다. 하지만 진정한 파트너는 만날 수 없었다. 그는 "사이트를 통해 만난 여성 중 90퍼센트가 여성스러운 매력이 없었어요. 그리고 나머지 10퍼센트는 너무 변덕스럽거나 까다로운 성격이었어요"라고 하면서 요즘 여성들이 여성성을 잃어버렸다고 불평한다. 사람들이 그에게 여성스러운 여자란 어떤 여자인지 물으면 그는 놀란 표정으로 "그거야 모든 사람이 알지 않나요? 여성스러운 여자란 제 전부인 같은 사람이에요. 화장을 하지 않거나 머리 손질을 하지 않았을 때는 집에서도 부끄러워하는 그런 사람이 여성스러운 여자입니다. 액세서리도 하고 하이힐도 신어야죠"라고 말을 한다.

앙투안은 만나는 여성마다 그의 기준에는 딱 들어맞지는 않았지만 그래도 계속 여성을 만나는 데 소홀히 하지 않았다. 열 번에 한 번꼴로는 첫 만남부터 분위기가 좋을 때도 있었다. 하지만 계속 유지되는 경우는 드물었다. 한두 번 정도는 몇 달

동안 관계가 지속되었던 적도 있었다. 최근에 만났던 여성은 너무 독선적이고 일상적인 사소한 것은 물론 정조에 대해 지나치게 까다로워서 관계를 끝내버렸다. 앙투안은 4년 동안 그렇게 상대를 찾았는데도 여전히 혼자라는 사실이 불만이다.

## 요구 사항과 장애물

이렇게 사랑을 낚으려는 과정이 하나의 즐거운 놀이처럼 여겨질 수도 있겠지만 사실 그런 경우는 매우 드물다. 각각의 사람들은 자신의 장점에 대해 늘어놓느라 바쁘다. 자신을 팔기 위해서 즐거워하며 상대를 유혹하려고 애쓰지만 사실 미팅 사이트에서 만남의 상대를 찾는다는 것은 사실 지겨운 일이다. 그래서 어떤 사람들은 이러한 **궂은일**을 거치지 않기 위해서 만남을 빠르게 진행하려고 한다. 한 남성은 자기소개에 "저는 석 달 전에 이혼했습니다. 저는 열두 달 안에 새로운 짝을 만나고 싶습니다"라고 적어놓았다.

어떤 사람들은 많은 시간을 투자해 일에 몰두하는 등 보호벽을 만들어 상대를 찾는 데 적극적으로 나서지 않는다. 그런데 사랑의 만남은 온라인에서 밝힌 장점들만 가지고 이루어지는 것이 아니다. 작은 틈 하나가 상대와 가까워지게 하는 계기가 되기도 한다. 이런 틈은 주로 어린 시절의 감정이나 연약한 부분과 관련되어 있다. 터놓을 수 있어야 하는데 장애물이 이를 방해하는 경우가 많다. 다음은 62세인 카트린의 이야기다.

"저는 혼자가 된 후부터 감히 엄두를 내지 못한 일이 많습니다. 친구들의 권유로 미팅 사이트에 가입했어요. 하지만 전 제

앞으로 오는 메일에 답을 하지 못합니다. 두렵거든요. 생텍쥐
페리의 《어린 왕자》에도 나오듯이 관계를 맺는다는 건 어려운
일이에요. 제가 할 수 있는 게 아닌 것 같아서 적당한 핑곗거
리를 찾아 미뤄두죠. 집안일을 다 끝내고 하자, 아이들이 더
자라고 하자, 이런 식으로요. 하지만 그걸 다 끝내고 나면 전
완전히 꼬부랑 할머니가 되어 있겠죠!"

젊은 사람들은 "재미있는 시간을 함께 보낼 사람을 찾아요. 친구
를 찾는 사람도 좋고 애인을 찾는 사람도 상관없어요"라고 하면서
만남의 상대를 찾는다. 그들은 분명히 자신이 **진지하게** 상대를 찾는
다고 말은 하지만 서로 구속하려 들지 않는다. 30세가 넘어가면 요
구 사항이 더욱 분명해진다. 그들이 누구인지가 먼저고 누구를 찾
느냐는 조금 나중 문제다. 50세가 넘어가면 엄격해지면서 경계심
이 비친다. 그들은 이제는 삶의 고난을 공유하는 것보다는 즐거운
시간을 공유하는 삶을 살고 싶은 것이다. 주로 휴가나 주말의 레저
활동을 함께하고 싶어 한다. 마치 일상생활은 두 사람의 만남에 아
무런 의미가 없는 것 같다. 어떤 인터넷 사용자들은 그들이 가입한
레저 동호회를 통해 자신을 드러낸다. 닉네임이 '골프-250('골프'로
시작하는 닉네임을 250개나 가지고 있다는 의미일 수 있다)'인 한 남성
은 골프를 취미로 가진 여성만 만나려 한다. 만날 수 있는 후보들
의 다른 특성은 이 남성에게 아무런 의미가 없다.

만남의 상대를 찾을 때 이를 방해하는 또 다른 걸림돌 하나는 바
로 겉모습에 치중한다는 것이다. 현실 생활에서처럼 인터넷에서도
겉모습은 만남을 성사할 수 있는 최고의 성공 요건이다. 아름다워
야 하고, 최소한 매력이 있어야 하며 호감을 주는 인상이어야 한

다. 자신의 일을 할 때 행복을 느끼는 사람이어야 하고 문제를 일으키는 아이가 없어야 한다. 또 건강해야 하며 마른 편이 낫지만 너무 마르면 안 된다. 담배를 피우지 않는 편이 더 낫고(자기소개란에 명시된다) 술도 절제할 줄 알아야 하며 운동을 즐기는 편이 낫다. 이처럼 인터넷을 통한 만남에서는 아름다움과 건강함이 차별화의 조건이 되고 이로 인해 사회적 불평등은 물론 외로움 앞에서도 불평등을 겪어야 한다.

아름다움과 건강에 대한 요구 사항 때문에 만남의 상대를 찾아나선 일부 사람들은 주눅이 들어버린다. 그들은 "전 완벽한 사람이 아니에요. 아무도 절 원하지 않을 거예요!"라고 하며 낙심한다. 그런데 이렇게 자신이 매력이 없다고 생각하는 사람들도 정작 자신이 상대를 찾을 때는 원하는 조건을 포기하지 않는다. 우리는 다른 사람들에게서뿐만 아니라 거울을 통해 자신을 바라보면서 혹시 만남의 실패를 가져올 단점이 있을까 살핀다. '나는 사람들이 나에게 기대하는 수준에 미치는 사람일까?' 라고 생각하면서 말이다.

그런데 이렇게 만남을 방해하는 모든 걸림돌이 미팅 사이트에서 상대를 찾을 때 얼마나 복잡하게 결산되는지 설명해주기도 한다. 성공적이지 못했던 상대 탐색 때문에 생긴 욕구 불만은 정말 상대를 선택해야 할 때 규칙으로 작용하기도 한다. 가끔 만남이 **잘되기도** 했다는 두 아이의 엄마인 45세의 소니아가 경험한 내용을 들어보자.

소니아는 이혼한 뒤 1년 후, 너무 오래 혼자였다는 생각이 들어서 인터넷 미팅 사이트에 가입했다. 그녀는 자신의 삶이 불안정하다고 느꼈기 때문에 자기소개에 경제적인 안정을 가져다줄 남성을 찾는다고 적었다. 소니아는 자신이 무엇을 원하는지 정확하게 알고 있었고 그 조건에 맞는 남성이 나타나면 채팅을 시도하는 데 주저하지 않았다. 적절한 사람이 아니라면 만남의 여지를 조금도 두지 않았다.

그러던 중 티에리라는 남성을 만났다. 소니아는 그에게 자신이 꿈꾸는 삶에 대해 말했다. 소니아는 집안에서 움직일 필요도 없는 조용한 삶을 꿈꾸었다. 운이 좋게도 티에리도 집안에 있기를 좋아하는 사람이었다. 티에리는 그의 일상을 챙겨줄 여성을 찾고 있었다. 그런 여성만 찾으면 티에리는 그녀에게 안전과 평안을 가져다줄 수 있다고 생각했다. 왜냐하면 그는 열정을 가지고 있는 일을 통해 경제적으로 풍족하기 때문이다. 물론 소니아는 티에리에게 예전에 자신이 꿈꾸었을지 모를 사랑의 감정을 느끼지 않는다는 것을 잘 알고 있다. 하지만 티에리는 정서적으로 안정적인 사람이고 재정적인 여유 덕에 불안하지 않은 사람이다.


인터넷에서 만남의 상대를 찾는 것이 이제는 진부한 방법이 되어버렸기 때문에 이 방법은 외로움에 직면해 있는 일부 남성과 여성만이 찾는 방식이 되었다. 그래서 많은 사람은 타인과 관계를 맺는 새로운 방식을 개발하면서도 그 외로움을 그냥 있는 그대로 받아들이려고 한다.

# III

# 새로운 고독

Les Nouvelles Solitudes

# 저는 욕구도 욕망도 없는
# 공기 방울이에요

엘리자베트, 49세

# IO
## 감정 해제

점점 더 많은 사람이 자신이 감정을 느끼지 못한다는 사실을 깨닫고 진찰실을 찾고 있다. 그들은 긴밀한 인간관계를 맺게 되면 고통스럽고 감정에 의존하게 될 것이라고 생각해 누군가와 관계를 맺는 것을 두려워한다. 그래서 이런 사람들은 두려움을 사전에 방지하기 위해서 아예 타인과 감정적으로 얽히지 않으려고 조심하고 피상적으로만 상대를 대한다. 아마 그들에게는 풍요롭고 깊은 인간관계에 관한 지나친 신뢰는 없을 것이다. 그렇다 하더라도 인간관계에 대한 환상은 누구나 있으며 그들 또한 그런 꿈은 꾼다. 하지만 그들의 행동에는 상대와 거리를 유지하고 경계심을 나타내려는 태도가 뚜렷하다. 대신 그들은 특별할 것 없고 흥미도 없는 사람들과의 만남에 특히 몰두한다. 다음은 39세의 정보처리 기술자 마티외의 이야기다.

"저는 지인들이 하는 이야기에 대부분 별 흥미를 못 느껴요.
아예 모르는 사람들과 토론하는 게 더 좋아요. 특히 외국어로
이야기할 기회가 있으면 더 재미있죠."

## 사랑의 실패에 따른 고통을 피하기 위해 욕망을 멀리하다

이런 사람들은 감정을 느낄 수 없다고 불평한다. 그래서 그들 중
어떤 이들은 감정을 되찾겠다며 극한의 자극을 찾아 빠른 속도, 익
스트림 스포츠, 강렬한 음악, 술, 마약 등과 같은 체험에 빠져들기
도 한다. 이것 역시 사랑이나 우정을 찾는 노력을 하지 않기 위해
자신을 고립하는 일종의 보호막이다. 52세의 세바스티앵은 실제로
이런 방식의 도피를 시도했다가 철저하게 실패한 경험이 있다.

"젊은 시절에 일부러 위험한 상황을 찾아 헤맸어요. 이런 경험
을 통해 오르가슴에 상당하는 기분을 느끼고 싶었거든요. 저
에겐 차라리 스트레스가 필요했죠. 그런 정도가 아니면 아무
것도 느끼지 못했으니까요. 지금은 미리 비축해두었던 쾌락
호르몬이 전부 고갈되어버린 느낌이에요. 호르몬 그래프가 상
승 곡선은 없고 그냥 평평하기만 해요. 전 감정을 느끼지 못해
요. 완전히 무디어진 상태죠. 예를 들자면, 그 누구도 저를 화
나게 할 수 없어요. 둘 사이에 의견 차이가 심해져도 전 상대
를 이기려는 욕심이 없어요. 상대가 옳다고 인정해버리거나
최소한 상대가 잘못이 없다는 것을 인정해줘요. 사실 이건 항
복하거나 무력한 게 절대 아니에요. 바로 초연함이죠. 저에겐
절대 변해서는 안 되는 생각이란 없어요. 그런 생각이 절 지배

하는 걸 견딜 수 없어요. 제가 무엇을 하게 될지 또 무엇을 하
지 않게 될지를 미리 확인해야 한다는 마음 자체가 없어요."

더 근본적으로 생각해보면, 무감각과 경계심이 보편화된다면 사
람들은 일말의 동정심도 없이 모두를 불신해야 하는 잔인한 세상
속에서 차라리 자신만의 세계에 갇혀버리는 편이 낫다고 생각하게
될 것이다. 그런데 너무 지나치게 자신의 세계에 갇히면 직장과 같
은 이기적인 공동체에서는 자칫 이용당할 수도 있으며, 가정에서
갈등을 겪는 중이라면 연약함은 오히려 위로가 아닌 공격의 대상
이 될 수 있다. 51세의 법학자 리샤르는 이 같은 상황을 경험한 적
이 있다.

"저는 이혼 때문에 무감각한 사람이 되었어요. 감정을 느끼지
못하죠. 다시 사랑에 빠질 수 있을지도 장담 못 해요. 저는 제
가족이 분열되었다는 것, 그러니까 제가 그동안 이상적으로
그려왔던 부모와 아이들이 모여 있는 따뜻한 모습의 가족이라
는 울타리가 무너졌다는 사실을 견딜 수 없었어요. 특히 이혼
을 둘러싼 온갖 공격 때문에 더 상처를 받았어요. 거짓 증언
들, 저에게 비싼 부양료를 부담시키려던 음모……. 반면 아내
는 아이들을 돌보려고 하지도 않았고요. 저는 홀로 아이들을
키워내야 하는 싱글대디의 삶을 준비해야 했어요. 아이들의
학교생활은 물론 과외 활동, 게다가 회사 일까지 신경 써야 해
요. 어깨에 올려진 짐이 가끔 너무 무겁게 느껴져요."

사회생활은 이미 우리에게 수많은 경쟁을 경험하게 했다. 어떤

이들은 애정 생활이나 가족의 삶에서까지 경쟁적 사회생활에서 흔히 겪는 타인의 시기와 공동생활의 긴장감을 맛보고는 이것에서 벗어나고자 차라리 고독을 선택하기도 한다. 52세의 여성 아니크의 이야기를 들어보자.

"저는 혼자 사는 게 좋아요. 남자와 함께 살 때는 직장에서 밤 늦게까지 일해야 할 때마다 제가 예민해지더라고요. 저에게 뭐라고 하는 사람이 아무도 없었는데도 집안 분위기가 긴장되어 있을 거라는 걸 알았죠. 아주 노골적으로 자기 시계만 들여다보는 남편 때문이었어요. 하지만 저에게도 문제가 있긴 해요. 첫 번째 남편이 제가 늦을 때마다 저에게 화를 냈었거든요. 그래서 남편을 기다리게 하는 데 죄책감이 들었나 봐요. 지금은 혼자 살아요. 이제는 조용히 사무실에서 일을 끝낼 때까지 머물러도 아무런 죄책감이 느껴지지 않아요."

여성은 커플 생활에 실패했던 경험 때문에 또다시 실패할까 두려워서 새로운 만남을 갖지 않으려고 하기도 한다. 남편이나 애인이 바람을 피워서 고통에 시달린 경험이 있는 여성은 모든 남성이 신의가 없다고 확신한다. 그러고는 다시는 이런 고통스러운 경험을 하고 싶어 하지 않는다. 점점 더 많은 사람이 여러 번의 실패를 경험한 끝에 아무도 믿지 못하게 되어 새로운 애정 관계를 형성하지 못하고 커플의 삶을 더 이상 고려조차 하지 않는 모습을 보인다. 그들은 보험 업계 간부인 58세 이혼남 피에르처럼 환멸을 느낀다. 피에르는 현재 여자 친구가 있지만 **남남**인 것 같은 기분이 든다.

"저는 제가 전문적으로 세워진 계획 위에서 서서히 죽어가고 있다는 걸 깨달았어요. 50세가 되면 어떤 사람들은 일을 포기하고 어떤 사람들은 일에 더 집착하죠. 저는 일하는 것보다 시골집에서 조용히 머물고 싶은 마음이 더 커요. 사실 저만 그런 건 아니죠. 주 35시간 근무제가 시행된 후부터는 금요일이 되면 모두 사기가 저하됐어요. 사무실에는 남아 있는 사람이 없었어요. 제 개인적인 생활도 나을 게 없었고요. 성욕조차도 남아 있지를 않았거든요. 제 나이가 되면 사랑과 뜨거운 열정이 필요 없는 것 같았어요. 휴가도 여자 친구보다 친구들과 함께 보내는 게 더 좋았고요. 이제야 조용한 삶이라는 새로운 삶의 방식을 시작한 것 같아요."

실제로 어떤 사람들은 안 그래도 살기 힘들어진 세상에 애정 관계까지 더 복잡해졌다고 생각한다. 그래서 차라리 애정 관계를 만들지 않고 사는 게 더 쉽다고 생각한다. 애정 관계로 벌어지는 복잡한 문제로는 일상에 대한 두려움, 상대의 아이들과 함께할 때의 어려움, 타인의 존재가 주는 지속적인 압박, 재정적 염려가 있다. 그래서 사람들은 새로운 인간관계를 만들기보다 좁더라도 예전부터 유지해온 안정적인 관계로도 만족할 수 있는, 편안한 인큐베이터 같은 공간에 있고 싶어 한다. 또한 성욕이나 골치 아픈 사랑의 열정은 피하고 싶어 한다. 더 바라는 것은 너무 위험하다고 생각한다. 그리고 자칫 모든 것을 잃고 삶의 방향을 잃게 될까 봐 두려워한다. 아니크의 경우를 보자.

"새로운 관계에 얽매이지 않으려는 것은 또다시 버림받지 않기 위해서예요. 전 이렇게 혼자지만 이건 제가 선택한 삶이죠."

절대적 사랑의 꿈은 사라졌다. 그런데 특히 연령대가 높은 여성들 사이에서 외모에 무관심한 경우를 자주 볼 수 있다. 가꾸지 않은 외모 때문에 이상형의 상대를 찾을 때 반복적으로 실패를 거듭하는데도 말이다. 많은 여성은 타인에게 다가가고 싶은 마음뿐만 아니라 자신을 위해 조금 더 호감 있고 유쾌한 사람이 되려고 꾸미는 데도 흥미를 잃었다. 장 자크 루소Jean Jacques Rouseau, 1712~1778는 《에밀Émile》에서 "더 사랑받기 위해서는 최소한 사랑의 상대의 눈에 다른 사람보다, 다른 모든 사람보다 더 사랑스러워야 한다"라고 말했다. 이혼하고 두 아이와 살고 있는 56세의 부동산 중개인 로랑스의 삶은 사랑받기 위한 삶과는 완전히 반대다.

"삶은 절 강하게 만들었어요. 이기적이고 권위적인 사람이 된 것 같아요. 문제가 일어났을 때 저는 제가 충격을 받았는지 안 받았는지도 몰라요. 제 삶에는 남자가 필요 없어요. 어차피 남자들도 절 쳐다보지 않죠. 누군가에게 잘 보이기 위해 노력하지도 않고 모든 사람과 거리를 둬요. 살을 빼려는 노력은 해야겠죠. 하지만 잘 보일 남자 친구도 없는걸요. 저는 늙었어요. 그런데 먹고 싶은 걸 먹지도 못한다면 정말이지 슬플 거예요! 일할 때 고객들과 함께 있으면 저는 에너지가 넘쳐요. 하지만 저녁이 되면 그저 따뜻한 집에 있는 게 좋아요. 작은 초들을 켜고 오직 나만을 위한 파티를 열죠. 혼자서도 잘 지내요. 전 남편처럼 귀찮은 누군가를 위해서 굳이 절 바꿔야 할 이유가 있을까요? 저는 일상생활 속에 푹 빠져 있어요. 바깥세상은

저에게 그다지 재미를 주지 않는 것 같아요. 제 연령대의 사람
들을 위한 **파티**도 더 이상 존재하지 않아요. 자신에 대한 걱정
만 털어놓는 사람끼리의 저녁 식사 자리뿐이에요.”

인간관계가 점점 실리적 목적으로 변해가고 있는 게 사실이다.
타인을 맞아들이고, 그를 이용하고, 그리고 그가 원하던 만족을 더
이상 채워주지 못하면 가차 없이 버린다. 사람들은 이런 인간관계
가 싫어서 피하려고 한다. 더 이상 타인의 존재를 필요로 하지 않
으려고 자신의 모든 외피가 다 지워질 때까지 숨어버리고 싶어 한
다. 무슨 일이 일어날지 예측할 수 없고 영원히 보장된 것은 아무
것도 없는 이런 관계에서 벗어나 외로운 존재로 홀로 살아가려고
한다. 고독을 선택한다는 것은 아무에게도 의존하지 않아도 된다
는 것이며 다시는 실패할 필요도 없고, 그게 누가 됐든 상대에게
의견을 물어볼 필요 없이 자신이 원하는 방식대로 살아갈 수 있다
는 것이다. 다음은 39세의 엘렌의 이야기다.

“저의 더 큰 두려움은 사랑을 다시 시작하는 것과 그 사랑에서
버림을 받는 것입니다. 만약 제가 정말 사랑을 원한다면 전 의
존적인 사람이 되겠죠. 아무것도 원하지 않는다면 두려울 이
유도 없어요.”

고독을 선택하는 사람 중 일부는 46세의 클로틸드처럼 사랑에
대한 과도한 믿음을 가졌다가 실망한 경우다.

“사람들은 사소한 것에 길들기 마련입니다. 성욕도 그래요. 만

약 오랫동안 성관계를 하지 않는다면 성욕은 줄어들고 결국에
는 사라져버리죠. 그런데 여기 한 남자가 나타났어요. 저 남자
도 안 될 이유가 없죠. 그와 친해지고 싶고 그가 당신에게 관
심을 두길 바라게 됩니다. 그리고 그가 당신에게 호감이 생깁
니다. 왜일까요? 당신이 그를 만지고 싶은 것을 가까스로 참
는 것을 그가 봤기 때문일까요? 그런데 자, 이 남자는 여유가
거의 없어요. 그럴 수밖에 없는 이유가 있죠. 일, 자녀, 걱정.
당신은 그와 함께 시간을 보내기 위해 스케줄을 조절합니다.
그리고 기다리기 시작하죠.

몇 번의 키스, 부드러운 말 몇 마디, 몇 번의 어루만짐처럼 아
무것도 아닌 것 때문에 당신은 함정에 빠졌습니다. 진정시켰
다고 생각했던 욕망이 갑자기 솟구쳐 오릅니다. 잠을 이룰 수
없고 밤에 불안해집니다. 생각은 산만해지고 모든 판단력을
상실합니다. 간단히 말해 당신은 사랑에 빠졌어요. 하지만 이
제 막 생성된 사랑의 열정 뒤에는 결핍이, 상대에 대한 결핍이
이미 자리하고 있어요. 이제 당신은 그동안 사랑을 피했다고
생각했던 것이 결국 필연적으로 사랑을 따라오는 결핍을 피했
던 것이라는 사실을 이해하게 됩니다."

마찬가지로 사랑의 쓰라린 경험에서 잘 헤쳐 나온 어떤 여성들은
또다시 아픔을 겪게 될까 봐 두려워하며 "두 번 다시는 사랑 안
해!"라고 다짐한다. 인사부 이사로 일하고 있는 56세의 마르타의
이야기다.

"결혼의 실패 후, 전 다시는 누군가와 함께 살 수 없을 거라 생

각했어요. 전남편은 참 몰인정한 사람이었어요. 물론 저를 때린 적은 없지만 끊임없이 절 모욕했죠. 제 몸에 대해 이러쿵저러쿵하며 놀리고요. 저에게 매력 없는 여자라고 말하곤 했어요. 나중에 알았지만 남편은 항상 바람을 피우고 있었더라고요. 전 결국 그와 헤어졌어요. 이제는 상처에서 헤어 나왔지만 더 이상 사랑을 믿지 않아요.

이제는 제가 하는 일에 모든 것을 걸었어요. 제 능력도 인정받았고요. 아이들을 키우고 친구들을 만나고 운동도 하고 여행도 다녀요. 이렇게 혼자 산 지 10년이네요. 애인을 사귄 적이 몇 번 있긴 해요. 하지만 그것도 몇 달이 지나면 끝내버렸죠. 남자들이 저에게 너무 이기적이라고 하더라고요. 그들이 저에게 기대했던 것에 맞춰줬어야 했나 봐요. 제가 다시 사랑할 수 있을까요? 못할 것 같아요. 너무 무서워요. 다른 부분에 대해서는 저 자신을 믿는데 사랑에 대해서만큼은 제 능력을 믿지 못하겠어요."

## 타인의 욕망에서부터 자신이고자 하는 욕망

누군가에게 구속되는 것에 대한 두려움은 이처럼 자신은 물론 타인에 대한 신뢰가 결핍되어버리는 이중적인 현상으로 이어진다. 사람들이 여전히 나를 사랑해줄까? 살아가면서 또 누군가를 사랑할 수 있을까? 다른 사람들이 나를 믿어줄까? 이제는 더 이상 애정 관계가 영원하다는 보장이 없기 때문에 누군가를 만나는 것은 그저 골치 아픈 일이 되어버렸다. 그래서 어떤 사람들은 애정 관계를 아예 피하기도 한다. 지나치게 친밀한 관계는 아예 맺으려고도 하

지 않고 혼자 살아간다. 교사로 일하고 있는 49세의 엘리자베트는
이혼을 했고 아이도 없다.

"지금보다 훨씬 젊었을 때는 항상 남들에게 잘 보이려고 가꿨
어요. 제가 어떤 모습으로 비칠지에 대해 신경을 많이 썼죠.
나름의 효과도 있었고, 저는 늘 들뜬 기분이었어요. 남자가 저
를 좋아하는 것 같을 때면 존재의 의미를 느꼈어요. 그런데 어
느 날 마치 원피스를 훌렁 벗어 옷걸이에 휙 던져버리는 것처
럼 이 모든 것이 사라져버렸죠. 끝나버린 거예요. 더 이상 누
군가를 유혹하려 하지 않았어요. 남자를 기쁘게 하고 싶은 마
음도 없어졌고요. 제 영역 밖의 일이 되어버렸어요. 아쉽다는
느낌도 안 들었어요. 게다가 이제는 누군가를 유혹할 수도 없
어요. 왜냐하면 남자들이 예전처럼 절 바라봐주지 않거든요.
그래도 지금 제 삶은 더 풍부해졌어요. 원할 때는 예전 애인과
관계를 가져요. 또 친구들과 우정도 쌓고요. 지적 활동도 하고
일을 통해서도 기쁨을 느껴요. 하지만 진짜 애정 관계는 만들
지 않아요. 저녁에 퇴근하고 집으로 와서 문을 걸어 잠그고 나
면 전 비로소 혼자라는 사실에 환호하죠. 책 한 권을 들고 침
대에 드러눕는 것도 그렇게 좋을 수가 없어요. 이제는 성욕도
없어요. 아쉽지도 않고요. 가끔 나이 든 애인과 잠자리를 갖긴
해요. 하지만 잠자리 그 이상은 아니에요. 제가 더 이상 욕구
가 없으니 다른 사람의 욕구는 저를 불편하게 하거든요.
일반적으로 전 특별한 욕구가 별로 없어요. 저는 이미 많은 것
을 했어요. 제가 원하는 것도 얻었고요. 직업적으로도, 사회적
으로도, 애정 관계에서도 더 이상 이뤄야 할 게 없어요. 그 누

구에게도 그 무엇도 증명해야 할 이유가 없어요. 제가 해야 하는 것, 제가 잘할 수 있는 걸 하면 돼요. 무언가를 불태워봐야 겠다는 불씨 같은 건 없죠. 무관심한 사람이랄까요? 사람을 만나는 것조차도 그래요. 잘 되면 다행인 거고, 잘 안 되더라도 심각할 게 없어요. 욕망도 욕구도 없는 전 마치 공기 방울 같아요. 사회, 일, 애정 관계에 대해 가지고 있던 환상을 모두 다 잃어버렸어요. **체념주의자**가 되어버렸죠.
저는 아무리 제가 좋아하는 사람이라 하더라도 누군가가 우리 집에 오는 건 싫어요. 마치 제 영역을 침범당한 기분이 들거든요. 아무도 넘어올 수 없는 저만의 공간이에요. 이런 냉담함이 사라져버리기 전까지는 제 삶은 늘 지금과 똑같겠죠?"

그리고 어떤 사람들은 좋지 않은 이유로 고독을 선택하기도 한다. 친밀한 관계에서 실패한 후에 모든 것을 거부하게 되는 것이다. 그래서 고독은 이기주의적 방식으로 나타나기도 한다. 왜냐하면 이런 사람들은 이기주의적인 태도를 통해서 상대에게 의존하지 않을 수 있기 때문이다. 사실 어쩔 수 없는 제약이 뒤따를 때는 모든 유대 관계를 포기하는 것이 더 쉬운 선택이다. 그러니까 모든 인간관계가 필연적으로 지닌 불완전성에서 벗어나려는 것이다. 62세의 작가 크리스티앙은 자신의 선택에 대해 이렇게 변명한다.

"창작을 위해서는 외로워야 합니다. 전 항상 사람들에게서, 심지어 제가 좋아했던 사람들에게서도 벗어나려 했었습니다. 일을 하고 성과를 내기 위해서는 정신을 백지화하고 자유로운 상태가 되어야 했기 때문이죠. 그런데 참 모호한 사실은 사랑

해주는 사람의 존재가 사라진 것과 동시에 사랑하는 사람을
또다시 찾아야겠다는 의욕이 사라져버린다는 것입니다. 무엇
이 먼저 일어나는지는 불분명해요."

　그런데 처음에는 자신을 찾고자 하는 열망이 사랑 때문에 통과의
례처럼 나타났다고 한다면, 그 후에도 계속 타인과의 삶에서 실패
를 겪게 되면 그때는 진짜 고독 속으로 젖어들게 된다. 게다가 그
런 실패 후 동반자 찾기를 완전히 포기한 여성은 여전히 자신의 욕
구를 채워줄 남자를 기다리는 여성보다 고독감을 덜 느낀다고 한
다. 49세의 크리스틴이 심사숙고 끝에 내린 선택이 그렇다.

　"사랑은 힘의 관계에 불과해요. 그래서 전 다시는 사랑에 얽히
고 싶지 않아요. 항상 누가 누구를 유혹하느냐 하는 문제죠.
둘 중에 누가 권력을 잡느냐, 누가 감정적으로 상대를 협박할
수 있느냐, 상대가 떠날까 두려워하고 있는 사람은 둘 중 누구
인가 하는 문제예요. 가끔 사랑이란 걸 다시 시작해볼까 하다
가도 전 자신만의 공간과 고독, 평화가 더 중요하게 느껴지더
라고요. 전 여자끼리의 우정이 더 편해요. 함께 미친 듯이 웃
고 떠들고 마음을 나누죠."

　결국 이렇게 모든 욕구 자체를 꺼버리는 것이다. 더 이상 아무것
도 기대하지 않고 '아타락시아ataraxie, 에피쿠로스 철학에서 말하는 행복을 위한 필수
조건으로, 잡념에서 벗어나 동요 없이 고요한 마음의 상태를 일컫는다.―옮긴이'를 찾기 위해서
다. 다시 말해, 아무에게도 구속받지 않는 평화로운 행복을 통해
마음의 평정을 헤치는 열정에서는 벗어나는 것을 말한다. 하는 일

이나 커플 관계, 또 다른 인간관계에 문제가 생겨 실망했을 때 사람들은 이처럼 총체적으로 감각을 해제하려는 양상을 보인다. 그러면 기존의 욕구는 다른 것으로 대체된다. 더 이상 아무것도 잃을 게 없기 때문에 사람들은 외모에 대한 관심도 떨어지고, 생각 없이 삶에 순응하던 태도에서도 벗어나게 된다. 자기 자신을 찾으려는 욕구가 강화되고 고요함 속에서 성찰의 시간을 갖게 된다.

재무 책임자로 일하다가 지금은 실직 상태인 44세 플로랑은 폭력적인 여성과 살다가 결국 힘겹게 이혼을 했다. 그는 깊게 한숨을 돌리며 더 조화로운 삶의 방식을 따라 살기로 결심했다. 그리고 시골에서 살기 위해 파리를 떠나기로 했다. 그는 자신에 대해 사회성이 부족하고 내성적인 사람이라고 설명한다. 생각하고 독서하고 글을 쓰기 위해서는 고립되어야만 하는 존재라고 생각한다. 플로랑은 이제부터 꼭 필요한 인간관계만 있으면 되니까 피상적인 인간관계는 모두 끊어버리기로 결심했다. 지인 중 90퍼센트는 사실 그에게 별 의미가 없는 존재다. 중요할 것 없는 이야기만 주고받기 때문에 이런 인간관계는 그를 지루하게 만든다.

플로랑은 고독을 찾는 자신의 성격은 어린 시절의 대화 부족에서 비롯됐다고 설명한다. 그의 아버지는 알제리 전쟁에서의 상처가 있었고, 상당히 과묵한 성격이었다. 플로랑의 가족은 서로 대화가 없었고 식사 중에는 정적을 가리려 텔레비전을 틀어놓았다. 플로랑은 결국 자신이 스스로 대담하고 용기 있는 사람이라는 것을 의식하는 삶으로 변해가야 했다. 그에게는 자신을 찾는 일이 꼭 필요했기 때문이다.

## 불안한 세상에서 벗어나다

수많은 현대인은 혼잡한 생활과 타인에 의한 방해를 점점 더 견디지 못한다. 이제 삶의 질은 고요, 자율, 사생활에 따라 결정된다. 이런 것이 보장된다면 그들은 비록 도심과 거리가 멀고 교통이 불편하다 하더라도 정원이 있는 독립적인 집에서 살고 싶어 한다. 게다가 커플도 혼자만의 시간을 가질 수 있는 각자의 방을 중요시하면서 개인적인 공간을 보호받으려고 한다. 강압적인 가부장제가 해체된 후, 시대는 우리에게 실제로 개인의 자유를 가져다주었다. 하지만 개인이 홀로 직면할 수 있는 확신을 충분히 가지고 있지 않다면 위에서 말한 모든 자유는 지속적으로 자아를 위협할 수 있다. 단순하게 단지 실패를 겪었다고 해서 감정으로부터 피신하게 되는 것은 아니다. 종종 자기 내면에서 일어나는 충동이 위협으로 느껴지기도 한다. 자신이 너무 예민해질 것을 두려워하거나 자신의 연약함이 그대로 노출될 거라고 두려워하게 되고, 애정 관계 안에서는 욕구가 채워질 수 없다는 생각에 피하고 싶어 하는 것이다. 그래서 때로는 플로랑처럼 삶의 전면적인 변화를 꾀하기도 한다.

> "저는 아무것도 되기 싫어요. 피상적인 모든 것이 사라져버릴 때까지 숨고 싶고, 더 이상 그 어떤 것에도 꼬투리를 잡히고 싶지 않고, 오로지 내면에 전적으로 집중하고 싶어요. 하나의 불빛으로 묵묵히 길을 비추는 등대지기처럼 쓸데없고 불필요한 것 때문에 정신을 잃고 있고 싶지 않아요. 읽을 수 있고 생각할 수 있고 바다를 바라보고 싶었어요. 자신이 누구인지 잊게 하는 의미 없는 것들에 빠져 있고 싶지 않았어요."

물론 고독이란 것은 원칙적으로 더 자유롭다. 하지만 고독을 선택하면 그만큼 더 약해지고 더 외롭다. 남성처럼 여성도 인간성을 상실하게 하는 가부장제의 노골적인 억압에서 벗어나지 못해서일까? 현대 사회에도 더 넓게 확산되어 벗어나기 힘든 상품과 경쟁의 억압이 있다. 어떻게 보면, 이것은 독일 사회학자 페르디난트 퇴니에스Ferdinand Tönnies, 1855~1936의 놀라운 직감이었다. 1887년, 그는 미래 사회가 경제적으로는 더 효율적으로 변하겠지만 심리적으로는 허약해질 것이라고 예언한 바 있다.[1] 그는 전통 사회에서 가능했던 혈연, 애정, 존중, 두려움을 바탕으로 한 인간관계는 현대 사회로 가면서 계약과 이익을 기반으로 한 합리적 질서 관계로 대체된다고 했다.

사실상 각자의 인생의 성과를 위주로 하는 사회가 확대될수록 "그래 봤자 무슨 소용이야?" 하며 좌절하는 개인은 더 늘어날 수밖에 없다. 그 결과 모든 욕구는 사라지고 일종의 절망에 빠지는 현상이 나타나는 것이다. 계약직 그래픽 디자이너인 28세의 토마는 이런 경우를 적나라하게 보여준다.

"저는 제 마음의 상태를 돌아볼 여유가 없는 체제에 있었어요. 마치 로봇처럼요. 일을 하고, 퇴근을 하고, 조금의 소비를 하고……. 외출을 하려면 돈이 있어야 하는데 여유가 없었어요. 사람들은 더 이상 절 찾지 않았죠. 어쨌든 전 아무도 만나고 싶지 않았고, 만남을 가져도 성욕도 환상도 두근거림도 없었어요. 제가 더 이상 일을 하지 않게 되고, 희로애락이 끝나버리면, 전 어디에 쓸모가 있을까요?"

하지만 한편으로는 이런 현상과 직면해도 좌절하지 않는 사람들도 많이 있다. 이들은 지쳐서인지 단지 더 이상 아무것도 증명할 필요가 없어서인지 모르지만, 경쟁 사회에서 모든 세대에 걸쳐 많은 사람이 서로 어쩔 수 없이 행하는 상대에 대한 평가를 거부하는 것은 물론, 상대가 자신에 대해 평가하는 것도 거부한다. 그리고 그들은 어차피 가장 강한 사람, 가장 아름다운 사람, 가장 부유한 사람이 이기게 될 권력의 게임에서 물러선다.

이렇게 되면 다른 사람들이 무슨 생각을 하는지에 대해 신경 쓰지 않을 수 있다. 하지만 이러한 태도를 유지하기는 쉽지 않다. 일상적인 사교의 공간까지 감소하고 있는 데다가 점점 더 사람들이 대기업의 사탕발림과 직원들을 친밀하게 만들어준다는 핑계로 치르는 거대한 의식으로 형성되는 가짜 관계를 경계하고 있기 때문이다. 그리고 모두에게 많건 적건 똑같은 것을 제공하거나 비현실적인 방법으로 우리의 욕구를 충족하라고 제안하는 전략에도 당연히 경계심을 드러낸다.

비록 많든 적든 공생의 새로운 형태가 은밀하게 고안되고 있다고 하더라도 시골이건 도시건 대부분의 사회 계층에서 기존 제도와 집단에 대한 무관심이 나타나는 것이 일반적인 경향이다. 아마 동족결혼의 전통이 엄격하게 지켜지고 있는 최고 부유 계층은 제외일지도 모른다.

매우 드물지만 평균적이고 대중적인 계층에서, 특히 젊은 층에서는 공통점을 가진 사람끼리 무리를 짓기도 한다. 많은 사람이 점점 인간관계의 범위를 좁힌다. 남성과 여성은 구속되는 걸 거부한다. 출신의 차이가 문제가 아니라 서로 친밀해지는 관계를 받아들이는 것을 힘들어한다. 점점 더 우리 사회는 소외된 개인들로 구성되어간다. 이렇게 소외된 개인들은 자유의지를 가지고 이익이나 공통점을 찾아 이런저런 무리에 속하게 된다. 다음은 34세의 교사 레프의 이야기다.

"사람들은 타인과 부분적으로 소통하죠. 불완전은 어쩔 수 없는 거예요. 그래서 하나의 관계는 또 다른 관계를 가치 있게 만드는 효과가 있어요. 사람들은 자신과 다른 수없이 많은 사람으로 인해 부분적이지만 매우 강렬한 경험을 할 수 있어요. Y가 부족하다고 해서 X의 부족을 더 곤란해 할 필요는 없지 않나요? 하나가 부족하다고 느끼면 다른 것으로 채우면 되니까요."

그렇다면 사람들은 왜 애정 관계나 사회적 또는 정치적인 이유로 지속적으로 인간관계에 매여 있는 것일까? 대부분의 현대 사회를 관통하는 이러한 이탈에 관한 하위 이데올로기는 취약하지만 융통성 있고 다음 시대의 전조 격인 일시적인 이데올로기를 남긴다. 또한 예전만큼 규범적이지 않은 이런 하위 이데올로기는 전면적이고, 개인적 또는 사회적인 이탈만큼 '계약 커플'과 같은 일시적인 구속 관계를 발생하게 한다. 시대의 부정한 요소들에 대해 대항은 하지만 여전히 내일을 보장받지 못해 반란을 꾀하는 성격을 지닌 관계들처럼 말이다. 우리에게 정면으로 바라보고 이해하라고 강요하는 이 시대의 혼란 속에서 이탈의 근본을 가장 은밀하게 드러내고 있는 것 중 하나가 바로 섹스 없는 삶일 것이다. 지금까지는 이에 대해 부수적으로만 다뤘지만 다음 장에서는 더 자세히 이야기하겠다.

사랑은
그 안에 성적인 것 대신
감상적인 것이 놓일 때
외설적이다

롤랑 바르트, 《사랑의 단상》

사랑은
그 안에 성적인 것 대신
감상적인 것이 놓일 때

# II
# 섹스 없는 삶

성적 금욕은 의식적인 선택의 결과일 수 있고, 욕구나 상대가 없어서 어쩔 수 없이 선택한 결과일 수도 있다. 우리가 지금까지 봐왔듯이 우리의 삶은 우리에게 점점 더 오랜 기간 고독을 가져다주고 있다. 우리는 그 시간만큼 금욕할 수밖에 없기 때문에 이것을 달게 받아들여야 할 것이다.

## 성생활은 필수적인가?

우리 사회는 성적인 측면이 강하게 부각되고 있으며 성이 마치 상품처럼 취급되고 있다. 사람들은 인터넷 사이트에서 만남을 팔고, 잡지는 어떻게 하면 솔메이트를 찾을 수 있는지 알려준다. 광고는 이 옷이 당신을 더 매력적으로 보이게 할 것이며, 이 화장품을 사용하면 계속해서 젊음을 유지할 수 있고, 심지어 이 마법의 약을 복용하면 더 환상적인 섹스를 즐길 수 있을 것이라면서 찬사를 아끼지 않는다. 작가 미셸 우엘벡Michel Houellebecq, 1958~에 따르면, 우리가 응집하는 이유는 우리의 유한성을 잊기 위해서다. 삶은 허무할 뿐이다. 끝없이 섹스하면서 우리는 결핍을 몰아내려고 애쓰지만 결국 일시적인 만족에 머무를 수밖에 없다.

여느 다른 시장에서 나타나는 까다로운 소비자들의 행동 양상은 성과 관련된 분야에서도 똑같이 나타난다. 이제 성적 쾌락은 보장받은 것이나 다름없다. 지금은 발기 부전을 치료하기 위해 우선 처방되는 약품인 비아그라와 시알리스가 "난 내가 원할 때, 원하는 곳에서 언제나 섹스가 가능해!"라는 식으로 섹스에 대한 불안을 일시적으로 완화하는 데 사용되고 있다. 이러한 약품의 사용은 워낙 보편화되어서 2006년 프랑스 일간지인 《르몽드Le Monde》는 그 어떤 비판과 제약도 받지 않고 성적 행복을 위한 새로운 알약에 지면 두 쪽을 할애했고,[1] 어떤 주간지는 커버에 싣기도 했다. 시장을 확장하기 위해 제약 산업은 새로운 증상을 만들어낸다. 여성용 비아그라를 판매하려는 제약 회사에 따르면, 18세에서 59세 사이의 여성 중 43퍼센트가 **여성 성 기능 장애**가 있다고 한다.[2]

쾌락을 마음껏 채울 수 있는 성생활은 우리 시대의 표준이 되었고, 우리의 육체는 단순히 쾌락을 위해 성능을 개선해야만 하는 기계처럼 여겨진다. 더욱 자극적인 섹스를 즐기기 위해서는 잡지에서 조언하는 대로 잘 따라야 하고, 성 놀이 기구를 구입해야 하며 성 기능에 문제가 있을 때는 마법의 약의 힘을 빌려야 한다. 불감증은 수치스러운 질병으로 인식되어 절대적으로 치료를 받아야 하는 무능의 증상으로 비친다. 남성은 직장에서처럼 침대에서도 결과에 따른 의무에 복종해야 하는 기분을 느끼고, 그에게 기대하는 수준에 못 미치면 쫓겨나게 될까 봐 두려워한다.

몇몇 미디어들이 '자유롭게 즐겨라!' 라는 제목으로 성적인 주제를 내세워 우리를 사로잡을 때 사람들은 '성적 빈곤'을 들먹이면서까지 섹스에서 소외된 사람들을 불쌍하게 여긴다. 우리를 찾아오는 환자들이 성적인 욕구 불만에 대해 불평하는 경우가 종종 있는 것은 사실이다. 하지만 정작 진짜 문제는 감정의 소외에 있다. 1998년, 미셸 우엘벡은 그의 첫 소설에서 섹스 소비 시장의 냉혹함을 지적하는 선구자적 역할을 했다. "지나친 경제 자유주의처럼 아날로그적인 이유로 성적 자유주의는 절대적 빈곤 현상을 일으킨다. 어떤 이들은 매일 섹스를 하고 또 다른 이들은 삶 전체를 통틀어 겨우 대여섯 번의 경험을 하거나 아예 경험하지 못하기도 한다. 어떤 사람들은 수십 명의 여성과 사랑을 나누고, 또 어떤 사람들은 아무하고도……. 이것이 바로 시장의 법칙이다."[3]

섹스는 위생학적 기능이 되었다. 섹스를 하는 것은 몸매를 위해서도 피부를 위해서도 좋은 것이라고 한다. 하지만 성적 자유화가 오히려 성욕의 감소 현상을 일으키기도 한다. 더 이상 욕구가 없다. 왜냐하면 모든 것이 가능해졌기 때문이다. 지나친 성생활이 이처럼 아예 성을 제거하는 결과를 가져왔다. 우리는 점점 더 많은 사람이 술과 담배를 끊듯 섹스를 끊는 것을 볼 수 있다. 이제 안락의 문제가 더 중요한 것이다. 모든 것이 손이 미치는 거리에 둥지를 틀고 있다. 더 이상 필요한 것은 아무것도 없다. 그러니 유혹에서도 계속해서 멀어진다. '항상 더 많이' 식의 삶에서 벗어나게 되는 것이다.

53세의 크리스틴은 여성 사이에 분 1968년의 성 자유화 바람을 겪었다. 이 시대의 여성들은 욕망을 제어할 필요가 없었기 때문에 모든 것을 시도해볼 수 있었다. 여성과 섹스를 하기도 했고 여러 명이 섹스를 하기도 했다. 나이트클럽에 다녀오면 크리스틴은 매번 다른 남성과 돌아오곤 했다. 크리스틴은 "사람들은 불안과 질투에 가슴이 터질 것 같아도 애써 상대를 독점하려고 안달하지 않으면서 품위를 잃지 않았죠"라고 그때를 회상한다.

크리스틴은 충분히 성생활을 즐겼고, 어느 날 극단에서 극단으로 치닫게 되자 결국 섹스를 끊게 되었다. "사람들에게 섹스가 의무가 된 것은 성 자유화를 경험했기 때문이 아니었어요!" 크리스틴이 섹스를 하지 않고 지낸 지는 10년이 넘었다. "제가 그리운 건 섹스가 아니에요. 전 애정이 깃든 몸짓이 그립고 절 갈망하는 눈빛으로 바라봐주는 게 그리워요. 지금 저는 사랑에 대해 말하고 있는 게 아니에요. 전 이미 사랑에 대한 환상을 모두 잃어버렸어요. 육체적인 모든 것을 버린 셈이죠. 춤과 운동만 빼고요. 이제 더 이상 자위도 안 해요. 모든 것이 머리에 집중되어 있어요. 다시 공부하기 시작했고 친구들과 토론하는 것이 좋아요. 성가시게 하는 상황을 피할 수 있는 보호 시스템을 다시 정비했어요."


성적 욕구에 대한 강렬한 충족을 통한 절대적 행복 추구는 궁극적인 목적이었지만 성생활이 **잡동사니 쓰레기**처럼 변해버리는 순간, 더 이상의 욕구는 없다. 베스트셀러 《카트린 M의 성생활La Vie sexuelle de Catherine M》(2001)의 유명 작가 카트린 밀레Catherine Millet, 1948~

는 인터뷰에서 다음과 같이 말했다. "내가 점점 내 몸을 잘게 썰면 썰수록 난 내 행위들을 잘게 썰게 되고 나 자신에게서 더 멀어지죠." 실제로 육체의 범람으로 인해 감정도 사라졌고 정서도 사라졌다. 오로지 육체의 작동만 남았을 뿐이다. 우리 시대는 성별의 차이를 제거하려고도 한다. 작가 미셸 슈나이더Michel Schneider, 1944~는 이에 대해 "여성성과 남성성은 서서히 혼합된다. 남성과 여성은 서로 무엇을 기대하고 있는지 더 이상 알지 못하면서 성적인 만남을 피하기 위해서는 무엇이든 할 준비가 되어 있다"[4]라고 말했다.

여론 조사 기관 입소스Ipsos의 2004년 6월 조사에서 여성 응답자 25퍼센트와 남성 응답자 15퍼센트가 여러 달 전부터 실질적으로 성관계 없이 살아왔다고 대답했다. 그리고 그들 중 26퍼센트는 성에 대해 무관심한 것으로 나타났다. 성의학자 필리프 브르노Phillippe Brenot는 60대 커플 중 50퍼센트가 더 이상 성관계를 하지 않는다고 예상했다.[5] 1992년의 한 연구에서는 남성의 6.2퍼센트와 여성의 12.4퍼센트가 성관계를 가지지 않는다고 답한 것으로 나타난다. 1992년에 시행된 또 다른 공식 조사 ACSFAnalyse des comportements sexuels en France, 프랑스 성 행태 분석에 의하면, 30세에서 34세 사이의 여성 2.7퍼센트와 남성 1.9퍼센트, 35세에서 39세 사이의 여성 2.5퍼센트와 남성 2.3퍼센트는 성적으로 활동하지 않는 것으로 나타났다. 그리고 미국의 한 연구는 성인 인구의 2퍼센트가 성 경험이 전혀 없는 것으로 나타났다.

성욕의 감소는 의학적 이유와 연관되어 있을 수 있다. 외과적 수술을 통해서 자궁을 들어내는 자궁 적출 수술 후에는 테스토스테론이 급작스럽게 증가해 성욕이 감퇴된다. 두 명 중 한 명의 여성에게서 이런 현상이 나타난다. 성욕 감소는 호르몬에 의해 어느 정도 설명이 가능하지만 많은 사람이 이를 부정하려고 한다.

## 욕구가 감퇴할 때

그렇지만 이런 수치는 우리에게 불분명한 정보를 줄 뿐이다. 사실 솔메이트를 만나지 못했지만 굳이 일시적인 만남으로 시간을 낭비하고 싶지 않은 고학력 젊은 여성과, 모든 욕구는 잃어버렸지만 커플 생활은 유지하고 싶어 하는 여성에게서 드러나는 문제는 똑같지 않다. 10년 또는 20년간 성관계를 갖지 않은 여성들은 우리에게 스스로 성생활이 결핍되었다고 느끼지 않으며 어떻게 보면 감각이 마비된 것 같다고 털어놓는다. 그녀들은 단지 애정 관계에 대한 향수가 있을 뿐이라는 것이다. 게다가 미디어는 마음의 고독과 육체의 고독의 경계를 너무 흐리게 만들고 있다. 그런 이유로 《르누벨 옵세르바퇴르》에 위베르 프롤롱고Hubert Prolongeau가 기고했던 것처럼 남성 기자들은 실례를 근거해 섹스 없는 삶에 대해 환기하면서 성적 결핍보다 고독에 대해 더 많이 이야기한다.[6]

남성과 여성은 성적 관계의 결핍을 같은 방식으로 경험하지 않는다. 사람들이 고독에 대해 이야기할 때, 남성은 성적 결핍을 생각하지만 여성은 인간관계의 공허함을 떠올린다. 제라르 메르메Gérard Mermet에 따르면, 남성의 50퍼센트는 여러 달 동안 성관계를 하지 않고 견디기는 어렵다고 생각하지만 여성은 34퍼센트만 그렇게 생각한다고 한다.[7] 여성의 26퍼센트와 남성의 18퍼센트는 성 관련 어려움을 겪지 않는다. 이러한 수치의 격차는 남성보다 여성이 섹스를 끊는 경우가 더 많다는 것을 말해준다. 여성은 사랑을 원하지 섹스를 원하는 것이 아니다. 하지만 많은 남성에게 자신의 사랑을 표현하는 방법은 곧 섹스다. 그런데 섹스를 끊는 것에 무관심하다고 여기는 남성 중 23퍼센트도 더 이상 성관계를 갖지 말아야겠다고 결심하니 마음이 가벼워진다고 대답했다.

성생활의 결핍으로 힘들어하는 사람 중에는 휴가 동안의 만남을 통해서만 성관계를 하는 소심한 성격의 미혼자들도 있다. 또한 커플이지만 상대에게서 잊혔거나 버림을 받은 사람들도 있고 다른 외부 관계에서 사랑을 찾는 데 힘들어하는 남성과 여성도 있다. 크리스틴의 경우를 보자.

"사람들이 아직 제 나이의 여성에게도 관심이 있나요? 저는 성이란 미학적인 측면이 강하다고 생각하거든요. 늙고 못생긴 사람이 섹스하는 모습은 상상할 수가 없어요. 아침에 부은 눈으로 일어났을 때 전 속으로 생각해요. 이런 제 모습을 보는 남자가 없는 게 다행이라고요. 저는 섹스 상대를 생각할 때 완벽한 그림을 떠올려요. 하지만 실제로는 전혀 완벽하지 않은 남자들과 잠자리를 했었죠. 저는 나이 든 남자와 관계를 가지는 게 더 좋아요. 왜냐하면 그런 사람은 스스로 못났다고 생각하기 때문에 저에 대해 부정적인 판단을 내릴 수 없거든요. 만약 당신이 20년 전부터 같은 사람과만 살았다면 경우가 좀 다를 거예요. 둘이 함께 늙어가는 거잖아요. 그런 관계라면 애정이 있고 함께해온 과거가 있기 때문에 둘 사이에는 상대를 평가하려는 마음보다 관대함이 있겠죠."

사실 시간이 지날수록 성관계의 빈도수가 감소하는 것은 피할 수 없다고 해도 과언이 아니다. 어떤 사람들은 이를 체념하고 받아들이지 않고 성의학자를 찾아간다. 하지만 이 경우는 두 사람 모두에게 현재 상황을 개선해야겠다는 의지가 있어야 한다. 그리고 종종 커플의 위기는 잠자리에서 해결되기도 한다. 그런데 어떤 여성들은 자신이 관계를 원하지 않는다 할지라도 폭력적인 상대의 욕구를 채워주기 위해서 잠자리를 받아들이기도 한다고 고백한다. 여성에게 성욕은 상대 남성과 좋은 관계가 유지될 때 따라오는 결과라고 한다면 남성에게는 조금 다르다. 많은 남성은 둘의 관계는 섹스를 통해서 화해로 이어질 뿐이라고 생각한다.

규칙적으로 성관계를 갖는 데 익숙했던 사람들은 이별 후, 성적 결핍과 감정 결핍으로 힘들어한다. 하지만 원칙적으로 시간이 지나면 성욕은 무뎌지게 되어 있다. 왜냐하면 섹스의 빈도수가 줄어들수록, 섹스하고 싶은 욕구도 줄어들기 때문이다. 흔히 여성이 남성보다 섹스 결핍을 더 잘 견딘다고 한다. 그리고 여성은 새로운 만남 전에 이전의 만남에 대한 상처가 낫기를 기다릴 줄 안다. 왜냐하면 여성은 성생활에서 자기가 소외되는 것을 걱정하기 때문이다. 크리스틴은 이렇게 말한다.

"53세의 저는 커플로서의 삶이 끝났어요. 성적인 차원에서 완전히 퇴물이 되었죠. 젊었을 때는 정말 많이 만났습니다. 즐기고 유혹하면서요. 하지만 잘 생각해보면 그저 감정 없는 섹스 기계 같았죠. 너무 제가 저한테 관심도 없는 사람들과 관계를 한 걸까요? 지금 저는 모든 것에서 멀어진 느낌이에요. 아직 꿈도 있고 환상도 간직하고 있는데 말이죠. 이제는 더 이상 노력하고 싶은 생각도 없어요. 이 생각을 감히 입 밖으로 내뱉지는 못하지만요. 왜냐하면 이 좋은 걸 안 하려는 사람은 이 세상에 저밖에 없는 것 같거든요. 성생활을 하지 않는다고 하면 마치 실직자같이 생각되죠. 한 번 멈추면 다시 시작하기가 어렵거든요. 성생활을 다시 시작한다는 게 두려워요. 더 이상 아는 게 아무것도 없는 사람이 되어버린 것 같기 때문이에요."

미디어가 일시적인 만남을 부추기하고, 성적 쾌락을 더욱 자극적으로 즐길 수 있는 조언을 쏟아내는 시대에 우리는 욕구가 둔화되고 병리적 성적 결핍이 나타나기 시작하는 것을 본다. 어떤 남성들은 걱정스러워한다. 사람들은 여기저기서 그들에게 유능함을 보여달라고 요구하고 여성들은 만남이 마음에 들지 않으면 주저 없이 떠날 정도로 자립적이다. 그래서 남성들은 성적으로 문제가 생기면 사랑의 시장에서 제외될까 봐 두려워한다. 남성들은 여성들이 무엇보다 섹스를 기대한다고 생각하며 잠자리에서 능력을 보여야 여성을 만족시킬 수 있다고 생각한다. 62세의 크리스티앙의 이야기를 들어보자.

"성적인 문제에서 저는 정확히 간조 상태예요. 저에게는 이제 성생활은 없어요. 하지만 여전히 섹스에 대한 꿈을 꿔요. 자신에 대한 자부심이 없어도 성욕을 가질 수 있을까요? 일정 나이가 지나면 사람들은 무엇을 내세워야 할까요? 60세가 지나면 사람들은 예전보다 성적인 부분에 대해 덜 기대하죠."

어떤 남성들은 여성의 성욕은 만족할 줄 모르고 끝이 없다는 환상이 있다. 왜냐하면 여성은 연속해서 오르가슴을 느낄 가능성을 지니고 있기 때문이다. 그런데 여성들의 말을 들어보면, 여성들이 원하는 것은 거기에 있지 않다. 여성들은 한 남성에게 많은 것을, 아니 아마 지나치게 많은 것을 기대한다. 하지만 일상생활에서 남성이 여성을 실망시키고, 역할 분담에서 여전히 전통 사회에 머물러 있다면 여성들은 남성이 침대에서만이라도 만회하길 바란다. 하지만 여성들이 정말 원하는 것은 남성이 일상생활에서도 침대에서도 주의 깊게 행동하는 것이다.

성적 쾌락으로는 감정에 직면했을 때 찾아오는 공황 상태를 해결할 수 없다. 우리를 찾아오는 환자들은 특히 관계와 교류의 부족 그리고 온기와 애정의 부족에 대해 불평을 털어놓는다. 그들은 동료애를 찾고자 한다. 그들은 관계 속에서 애정과 안정감을 느낄 수만 있다면 성적으로는 부족한 관계라 할지라도 기꺼이 받아들이겠다고 생각한다. 사람들이 성적이라고 말하는 관계에서 여성들에게 가장 중요한 것은 바로 감정이다. 치료를 받는 여성들도 남성들과는 반대로 성에 대한 이야기는 거의 하지 않는다.

브누아와 아니는 30세 이후부터 결혼 생활을 유지해오고 있으며 아이가 둘이다. 이 두 사람에게 성생활은 결혼 초부터 그리 중요한 게 아니었다. 브누아는 조루증 환자이고, 아니는 뜨거운 애인이기보다는 한 가정의 엄마로서 살아가고 있다. 그럼에도 둘 사이는 매우 견고하며, 둘은 서로에게 깊은 애정을 느꼈다. 그러다가 브누아는 직장에서 권유한 자기 계발 연수에 참여하게 되었는데, 이를 계기로 달라졌다. 브누아는 새로운 형태의 삶을 경험해보고 싶어졌다. 결국 브누아는 자기보다 훨씬 어린 여성과 뜨거운 관계를 갖게 되었다. 그런데 그는 자신도 어쩔 수 없는 우울한 기분에 빠져버렸고 결국 정신병원에 입원해야 했다.

퇴원 후 브누아는 자신의 상황을 검토해보았다. "저는 뜨거운 열정에 맞는 사람도 무절제에 맞는 사람도 아니에요. 아내와 저는 부족한 사람이죠. 저는 멋진 애인이 아니고, 아내는 뚱뚱한 몸매에 열등감이 있고요. 사실 우리 둘의 균형은 바로 여기에서 비롯된 거예요."


## 무성애에 대한 요구

금욕이 세상에서 중요한 위치를 차지하게 되었다. 금욕하는 사람들이 금욕에 대해 알리기 시작했다. 2001년, 23세의 미국 청년 데이비드 제이David Jay가 AVENAsexual Visibility and Education Network, 무성애자 드러내기와 교육 네트워크[8]라는 사이트를 개설했다. 이 사이트의 목적은 무성애적 태도를 변호하고, 죄책감과 고통 속에서 숨어 사는 많은 사람에 대해 이야기하는 것이다. 이것은 청교도적이나 종교적인 운동이 아니다. 그리고 1990년대 미국에서 에이즈, 성적 전염병 그리고 청소년 임신을 막으려고 청소년을 통제하기 위해 대대적으로 펼쳤던 새로운 윤리의 금욕과도 구분된다. '진정한 사랑 기다리기True Love Waits'와 같은 여러 단체는 대학 캠퍼스 내에서 금욕 운동을 펼치는 데 노력을 아끼지 않았다. 그리고 240만 명의 젊은이들이 침례교회를 통해 혼전 순결을 서약하기도 했다.

그런데 무성애자들에게 성이란 금욕이나 순결의 문제가 아니다. 이들은 성 자체에 관심이 없다. 여성 만화가 마이테나Maïtena는 "나는 최근에 프낙에서 침대에서의 최고의 상대를 발견했다!"라는 스페인어 광고 문구가 적힌 가방 위에 한 여성을 표현했다. 무성애적 남성들과 여성들은 마이테나가 그런 여성처럼 기꺼이 좋은 책 한 권과 성행위를 교환할 준비가 되어 있다.

무성애자들은 성생활이 필수적이라고 생각하지 않는다. 누군가 섹스 없는 삶을 전혀 불편함 없이 있는 그대로 받아들이고 있다면, 사회가 왜 그에게 적합하지도 않은 표준을 강요해야 하는가? 무성애자 중 일부는 타인과 가까워져야 할 필요성도 전혀 느끼지 못하며 자신을 외로운 사람으로도 생각하지 않는다. 또 어떤 사람들은 다른 사람들과 정을 나누며 풍요로운 인간관계 속에서 살기는 하지만 '성행위'라는 삶의 방식을 필요로 하지 않는다. 욕구가 없어서가 아니라 의식적인 선택에 의해서다.

바로 얼마 전까지만 해도 동성애가 변태 성욕 사이에서 정신 의료상의 문제로 분류되어 있었던 것처럼, 성관계를 갖지 않는 선택은 지금은 이상한 일로 여겨지며 정신 질환으로까지 생각되기도 한다. 여러 잡지가 현 풍조에 따라 성을 소비하라고 부추기고 있는 상황 속에서, 욕구의 결핍은 일종의 심장 빙화 현상인 감정 기능 장애라고 여겨질 뿐이다. 게다가 이런 사회적 분위기는 무성애자들이 자신의 순결을 주위 사람들에게 떳떳하게 말하지 못하게 만든다. 경영진으로 일하는 54세인 이사벨의 이야기다.

"제가 보기에 저는 충분히 매력적이에요. 그런데 제가 만났던 남자들은 저에게 실망했어요. 이제 저도 헛된 만남에 시간을 낭비할 생각이 없어요. 직업적으로 매우 활발하게 활동하고, 저녁에 외출도 자주 하고, 여행도 종종 다니며 살고 있기 때문에 사람들이 제 애정 생활에 대해 물으면 별다른 대답을 하지 않아요. 의구심을 갖도록 내버려두죠. 아무도 제가 6년 전부터 성관계를 갖지 않았다고는 생각하지 못해요."

　그런데 섹스에 전혀 관심을 두지 않는 무성애자들 외에 성생활은 유지하는 무성애자들도 있다. 그들은 성관계를 많이 가졌고, 가끔은 다양한 경험도 해보았다. 하지만 다양한 이유로 무성애적 삶을 살게 된 것이다. 그들은 성행위 자체에 대해서는 반감을 갖지 않는다. 더 이상 큰 흥미가 없어서 다시 흥미를 느끼려면 엄청난 노력이 필요할 것이다. 다음은 58세의 은행원 모니크의 이야기다.

　　"전 결혼도 했었어요. 아이들도 낳았고요. 이혼 후에 남자도
　　사귀었지만 성적인 관계를 통해 제가 얻을 수 있었던 만족이
　　관계 속에서 느꼈던 억압을 보상해주지는 못했어요. 지금은
　　더 이상 그런 관계를 갖지 않고 다른 방법을 택했죠. 저는 책
　　을 읽고, 여행을 하고, 친구들과 우정을 나누는 게 더 좋아요."

　또 어떤 사람들은 짐처럼 느껴지는 섹스라는 오만한 충동에서 벗어났다고 생각한다. 그들은 삶을 정화하기로 마음먹는다. 다시 말해, 그들은 성적 욕구를 지적 활동이나 예술 활동, 직업 활동 등으로 대체한다. 정화를 위해서는 충동이 일 때 상당한 금욕이 필요하지만 이것은 보상을 얻기 위한 선택이다. 캐나다인 역사가 엘리자베스 애벗Elisabeth Abbott은 "성생활의 부재로 인한 불편함을 감수하면 훨씬 더 다양한 삶의 가능성과 새로운 행복이 찾아온다"[9]라고 말했다. 성생활을 하지 않는 순간부터 다른 모든 감각의 쾌락은 특별한 힘을 갖게 되고 특히 자아로서의 의식이 강렬해지는 새로운 세계가 열린다. 성욕의 에너지는 본성과 우정, 창의력으로 대체된

다. 이런 사람들은 헛된 인간관계로 자신들의 시간을 낭비하고 싶어 하지 않는다. 그들은 성관계의 부재를 더욱 풍부해지는 내면을 통해 보상받는다.

한편, 또 다른 사람들에게 정절이란 일종의 식욕 부진과 비슷하다. 즉 탐욕으로 가득 찬 과소비를 거부하는 대안적이고 세계화적인 사고와 흐름을 같이하는 방어적 반응이라고 볼 수 있다. 자아의식이 강한 사람은 욕망이 비집고 들어갈 자리가 없다. 사회심리학자 알랭 에른베르는 모든 분야에서 성공해야 한다는 지령에 직면해 있는 삶에 대해 묘사했는데, 이런 삶에 처하면 우리는 무능력을 실감할 수밖에 없다.[10] 이러한 무능력은 식욕 부진 같은 성적 방어와 의미상으로 통한다고 할 수 있지 않을까? 또한 점점 더 많은 여성이 성생활에 무관심해지는 것을 볼 수 있는데, 그 이유는 성적 본능이라는 것이 그녀들에게는 바로 남성들에게 정복되었던 실마리였고, 아직도 어떤 남성들은 섹스를 지배의 도구로 여기고 있다고 인식하고 있기 때문이다.

커플에게 섹스는 사람들이 말하는 것보다 훨씬 덜 중요한 요소다. 그리고 새롭게 펼쳐지고 있는 사회적 운동이 있다. 바로 교회가 '부부의 정절'이라고 부르는 날로, 성적 활동 없는 날을 말한다. 이는 커플의 삶은 정조와 상대에 대한 존중, 깊은 사랑이 큰 바탕이며 거기에 성생활은 아주 작은 부분을 차지하고 있다는 것을 의미한다. 이런 커플은 자신들의 성욕을 다른 분야로 대체한다. 그리고 너무 느려서 어찌 보면 아무것도 아닌 것 같은 접촉을 자주 하며 둘 사이의 조화를 찾는다. 그들은 갑자기 허기를 채우듯 성욕을 채우려 드는 남성 우월적 성욕에 대해 고발하고 욕망의 가치를 새롭게 하길 원한다. 개인이 그의 남편이나 아내와 함께 형성하고자 하는 관계에는 섹스만 있는 것이 아니다. 성적이지 않은 사랑도 있고 사회적으로 규정할 수 있는 관계도 있다. 따라서 무절제한 충동적 삶을 제어하는 것은 순수함과 숭고함, 고결함의 가치를 드높이는 것으로 받아들여진다.

사실 무성애적 커플은 항상 존재했었다. 예를 들면 삶의 한가운데에서 부부의 위기 후에 이런 방식의 커플의 삶이 나타났다. 하지만 이제는 다르다. 30대의 젊은 커플들이 스스로 이러한 선택을 한다. 그들에게 섹스란 부차적인 활동일 뿐이다. 그들은 직업이나 조직 생활에서 발전하는 삶을 더 선호하는 편이다.


## 무성애는 신경증이 아니다

무성애는 이성애나 동성애 또는 양성애와 같은 성적인 경향일까? 아니면 성적 충동의 억제일 뿐일까? 이에 대한 연구가 시작된 것은 최근의 일이다. 이전까지는 무성애나 성적 비활동의 개념이 연구적 차원에서 이루어지지 않았다. 그런데 1990년대 미국의 연구팀이 다음과 같은 연구 결과를 내놓았다. 성적으로 성숙할 때까지 암양 없이 지냈던 젊은 숫양들을 암양들과 함께 울타리에서 열여덟 번을 지내게 했는데 10퍼센트가 여전히 암양에게 무관심했다고 한다. 그리고 곧이어 숫양을 암양과 함께 지내게 하면 그중 2퍼센트에서 3퍼센트가 숫양에게든 암양에게든 그 어떤 관심도 표현하지 않았다고 한다. 이 같은 결과는 인간 사이에서 나타나는 무성애의 수치와 거의 일치한다.

결과가 어찌 됐든 정신분석학자들과 성의학자들이 염려하는 부분이 바로 이 부분이다. 만약 성에 대한 관심을 완전히 잃어버렸다고 하면 반드시 **문제**를 해결하는 데 도움을 줄 전문의를 찾아야 한다. 의사들은 성생활이란 인간의 삶의 중심에 있으며 성생활의 부재는 인간의 정신적 생명력을 약화하는 무의식적인 좌절을 일으킨다고 말한다. 그래서 그들은 기능이 없어진 성적 장치에 활력을 불어넣어 욕망을 회복시켜주는 치료를 받을 것을 권고한다.

프로이트는 신경쇠약에 걸린 사람이 성적 욕망을 표출하지 못해 고통스러워한다는 것을 세상에 알린 사람이다. 그는 그렇기 때문에 행복하고 건강한 사람은 성적으로도 만족스러운 삶을 누려야 한다고 말한다. 누군가 프로이트에게 무엇이 정신을 건강하게 만드느냐고 물었을 때 그는 사랑하고 일하는 능력이라고 대답했다. 그는 신경증의 회복이 오르가슴에 이르는 능력을 통해서 이루어진다고 했다. 하지만 이는 상대와의 관계 문제를 삶 전체에서 살피지 못한 것이다. 그리고 인간관계와 성적 관계를 혼동하는 대부분의 정신분석학자는 신경증이 만족스러운 인간관계를 형성하지 못하는 무능력으로 나타난다고 생각한다. 이처럼 긴밀한 인간관계의 중요성을 강조하면서도 그들은 인간관계를 활성화할 수 있도록 하는 다른 적합한 방법들에 대해서는 소홀히 한다. 성욕은 단지 성적 충동으로만 이루어진 것이 아니다. 성욕은 정화될 수도 있고 사회적 활동으로 이어질 수도 있는 에너지이기도 하다.

어떤 의사들은 테스토스테론과 뇌 도파민의 비율과 같은 생물학적 수치에 따라 성욕 결핍을 설명하기도 한다. 하지만 이런 무성애자들은 성적으로 욕구 불만에 시달리는 사람들과 달리 우울해하지 않는다. 그들은 외출하거나 친구들을 만나 웃고, 좋은 와인을 마시고 좋은 음식들을 맛보고 싶어 한다. 따라서 문제는 다른 데 있다.

성생활을 포기한 삶을 택한 사람들에게서 보편적으로 나타나는 특징은 우리 사회의 쾌락의 지령에 순응하지 않으려는 의지와 일시적인 만남을 즐기지 않으려는 의지가 나타난다는 것이다. 또한 그들은 삶을 분주하게 살지 않으려는 의지도 있다. 이들은 섹스를 거부하는 것 이상으로 피상적인 만남을 거부한다. 따라서 그들이 욕구 자체가 없다고 말하는 것은 잘못된 것이다. 단지 우리가 예상하는 욕구가 아닐 뿐이다. 그런데 왜 이처럼 내면적인 선택을 한 사람들을 비판하는가? 그렇다고 프랑스의 출산율이 감소한 것도 아니지 않은가? 그들이 사회에 가져다준 피해가 무엇인가?

마찬가지로 우리는 그들이 고독을 선택하는 것에 대해 아직도 지나치게 부정적으로 생각하는 편견을 버려야 한다. 이때까지는 성격에 문제가 있는 것으로 여겨져왔지만 이제는 혼자라는 것은 반대로 풍요로운 사람이라는 것을 말해주는 것일 수도 있다. 점점 더 후자의 경우가 많다는 것이 뚜렷하게 드러나고 있다.

고독과 함께 있노라면
나는 하나도 외롭지 않다네

조르주 무스타키

# I2
# 혼자일 수 있는 능력

혼자 있을 수 있는 능력은 감정을 가장 깊숙이 들여다볼 수 있게 하며 창조적인 상상력을 증대하고 상실감을 더욱 잘 견딜 수 있게 한다. 이 능력은 어린 시절에 형성된다. 생후 첫 몇 개월과 유아기를 지나는 동안 엄마나 보호자와의 애착 경험은 아이의 생존에 필수적이다. 영국 런던 타비스톡 치료 센터의 심리분석 임상가 존 볼비John Bowlby, 1907~1990는 전쟁으로 엄마와 헤어질 수밖에 없었던 아이들을 관찰하면서 1960년대에 애착 이론을 수립했다. 그는 아이들에게는 영양과 따뜻한 정이 꼭 필요하다고 결론지었다. 그리고 엄마가 이러한 영양과 온정의 근원이며, 만약 엄마가 없다면 아이들은 엄마를 대신하는 존재에 애착한다고 주장했다.

그리고 미국 정신분석학자인 르네 스피츠René Spitz, 1887~1974는 원숭이 실험을 통해 존 볼비의 이론을 보강했다. 새끼 원숭이들은 엄마 역할을 하는 양육 시스템이 갖춰진 두 종류의 인공물을 통해 키워졌다. 인공물 중 하나는 풍부한 음식이 나오지만 철사로 만들어져 빳빳했고, 또 다른 하나는 음식은 젖은 적게 나오지만 벨벳으로 되어 부드러웠다. 후자를 통해 길러진 원숭이들이 더 건강하게 잘 자랐다.

## 어린 시절 꼭 필요한 고독에 대한 학습

정신분석학자들, 특히 20세기 영국의 정신분석학자들은 이별의 경험에 대해 관심을 가졌다. 영국 정신의학자인 도널드 위니콧Donald W. Winnicott은 아이가 엄마 앞에서 혼자일 수 있는 능력을 감정 발달이 잘 이루어지고 있다는 중요한 신호로 여겼다. 그는 "혼자일 수 있는 능력은 누군가가 지켜보는 앞에서 혼자였던 경험을 통해 형성된다. 누군가 곁에 있어주는 경험이 충분히 반복되지 않으면 혼자일 수 있는 능력은 발달될 수 없다는 역설적 사실을 증명하고자 한다. 아이가 자신의 개인적 삶을 발견할 수 있는 것은 아이가 혼자 있을 때, 다시 말해 누군가가 곁에 있으면서 혼자일 때뿐이다"[1]라고 말했다.

시간이 흐르고 엄마도 어디든 갈 수 있다는 것을 확신하게 된 아이는 자기도 근처 환경을 탐험하고 싶어 할 것이며 다른 아이들에게 다가가고 싶어 할 것이다. 충분히 곁에 있어주었고, 설령 잠시 자리를 비우더라도 곧 돌아올 것이라고 믿게 하는 엄마를 둔 아이들은 불안해하지 않고 고독을 견딜 줄 알게 된다. 프로이트는 《쾌락 원칙을 넘어서Beyond the Pleasure Principle》(1920)에서 실이 감긴 실패를 가지고 노는 18개월 아이를 관찰했던 이야기를 한다. 아이가

"멀리!"라고 소리 지르면서 실패를 멀리 던지자 실패는 긴 의자 밑으로 굴러간다. 아이는 "거기!"라고 외치고는 실패의 실을 잡아끌면서 다시 가지고 온다. 프로이트는 이렇게 멀어지고, 사라졌다가 다시 나타나는 실패를 통해 아이가 부재의 상황을 파악하고 제어할 수 있다고 생각한다. "엄마가 떠났어. 엄마가 보고 싶어. 엄마는 다시 돌아올 거야!" 이런 식이다.

이런 학습이 이루어지지 않으면 정신적 외상이나 상처에 너무 예민하게 반응하게 되어 부재를 겪을 때마다 고통스러워한다. 이런 사람은 성인이 되어서도 사랑하는 데 실제로 어려움을 겪는 경우가 많다. 42세의 베르트랑의 이야기를 들어보자.

"부모님에게 받은 상처 때문에 전 사랑할 수가 없어요. 어린
시절 충분히 사랑을 받지 못해서 지금도 애정이 결핍되어 있
죠. 출발점이 없으니 도약할 수도 없어요."


따라서 우리가 살아가면서 고독을 겪을 때 어떤 태도를 보이느냐는 어린 시절에 이루어진 학습과 깊은 관계가 있다. 어린 시절에 이런 학습이 잘 이루어지지 못해서 준비가 잘 되어 있지 않은데, 이별이나 누군가의 죽음, 직업적 변화 때문에 어느 날 갑자기 내버려진다면 이별과 고독의 고통을 혼동하게 될 것이다. 그런데 이것은 사랑받던 존재가 없어서 고통스러운 것이지 고독 때문에 고통스러운 것은 아니다. 고독을 견디지 못하는 사람은 타인의 시선이 있어야 존재감을 느끼고, 타인이 존재해야만 행복한 감정을 느끼도록 자라왔기 때문이다.

이처럼 아이에게 가장 큰 영향을 끼치고 아이의 심리적인 모든

면을 채워줄 수 있으면서도 아이에게 고독을 학습하지 못하도록 방해하는 존재가 바로 엄마다. 왜냐하면 엄마 자신들이 혼자 있는 것을 힘들어하는 데다가 혼자 있는 아이를 보면 불안해하기 때문이다. 그녀들은 고독과 슬픔의 감정을 헷갈려한다. 이는 타인이 말이 없으면 불안해하는 사람과 같은 경우다. "무슨 말이든 해봐!" 라고 말하는 이런 사람들에게는 모든 침묵이 힘겹다. 말을 하거나 무엇을 해서라도 어떻게든 그 침묵을 깨야 한다. 이런 사람들은 고독이라는 것을 부정적인 의미로만 생각하기 때문에 억지로라도 활동을 하거나 누군가를 만나서 고독을 채운다. 그들은 누군가와 접촉이 없으면 사랑이 깨졌다고 여기기 때문에 끊임없이 상대와 접촉해야 한다.

이런 사람들은 사랑과 집착을 혼동한다. 이들은 타인의 존재 없이는 지내지 못한다. 그리고 이렇게 자신의 자유를 포기하는 것은 물론, 타인의 자유도 방해하면서 언제나 타인과 대면하고 싶어 한다. 그런데 이미 오래전에 확인된 사실이지만 사랑은 거리를 두는 것이 필요하다. 너무 가까이 있으면 상대를 제대로 보지 못하기 때문이다. 아이들은 사랑이 자동으로 집착으로 이어지는 것이 아니라는 사실을 배워야 하며 타인이 곁에 있어도 혼자일 줄 알아야 한다. 엄마가 요리하는 동안 아이는 혼자 놀거나 혼자 그림을 그리며 시간을 보낼 줄 알아야 하고, 다른 사람이 거기에 있다는 것을 항상 확인할 수 없어도 그 사람의 사랑에 대해서는 확신할 줄 알아야 한다.

## "당신은 당신의 고독을 사랑해야 한다"

자신에 대해 존중감을 뚜렷하게 지니기 위해서는 타인과의 친밀한 관계를 통해서만 사랑받는다고 느끼는 것이 아니라 그냥 자기 자신으로서 사랑받는다고 느낄 수 있어야 한다. 타인에 의해서가 아닌 자기 자신으로서 존재한다는 확신이 없는 사람은 고독과 소외감으로 더 많이 힘들어할 수 있다. 왜냐하면 그들은 혼자 있을 때면 자기 내면의 공허감과 마주하기 때문이다. 고독을 인정하고 받아들이면 타인의 시선에 집착하지 않을 수 있고 자기 자신으로서의 책임감을 스스로 질 수 있다. 또한 자기 자신이 얼마나 가치 있는 사람인지 알 수 있고 타인을 믿는 것이 아니라 자신에 대한 믿음을 가질 수 있다. 미셸 에켐 드 몽테뉴Michel Eyquem de Montaigne, 1533~1592는 "우리 자신에 의해 만족감을 느껴라. 타인에게 집착하게 하는 모든 관계에서 벗어나라. 분별 있게 홀로 살 수 있도록 하라. 그리고 그런 삶에서 편안하라"[2]라고 말하면서 일찍이 타인에 의한 귀속에서 벗어나라고 충고했다. 루소는 "모든 집착은 결핍의 신호다. 우리가 타인을 전혀 필요로 하지 않을 수 있다면 우리는 타인과 결합하려고 하지도 않을 것이다"라고 말했다.

혼자일 줄 안다는 것은 자신의 존재를 뚜렷하게 하며 더 이상 타인과 타인의 판단에 의존하지 않고 스스로 충분히 만족할 수 있다는 뜻이다. 또한 혼자일 줄 안다는 것은 타인이 무슨 생각을 하는지에 대해 근심하지 않게 되는 것이며, 타인을 경쟁자로서가 아니라 여행을 함께 떠나는 동반자로 여길 수 있게 되는 것이다. 따라서 상대와 더욱 풍요롭고 성숙한 관계를 맺기 위해서는 충분한 거리를 유지해야 하며 타인과 자신을 일치해 생각하지 않는 것이 중요하다. 아무도 우리 자신을 대신해서 살 수 없고, 우리를 대신해서 사랑할 수도 없으며 고통을 느낄 수도 없다. 인간이 자신이 아닌 타인을 위해 할 수 있는 것이라고는 고작해야 그를 응원하거나 그의 고통을 동정하는 것뿐이다. 또한 다른 사람을 존중한다는 것은 그의 정체성과 그의 정신적 영역을 존중한다는 뜻이다.

고독이라는 감정의 끝까지 가봄으로써 사람들은 자신의 개인적 능력을 깊이 탐구할 수 있다. 자립과 자기애의 학습은 고독을 통해 겪은 어려움을 통해서 이루어지기 때문이다. 다음은 50세의 클라우디아의 이야기다.

> "저는 고독 그 자체가 괴롭지는 않아요. 정신을 풍요롭게 하는
> 만남이 부족한 것뿐인걸요. 밤에 혼자 있고 먹을 것을 스스로
> 만드는 건 별문제가 아니에요."

따라서 확고한 자립 능력이 필요하며 타인이 자신의 삶을 좌지우지하지 못하도록 하는 힘을 길러야 한다. 그리고 다른 사람들과의 만남보다 자신이 누릴 수 있는 자유에 더 애착을 느낄 줄 알아야 한다. 다음은 여전히 살기가 쉽지만은 않지만 단호한 선택을 한 62세의 크리스티앙의 이야기다.

> "제 삶의 좌우명이라고 한다면 가족이나 친구들, 그 어떤 집단
> 에도 속하지 않는 거예요. 인생의 모델이란 건 필요 없었어요.
> 전 인맥도 없었죠. 주위 사람들은 저에게 제가 아닌 다른 사람
> 이 되라고 해요. 이런 강박관념을 늘 가지고 있었어요. 전 저
> 만의 고독의 길을 걸어왔어요. 군대에 있는 동안은 미칠 것 같
> 았어요. 그 후에는 지나치게 강압적인 여성을 만나게 되면 저

도 모르게 거칠게 반응을 하게 되었고 결국 헤어질 수밖에 없
었죠. 그런데 당신이 어디에도 속하지 않는 삶을 택하게 되면
사회는 당신에게 그에 따른 대가를 치르게 할 거예요."

말하자면, 사람들은 어느 정도는 고독을 타고났다고 할 수 있다.
어떤 사람들은 아주 어렸을 때부터 고독에 훈련되기도 한다. 작가
파트릭 모디아노Patrick Modiano, 1945~는 이기적인 어머니와 무관심
한 아버지로부터 잊힌 채로 자랐다. 그는 아주 어려서부터 기숙사
에서 지냈고 어쩔 수 없이 외로운 아이로 자라날 수밖에 없었다.
일반적으로 어린 시절에 대부분의 시간을 매우 외로운 상태로 보
냈던 사람은 그렇지 않은 사람보다 창의력이 발달할 가능성이 더
크며, 오히려 집중력과 상상력을 위한 활동에 관심을 두게 된다고
한다. 왜냐하면 고독의 시간은 관찰력이 발달할 수 있게 하기 때문
이다. 이런 아이들이 자라나 성인이 되면 끊임없이 타인을 필요로
하지 않는다. 그들은 우선순위에서 애정 관계와 결혼 생활을 자신
들의 창조적 활동 다음으로 놓는다. 또한 뛰어난 감수성을 가지게
되고 타인에게 열린 자세로 귀 기울일 줄 알게 된다.

아이가 상상력을 키울 수 있게 하려면 그 아이에게 혼자 있을 수
있는 장소와 시간이 주어져야 한다. 42세의 베르트랑은 이렇게 회
상한다.

"제가 어렸을 때, 아빠는 주말에도 빡빡하게 일을 하셨어요.
아빠는 일요일 아침이면 가족들을 모두 데리고 낚시터로 가셨
죠. 저는 아침 일찍 습한 시골로 떠나야 한다는 생각만으로도
너무 짜증이 났어요. 가서 하는 일이라고는 넋을 놓고 물고기

가 잡히기만을 기다리는 것뿐이었죠. 그리고 미끌미끌한 물고기의 냄새를 생각하면 속이 뒤집힐 것 같았어요. 낚시터에 도착하면 아빠는 낚시하러 자리를 잡고 앉았죠. 그러면 저는 주변을 돌아다니면서 혼자 조용히 있을 곳이 없나 찾았어요. 책을 읽고 혼자만의 생각에 빠질 수 있는 그런 곳이요. 저는 그렇게 혼자만의 시간을 찾았어요. 혼자 시간을 보내는 것이 억지로 낚시터로 데리고 오는 아빠에게 불만을 표현하는 저만의 방법이었던 거죠.

기가 막힌 장소가 있었어요. 강물 위로 쓰러져 있는 나무 한 그루가 있었는데 그 위로 나뭇가지들이 덮여 있었어요. 마치 캐노피가 아늑하게 쳐 있는 침대 같았죠. 나뭇잎 뒤로 숨어서 저는 몰래 부모님을 바라보았고, 세상을 바라보았어요. 그 이후로 초심을 찾아야 하거나 깊이 생각에 빠지고 싶을 때면 그때 분위기와 비슷한 강을 찾아갑니다."

혼자 있을 수 있는 능력은 개성이 강하다는 것을 말해준다. 개성은 어린 시절에 만들어진다. 또는 자라온 삶의 환경 때문에 강요된 것일 수 있으며 때로는 마치 선택처럼 후에 인정하고 받아들여져 길들여진 것일 수도 있다. 이런 사람들은 고독 속에서 자유를 발견하고 그 후로 고독을 포기하지 못하게 된다.

또한 고독의 경험은 학습된 경험이라고 할 수 있다. 고독을 긍정적으로 받아들이고 인정하는 것은 성숙의 과정에서 중요한 단계다. 이로써 우리는 우리 자신으로서 지닌 내면의 의미를 찾을 수 있으며 창의력의 물꼬를 트게 된다. 우리는 혼자일 때 모든 감각과 사고를 자극받을 수 있기 때문이다. 시인 라이너 마리아 릴케Rainer

Maria Rilke, 1875~1926는 젊은 시인에게 이 같은 메시지를 전했다. "그대여, 이것이 바로 그대가 아름다운 어조의 탄식을 통해 그대의 고독을 사랑하고 받아들여야 하는 이유입니다. …… 필요한 것은 단지 이것, 고독, 위대한 내면의 고독뿐입니다. 자신의 내면으로 깊이 파고들어가 몇 시간이고 다른 누구도 보지 않는 것, 이런 상태에 이르기 위해 노력해야 합니다."[3]

## 자신의 내면에 다가가다

그런데 불행하게도 현대 사회의 교육은 자립을 준비하는 데 너무 소홀하다. 사람들은 자기 자신만으로 만족하는 법을 제대로 배우지 못한다. 점점 더 많은 현대인은 정신의학자들이 '가짜 자아'라고 일컫는 또 다른 자신을 발달시키고 있다. 다시 말해, 자기만의 고유한 욕망과 감정보다는 타인의 요구에 적합하게 기능하며 살아가고 있는 것이다. 현대인들은 사회에는 너무나 잘 적응되었지만 세상과 단절될 수 있는 방법은 찾지 못했다.

고독으로부터 자신을 보호하려고 했음에도 버림받거나 좌절을 겪으면, 사람들은 더 큰 상처를 입게 된다. 하지만 고독을 학습한 사람은 살아가면서 겪게 되는 고통스러운 사건들 즉, 이별과 죽음에 더욱 강하게 대처할 수 있을 것이다. 그리고 많은 사람은 타인의 사랑을 잃어버리는 게 실제로 돌이킬 수 없을 만큼 끔찍한 일이 아니라는 것을 깨닫지 못했다. 그런 일을 겪었다는 것은 단순한 사실일 뿐이다. 이것은 망연자실하지 않도록 도와야 한다는 것을 의미한다. 크리스티앙 보뱅Christian Bobin, 1951~은 다음과 같은 말을 했다. "살기 위해서는 최소한 한 번은 누군가로부터 시선을 받았어야 하고, 최소한 한 번은 누군가로부터 사랑을 받았어야 하며 최소한 한 번은 누군가로부터 상처를 받았어야 합니다. 그리고 그 후에 이런 것이 주어졌을 때 비로소 당신은 혼자일 수 있는 능력이 생깁니다. 고독은 더 이상 나쁜 게 아니게 되는 것입니다."[4]

물론 이별을 경험한 직후에는 우선 커플과 사랑의 이야기를 믿었던 시간에 대해 슬퍼하는 기간이 있다. 하지만 충격이 가시고 나면 이전의 나보다 더 성숙된 나로 태어나게 된다. 45세의 잔의 경우처럼 말이다.

"처음에는 고요함에 귀가 멍멍해졌어요. 퇴근하고 돌아오면 집에 아무도 없죠. 컵은 놓았던 그대로 그 자리에 놓여 있고요. 그러면서 점점 그런 삶에 적응하게 돼요. 침대에 편안히 누울 수 있고, 밤늦게까지 책을 읽을 수도 있죠. 먹고 담배를 피워도 아무도 뭐라고 하는 사람이 없어요. 사람들이 혼자서 처음으로 휴가를 떠나면 걱정을 참 많이 하죠. 하지만 그 후에는 혼자 휴가를 떠나도 새로운 사람들을 만나 새로운 방식으로 교류하게 돼요. 혼자 떠나는 휴가의 어려움이라고 한다면 주위 사람들의 이상한 시선이라고 할 수 있어요. 사람들은 '넌 사람들이 다가갈 만한 매력이 별로 없어. 노력 좀 해봐!' 하고 말하거나 '넌 너무 까다로워!' 라고 말을 하죠."

어떤 사람들은 고독을 채우기 위해서 머릿속에 특정 인물을 만들어 대화하는 습관이 있다. 이런 경우 머릿속의 대화 상대자는 일상적인 인물이 아니라 잠재적 애인인 경우가 훨씬 더 많다. 그들은 머릿속 인물에게 자신의 열망과 의문점, 의심들을 이야기한다. 이야기가 회를 거듭하는 사이사이 "그에게 말해야지……"라는 식으로 이야기를 시작하면서 머릿속에서는 정신분석학적으로 설명되는 일들이 일어난다. 이어지는 이야기들이 입 밖으로는 나오지 않겠지만 마음속으로는 은밀하게 표현되고 있다. 현실적으로 대화 상대자가 부족하기 때문에 점점 많은 사람이 자기 자신에게 이런 내면적인 사고를 통해 이야기하는 것에 익숙해져가고 있으며 사적인 일기를 쓰기 위해서 시간을 할애한다. 여기서 '사적인'이란 단어가 매우 중요하다. 이것은 자기 자신에게 주의를 기울이고 있다는 것을 의미한다. 이기적 방식이 아니라 자기 자신의 내면에 다가가려는 방법이다.

그런데 강요로부터 시작된 고독은 더 무거운 고독으로 그 사람을 짓누를 수 있다. "그래서 이러는 거야. 난 더 이상 나가고 싶지도 사람들을 보고 싶지도 않으니까!" 그래서 고독은 자아가 닫혀버린 상태, 우울한 상태와 같은 자포자기 현상을 발생시키기도 한다. 이런 사람들은 아무도 자신에게 다가오지 않는다거나 더 정확히 말하면 아무도 자신에게 관심을 두지 않는다고 불평하면서도 정작 자신들도 다른 사람들에게 다가가지 않는 거짓 외로움을 스스로 택한다. 이렇게 삶에서 뒤로 물러나는 태도는 세상에 대한 경멸로 이어진다.

조기 퇴직하고 현재 63세인 에마는 남편이 그녀를 떠난 이후로 삶이 중단되었다. 평생을 직업적으로 매우 활발하게 살아왔던 에마는 더 이상 아무것에도 흥미를 갖지 않는다. 그런데 에마는 반응성 우울증이 아니다. 반응성 우울증은 일반적으로 인간관계 자체가 단절되어버린 후 생기는 경우가 많은데 에마는 무력감을 치료하는 강장제로도 해결이 안 되는 무관심이 문제였기 때문이다. 에마에게 남편 없는 삶이란 받아들일 수 없는 것이다. 그녀는 여전히 친구들을 만나기로 약속을 하고 사람들을 만나지만 사실 그런 만남에 전혀 흥미가 없다.

때로는 자신감 부족이 자신을 고독으로 내몰기도 한다. "전 저 스스로와 거리를 유지합니다. 사람들이 저에게 관심이 있을지 의심스럽거든요. 사람들도 저에게 다가오려고 하기보다 저와 거리를 유지하는 게 더 중요해요." 34세의 간호보조사 스테판의 이야기를 들어보자.

"저를 불안하게 하는 건, 아니 저를 고통스럽게 하는 건 제가 이 세상에 적합하지 않은 사람이라는 사실이에요. 물론 전 일도 잘하고 사교성도 있죠. 여기저기에서 환영받는 사람이에요. 그런데 전 자주 제가 한계에 다다랐다는 느낌을 받아요. 사람들은 저에게서 사소한 것 하나라도 꼬투리를 잡으면 제게 문제가 있다고 판단하게 될 거예요."

사람들이 인생을 살아가는 동안 단지 단 하나의 목적을 따라 살거나 단 한 가지의 존재로서만 산다면 그 목적과 존재 가치가 사라져버렸을 때 외로워질 수 있다. 일을 위해서만 살아왔던 사람들은 은퇴 시기가 되면 적잖이 당황한다. 마찬가지로 배우자만을 위해서 살아온 사람들도 이별을 겪게 되면 같은 과정을 겪는다. 이런 연약한 사람들은 이단 종교가 원하는 최고의 먹잇감이다. 이들 사이비 종교들은 신도들을 모으기 위해 고독을 두려워하는 그들의 마음을 건드린다. "우리에게로 오세요, 당신은 더 이상 외롭지 않을 거예요. 우리는 고귀한 한 가족이에요!"

그럼에도 혼자 있다는 것은 자기 내면의 세계를 들여다볼 수 있는 기회다. 왜냐하면 성찰과 성숙은 철저한 고독을 통해서만 이루어질 수 있기 때문이다. 의식적이든 어쩔 수 없는 수용이든 이러한 고독이 성찰과 성숙을 이끌어준다는 사실은 점점 더 많은 현대인이 외로운 삶을 선택하는 원인으로 작용한다. 이들은 그렇다고 하더라도 타인들과의 관계를 끊어버리지는 않고 외로운 삶을 통해 새로운 풍부한 무언가를 또다시 발견한다.

저는 지금까지 제 삶의
테두리를 정하고 있는 위대한 이들과
그리고 곰의 탈을 쓴 외로운 저 자신과 함께
고독한 삶을 감내해왔어요

귀스타브 플로베르가 어머니에게 보내는 편지

# 13
# 선택된 고독

고독을 선택하면 내면적으로 풍부해지고 창의적인 사고를 할 기회가 많아진다. 그래서 삶을 단순하고 편하게 살아가고자 하는 사람은 고독을 선택하기가 어렵다. 끊임없이 무엇인가를 해야만 하는 '항상 더 많이' 식의 삶의 가치가 팽배해 있는 현대 사회에서는 여백과 공간의 필요성이 대두되고 있으며 삶의 필수 요소를 우선순위에 따라 서열화해야 할 필요성 또한 나타나고 있다. 이러한 필요는 사랑이 풍부하고 의미 있는 삶을 누리고자 하는 욕구에서 비롯된 것이다. 하지만 우리 사회에는 실제로 고독을 위한 자리가 너무 없다. 고독보다는 **함께 사는 삶**이 더 가치 있는 삶으로 평가받고 있기 때문이다.

## 본래의 가치로 돌아가다

자신이 고독하다는 것을 들키지 않기 위해 분주하게 일하거나 여가에 빠져 지내는 사람이 많다. 그러나 다른 한쪽에서는 자신을 불편하게 만드는 수많은 의무감에서 벗어나고자 하는 사람들도 점점 늘어가고 있다. 쉼 없이 움직이고 활동을 하게 되면 자신의 생각을 발전시켜 나갈 기회를 잃게 된다. 그래서 자기 성찰을 위한 자유로운 공간이 꼭 필요한 것이다. 때로는 부식토를 얻기 위해 농지에 아무것도 심지 않아야 하는 것처럼 말이다. 하지만 현대 사회에서 홀로 고요함 속에 머무는 것은 쉬운 일이 아니다. 휴대전화, MP3 플레이어, 상점이나 비행기, 그리고 호텔 로비에 들어서면 우리의 감각은 울려 퍼지고 있는 음악 소리에 둘러싸여 끊임없이 과잉 자극에 노출된다. 게다가 도시에서는 소음이 너무 일상화된 나머지 사람들이 오히려 조용한 상태를 불편해하는 지경에 이르렀다. 여기 42세의 영업부 간부인 두 아이의 엄마 나디아의 이야기를 들어보자.

"지금까지 저는 매우 활동적인 삶을 살아왔어요. 진지한 성격이고, 다른 사람들에게 신뢰감을 주는 사람이죠. 어릴 적에 숙제를 다 끝내고 나면 엄마는 제게 말했어요. '숙제를 다 했다고 아무것도 하지 않고 그렇게 가만히 있으면 안 돼!' 엄마는 제게 무엇을 해야 하는지 알려주었죠. 부엌일 돕기, 방 정리하기, 장보기 등이요. 그렇게 저는 쓸모 있는 사람으로 사는 법이 무엇인지를 배웠어요. 옛날에 엄마가 온종일 했던 역할을 지금은 회사에서 직장 동료들이 해요. 저는 그들을 위해 존재하는 사람인 거죠. 전 항상 그들을 돕기 위해 준비되어 있어요. 저를 잊고 동료들을 배려해야 해요. 퇴근하고 집에 도착하면 이제 아이들이 제게 매달릴 차례죠. 아이들을 위해 전 모든 것을 쏟아내야 해요. 그리고 남편은 스스로 인정하지 않겠지만 독점욕이 강한 사람이에요. 제가 조금이라도 혼자 상념에 빠져 있으면 자기와 멀어진 것 같다고 투덜대죠. 그럼 전 또 남편을 안심시켜야 해요.

제게는 저만의 공간이 필요해요. 이런 일상에서 벗어날 필요도 있고요. 오로지 저만을 위해 존재할 줄도 알아야 해요. 그러려면 비어 있는 공간이 있어야겠죠. 연락이 닿을 수 없는 곳으로 가 휴대전화와 컴퓨터도 켜지 말아야 할 테고요. 어떤 초대에도 응하지 않은 채 좋은 책 한 권과 따뜻한 이불 속에 누워서 말예요. 아무것도 생각하지 않고 멀리, 세상 저 멀리 외딴 섬으로 떠나고 싶어요. 이런저런 생각을 그저 흘러가는 대로 내버려두면서 혼자 걸어보고도 싶고요. 제 내면의 세계를 다시 발견하고 싶고 상상의 나래를 마음껏 펼쳐보고 싶어요. 하지만 현실은 그럴 여유가 전혀 없네요.”

개인이 필요로 하는 고독의 정도는 개인마다 다르다. 혼자 살건, 둘이 살건, 여러 명의 가족이 함께 살건 중요한 것은 자신과 타인에게 홀로 있을 수 있는 시간과 장소를 주고 있느냐다. 왜냐하면 타인을 사랑한다는 것은 감히 접근할 수 없는 그만의 범위를 인정하는 것이기 때문이다. 이런 의미에서 생각해보면 요즘 사람들이 왜 정원을 가꾸는 일과 목공 일에 심취해 있는지 아마 이해할 수 있을 것이다. 몽테뉴는 “온전히 우리만의 것인, 아무에게도 방해받지 않을 수 있는 구석방을 준비해둘 필요가 있다. 우리는 그 안에

서 진정한 자유를 만끽하며 은둔과 고독의 중요함을 깨닫는다"[1] 라
고 말했다. 56세의 아나는 항상 주위에 자신만의 공간이 있었으면
했다고 말한다.

> "제가 어릴 때는 늘 엄마의 존재감이 컸어요. 엄마는 저를 혼
> 자 내버려두지를 않았거든요. 우리 집이 그다지 부유한 편이
> 아니라서 성년이 될 때까지 전 저만의 방을 가질 수 없었어요.
> 저는 그저 조용히 있고 싶었지만 엄마는 수다 떠는 걸 좋아했
> 죠. 그래서 저는 숙제를 해야 한다거나 꼭 들어야 할 강의가
> 있다는 핑계로 혼자 있으려 했어요. 학업을 마칠 때쯤 결혼을
> 했어요. 하지만 남편에 대한 애정과는 상관없이 남편과의 생
> 활은 저에게 쉽지 않은 일이었어요. 왜냐하면 남편은 저에게
> 매우 밀착된 관계를 강요했거든요. 그는 저와 모든 것을 함께
> 하려고 했어요. 예를 들어, 그가 텔레비전을 볼 때 제가 혼자
> 구석에서 책을 읽고 있으면 그런 저를 이해하지 못했죠.
> 지금은 혼자 살아요. 휴가도 혼자 떠나고요. 친구들을 만나기
> 는 하지만 그마저도 제가 만나고 싶을 때만 만나지, 자주 만나
> 지는 않아요. 누군가 저에게 만나자고 하면 일 핑계로 거절하
> 기도 해요. 전 제가 외롭다고 생각하지 않아요. 왜냐하면 제가
> 사랑하는 사람들이 있고, 또 저를 사랑해주는 사람들이 있으
> 니까요. 저의 진짜 친구들은 저만의 공간을 이해해주고, 제 영
> 역을 함부로 침범하지 않아요."

혼자 있을 수 있는 공간을 갖는다는 것은 모든 사람이 이룰 수 있
는 것이 아니다. 일종의 사치와도 같다. 자동차 회사인 르노 사의

에스파스의 광고에는 이런 카피가 등장한다. "에스파스Espace, 차종의 고유 명사이지만, 저자는 프랑스어 'l'espace' 단어의 뜻인 '공간'을 강조하고 있다.—옮긴이는 사치다." 이것이 바로 점점 더 많은 사람이 외진 곳이나 산장, 수도원을 찾아가 스트레스와 중압감에 짓눌린 자신을 **정화**하려고 애쓰는 이유다. 자칫 행동과 직접성 또는 무매개성이 앞서는 시기에는 실제로 한 걸음 물러나 사색할 수 있고 내적 감수성을 다듬을 수 있는 장소를 만들어두는 것이 꼭 필요하다. 또한 외부의 요청과 온갖 기능이 탑재된 통신 기기에 휘둘리지 않을 수 있어야 하며 텔레비전을 끄고 MP3 플레이어도 눈에 띄지 않게 한쪽으로 치워놓을 수 있어야 한다.

언제까지나 도망치기만 하며 살지 않으려면 자신의 내면을 들여다보는 시간을 가져야 한다. 고독과 고요를 두려워하면 사회의 깊이가 없어지기 때문이다. 45세의 라라의 이야기를 들어보자.

"제 동료들과 친구들은 고독을 즐기는 제 성향을 받아들이지 못해요. 사람들은 저를 시끌벅적한 파티를 즐기는 여성으로 생각하나 봐요. 하지만 저는 일상생활에서 타인의 존재 때문에 스트레스를 받는 사람이거든요. 남편과 살 때도 남편이 출장을 떠나기만을 손꼽아 기다렸어요. 남편은 저에게 미안해하며 "혼자 있으면 심심하지 않겠어?"라고 말했지만 저는 오히려 기뻤답니다. 드디어 저만의 시간을 가질 수 있고, 제가 원하는 대로 시간을 보낼 수 있었으니까요. 저녁에 무엇을 먹을까 생각하지 않아도 되고 꼭 말을 해야 할 필요도 없잖아요. 물론 사람들은 저에게 그건 쉬운 일이 아니냐고 반문할 수도 있을 거예요. 하지만 남들에게는 쉬운 일이 남편이 돌아오면

너무 어려운 일이 되어버렸어요. 남편과 헤어진 후 저는 일상
생활에서 더 이상 남자를 필요로 하지 않는답니다."

행동과 반응을 너무 많이 한 나머지 우리는 습관적인 형식 속에
갇혀버리게 된다. 이러한 형식에서 자유로워지고 삶에 형식적인
기능 이외에도 또 다른 기능이 있다는 것을 깨닫기 위해서는 홀로
있을 수 있는 공간에 머무르는 것이 무엇보다 중요하다. 이런 시간
은 이전의 경험을 명확하게 들여다보게 해서 우리의 삶에 잠수함
의 기압 조절실과 같은 역할을 한다. 그렇다고 고독의 시간이 세상
을 경멸해 도망치는 것을 의미하지는 않는다. 더 깊은 고요함에 머
물면서 자신의 내면으로 들어갈 필요가 있다는 것이다. 고독은 세
상의 혼란에서 한 발짝 물러나서 자신을 되찾게 해주는 내면의 풍
요로운 경험이다.


## 자기 자신이 되다

독신으로 지내는 사람이나 꼭 독신을 고집하지 않더라도 싱글로 살
아가는 사람들은 타인의 시선을 두려워하게 된다. 하지만 인생의
파트너가 점점 더 까다로운 조건을 요구한다면 독신으로서의 삶에
대한 두려움은 더 이상 의미가 없다. 혼자 살면 누군가를 의식하지
않고도 자기가 원할 때 원하는 것을 먹으러 갈 수 있고, 아침에 낡
고 편한 바지에 슬리퍼를 신고 집 밖을 나설 수도 있다. 하지만 이
것은 되는 대로 생각 없이 사는 삶을 뜻하는 것이 아니다. 단지 점
점 더 가혹해져만 가는 타인의 판단으로부터 자유로운 삶을 사는
것뿐이다. 이는 굳이 자신의 연약함을 감출 필요가 없는 혼자만의

삶이 누릴 수 있는 평화인 셈이다. 51세의 지나의 이야기다.

> "마침내 아무것도 하지 않아도 되는 상태가 되었어요. 드디어
> 저만을 위한 시간을 가질 수 있게 되어서 행복해요. 매일 저녁
> 이나 주말마다 무엇인가를 꼭 해야만 할 것 같은 의무감에서
> 도 벗어났죠."

독신자는 모르는 사람에게 말을 걸거나 새로운 만남을 가지기 쉬워 인간관계가 유연하다. 그에 반해 기혼자는 심지어 부부 사이가 그리 원만하지 않다고 할지라도 가족이라는 틀 안에 갇혀버리거나 그저 친구들이나 만나며 만족해야 한다. 독신자들의 애정 생활은 가능성이 활짝 열려 있다. 그리고 더욱 폭넓은 사회생활을 누릴 수 있다. 더 많은 친구를 만나고, 다양한 문화생활을 만끽하며 각종 단체 생활이나 자원봉사도 할 수 있기 때문이다.

우리가 봐왔던 것처럼 대부분의 사람들은 같은 생각을 하고 같은 방식으로 살아간다. 이런 사회에서 고독한 삶은 같은 생각과 같은 방식의 삶을 탈피할 수 있도록 해준다. 우리 자신의 특성을 계발할 수 있게 하며 자신만의 생각을 확고히 할 수 있게 한다. 고독한 삶은 자유를 주며 비판 의식을 강화한다. 하지만 이것은 우리가 타인에 대해 영향력을 행사하거나 타인이 우리에게 영향력을 행사하게 하는 것이 아니다. 이는 자신이 누구인지 받아들이는 것이며 자신의 내적인 불만과 불만족을 타인의 탓으로 돌리지 않는 것이다. 자유로워지는 것, 그것은 바로 자기 자신이 되는 것이다. 자신의 행복을 오로지 타인에게서만 찾는 태도에서 벗어나 자기 자신을 충분히 사랑하는 것이다. 만약 사람들이 자기 자신이 누구인지 깊이

깨닫고 있다면, 그리고 그것을 인정하고 받아들인다면 홀로 있는 것은 얼마든지 견딜 수 있다. 또한 자기 스스로 타인과 다르다는 것을 깨닫게 되며 비로소 타인의 시선을 의식하지 않게 된다. 지나는 다음과 같이 말한다.

"저는 더 이상 타인과의 관계를 이상화하지 않아요. 제 몫은 실망과 환멸감뿐이라는 것을 깨달았거든요. 그때부터 저는 타인과의 애정 관계보다 저 자신, 그리고 제 본성과의 조화로움을 통해 인격적으로 성숙할 수 있었어요."

우리가 지닌 모든 능력은 우리 자신이 인정하고 받아들인 고요한 고독 속에서 생겨나고 형성된다. 인간은 외로울 때 자기 자신을 믿을 수밖에 없다. 그래서 자신만의 잠재 능력이 무엇인지 깊이 들여다보게 된다. 홀로 섬에 갇힌 로빈슨 크루소는 의지할 사람이 없이 무엇이든 스스로 만들어내야 한다. 고독한 삶 때문에 일어나는 모든 어려움 속에서 인간은 겸손해질 수밖에 없으며 자기 자신을 있는 그대로 바라보게 된다. '나는 나일 뿐이다. 남을 탓하기보다 자신에게 불평을 털어놓아야 한다'라고 생각하게 되는 것이다. 오랫동안 실직 상태로 지내고 있는 60세의 다니엘은 이렇게 말한다.

"아내가 떠나고 더 이상 일을 하지 않으면서부터 제 삶은 완벽한 고독 그 자체였습니다. 이 고독 속에는, 말하자면 행복도 있고 안락함도 있어요. 마침내 끝의 끝이 어디인지 알 수 있을 것처럼 말예요. 저는 그 속에서 사소한 것을 깨닫게 되죠. 선한 사람이 되는 일종의 설계도 같은 것을 발견하게 돼요. 저는 제 자신, 제 자신과 제 몸, 제 자신과 저의 고통과 마주해요.
저는 여자와 함께 있거나 누군가와 쓸데없이 시간을 보내는
것보다 그저 바에서 맥주 한 잔을 앞에 두고 홀로 있는 것이
훨씬 좋아요. 저에게는 제 생각을 고양하고 성숙하게 해줄 누
군가가 필요해요. 모두에게 사랑받는 사람은 당신이 보기에도
크게 보이기 마련이겠죠. 하지만 다른 사람들이 모두 좋아하
는 그런 사람보다 당신이 먼저 그런 사람을 찾아내고 그들에
게 귀를 기울일 줄도 알아야 합니다."

## 입문서

고독은 자신에 대한 배움과 탐구를 시작할 수 있는 하나의 **입문서**
와 같다. 왜냐하면 사람들은 오로지 절대적인 비움과 마주하게 되
었을 때에만 비로소 인간의 본질을 깨달을 수 있기 때문이다. 고독
과 과감히 맞선다는 것은 죽음에 대한 두려움에도 정면으로 맞설
수 있다는 것을 의미한다. 많은 사람은 불행하게도 블레즈 파스칼
Blaise Pascal, 1623~1662이 강조했던 '방 안에 혼자 머무는 것'[2] 보다 즐길
거리를 찾아 나서는 것을 더 좋아한다. 고독은 우리를 자신과 직접
적으로 접촉하게 함으로써 한계를 초월하도록 이끌고 힘과 영감을
준다. 또한 자신을 알게 하고 자신을 인정하고 받아들이게 해준다.
삶에서 겪어야 할 수많은 정신적 경험이 있겠지만, 그중 필수적으
로 겪어야 하는 것에는 반드시 자신의 내면을 들여다봐야지만 체
험할 수 있는 것도 있다.

어떤 작가들은 고독을 스스로 선택한 고독과 어쩔 수 없이 따르
게 된 고독, 단 두 가지로 나누어 구별하기도 했다. 하지만 이는 고

독은 항상 학습이 필요한 상태라는 것을 잊은 것이었다. 처음에 강요되었던 고독도 새로운 학습을 통해 곧 다양하게 혼합될 수 있으며 내면의 세계로 통할 수 있다. 게다가 고독은 불변의 상태가 아니라 상황에 따라 상대적이다. 우리는 모두 잘 견디었든 아니든 고독의 순간을 경험한 적이 있다. 그리고 우리는 살아가면서 고독에 대해 더 많이 알게 될 것이다. 고독을 좋아하는 방법을 터득하든 아니든, 고독을 자기 계발과 창의력을 증진할 수 있는 기회로 삼든 아니든 그것은 중요하지 않다. 그렇다면 진정한 고독은 어디에 있는가?

이네스의 경우를 보자. 이네스는 혼자 산 적이 단 한 번도 없다. 부모님을 떠나면서는 첫 번째 남편과 살았고, 둘 사이에는 자녀도 있었다. 그리고 이네스는 이혼을 했지만 곧바로 동거할 남자를 찾았다. 또, 다른 남자가 이어졌다. 이렇듯 이네스는 고독과 마주할 시간이 없었다. 그러다 두 번째 남편이 갑작스럽게 떠나버리자 좌절했고, 밀려드는 고독감에 고통스러워했다. 하지만 그때 이네스는 그녀를 돌보는 친구들에 둘러싸여 있었다. 이네스의 고통은 고독에서 기인한 것이 아니었다. 바로 '그는 더 이상 저를 사랑하지 않아요. 저를 사랑해줄 또 다른 사람이 있을까요?'라는 생각에 사로잡혀 자신을 사랑해줄 존재의 부재와 결핍 때문에 힘들어했던 것이다.

고독이 이네스의 고통의 원인이 될 수 없었던 것은 그녀 안에 창의력과 자기 자신에 대한 확고한 이미지가 충분히 내재하고 있었기 때문이다. 그래서 이네스는 점차 우울한 마음을 떨쳐버릴 수 있었다. 이제 이네스는 고통 없이 잘 지낸다. 앞으로의 계획도 세우고 다시 음악을 연주하고 저녁 파티를 열기도 하고 여행을 떠나기도 한다. 하지만 여전히 애인은 없다. 애인이 곁에 없다고 해서 고독감을 느끼게 되는 걸까? 아마 어느 날 저녁에는 문득 그렇게 느낄 수도 있을 것이다. 하지만 이네스는 결혼 생활을 했던 것에 대해 후회하지 않으며 마침내 자신이 진정으로 누구인지 발견했다고 분명하게 말한다.

좋게건 나쁘게건 고독은 우리를 변화시킨다. 고독과 맞닥뜨리게 되었을 때 어떤 사람들은 지혜롭게 그 상황을 헤쳐 나가는 반면 또 어떤 사람들은 가슴속 쓰라림에서만 허우적거리면서 고통스러워한다. 고독은 자신의 가장 좋은 부분에 집중할 수 있도록 이끌어주는 시작이 되기도 하지만 마음속에 원한과 상처를 정면으로 바라보게 함으로써 더욱 단단한 사람으로 만들어주기도 한다. 그래서 어떤 사람들은 동료들과 함께 있는 회사에서도 혼자 있는 것을 더 좋아한다. 왜냐하면 고독이 그들의 불행을 한가로이 되씹어볼 수 있게 하며, 혼자서 마음껏 불평불만을 늘어놓을 수 있게 하기 때문이다. 다니엘처럼 말이다.

"저는 누가 됐든 제 사생활에 간섭하지 말았으면 좋겠어요. 저만의 공간을 침범당했다는 느낌이 들거든요. 그런데 또 다른 한편으로는 사람들과 너무 가까워지면 제가 남들이 생각하고 있는 것만큼 잘 지내고 있는 게 아니라는 사실을 들킬까 봐 두렵기도 해요."

너무 오랫동안 다른 사람들을 거부하며 살면, 결국 고립되어 교류가 부족해지고 메마른 사람이 될 수 있다. 이렇게 되면 타인의 과도한 관심은 물론 사소한 관심조차도 더 이상 견딜 수 없게 된다. 자기 자신 속에 틀어박혀 상대가 내미는 손은 쳐다볼 생각조차 하지 않는다.

앞서 언급했던 이네스와 동갑 여성인 에마는 어느 날 갑자기 남편에게 버림을 받았다. 하지만 이네스와는 달리 에마는 상황 변화에 적응하지 못했다. 에마가 적응하기를 거부했기 때문이다. 에마는 또 다른 삶을 가능하게 해줄 지적이고 문화적인 능력이 있다. 하지만 에마는 그것을 원하지 않고 자신을 그저 희생자로 여길 뿐이었다. 에마의 친구들은 그녀와 만나려고도 해보았고 그녀를 달래보려고도 했다. 결국 친구들은 지쳐버렸다. 에마는 버려진 순간부터 주위를 거부해버리는 고독에 갇혀버린 것이다.

이네스와 에마의 사례를 통해서 사람이 고독을 경험하게 되었을 때, 운명이 어떻게 변하는지 살펴볼 수 있다. 모든 사람이 **자신을 들여다보는** 능력을 똑같은 수준으로 지니고 있는 것은 아니다. 하지만 이 능력은 학습할 수 있다. 사람들은 고독을 통해 자신의 삶에 의미를 부여하는 지혜를 얻을 수 있고 자아 탐구를 시작할 수 있는 긍정적인 마음가짐을 갖출 수 있다. 깊은 성찰과 내면의 평화로움을 추구하기 위해서 필요한 이러한 시간은 외적인 모습에 치중하는 세계에서 멀어질 수 있도록 이끌어준다. 다음은 안의 이야기다.

"저는 정기적으로 홀로 있는 시간을 가져야 해요. 자신을 보호하기 위한 저만의 방법이죠. 저는 며칠이고 그 누구도 만나지 않고 틀어박혀 있을 수 있어요. 그럴 때면 전화도 받지 않고 메일도 확인하지 않아요. 그런 시간을 가지고 나면 다시 살아나는 느낌이 들어요."

삶의 의미를 잃어버린 시기에는 오히려 초월적 존재를 찾는 사람이 많아진다. 그러면서 그들은 가만히 자신과 타인에게 귀 기울일 수 있게 된다. 그들은 세상의 혼란 앞에서 절제와 조화가 이루어내는 영혼의 고요함을 추구한다. 이는 고통도 기쁨도 없는 일종의 중립 상태를 가리키는 것으로, 스토아 철학에서 일컫는 **아타락시아**에 가깝다.

## 입문 여행

홀로 떠나는 여행에 열광하는 사람들에게 혼자만의 여행은 곧 절대적인 자유를 의미한다. 자신이 속도를 조절하며 여행할 수 있는 자유, 마지막 순간에도 마음대로 일정을 변경할 수 있는 자유, 특히 새로운 만남을 가질 수 있는 자유를 뜻한다. 이 여행은 자기 자신에 대해 더 잘 알 수 있게 하고 자신이 갖춘 능력 이상을 발휘할 수 있게 하며 자율성을 보장하여 자신감을 키울 수 있는 기회가 된다. 또한 일기장 테두리에건 승차권에건 생각을 적어보면서 자신이 처해 있는 상황에 대해 정확한 판단을 내릴 수 있게 한다.

여러 명이 함께 떠나는 여행은 분위기는 더 활기차지만 여행의 범위와 속도를 마음대로 조절할 수는 없다. 여행을 떠날 때 동반자가 있으면 여행 중 주위에 무엇이 있는지 주의 깊게 살펴볼 수 없으며 타인의 존재 때문에 자신의 영역이 침범당할 수 있고 경치를 만끽할 수 없다. 반대로 홀로 떠나는 여행은 자신의 사고를 자유롭게 펼칠 수 있고 말이 가진 모든 의미에서 벗어나 새로운 의미를 찾을 수도 있다. 다시 말해, 홀로 떠나는 여행은 자유를 되찾게 해주며 정신적으로 풍요롭게 해준다. 자신을 숨기는 익명화를 경험했을 때처럼 시선은 오로지 본성에만 집중하게 되고 날카로워진다. 이는 마치 타인의 존재 따위에는 감정을 느낄 겨를이 없는 것처럼 오로지 자신의 감정에만 집중하고 의지하게 되는 것과 같다. 간호사인 42세 제니의 이야기를 들어보자.

> "저는 홀로 행복감에 젖어들어 다시 젊어지는 기분에 사로잡혀 있어요. 모든 가능성이 열려 있다고 느끼죠. 모든 것이 가능해요. 누군가와 동행하면 동행한 사람에게 집중해야 하기 때문에 경치를 돌아볼 새도 없고 또 새로운 만남을 가질 수도 없어요. 사람들은 저에게 이렇게 묻곤 해요. '이런 기쁨을 누군가와 나누고 싶지 않아?'라고요. 확실한 건 그렇게 자주는 아니지만 다른 사람 때문에 저의 기쁨이 한풀 꺾이기도 하고 무의미해지거나 특별할 것 없는 일상처럼 되어버리기도 한다는 거예요. 저의 가능성의 문이 가로막혀버리기도 하고요."

홀로 여행을 할 때, 사람들은 절대로 세상의 질서를 흐트러뜨리지 않는다. 누군가와 동행했다면 가질 수 없는 만남의 기회를 얻을 수도 있다. 외로운 여행자는 모르는 사람에게 쉽게 다가가기 마련이기 때문이다. 여행하는 지역의 주민들은 동행하는 사람이 많은 여행자보다 홀로 여행하는 사람에게 훨씬 더 자발적으로 다가온다. 홀로 여행 중인 사람에게 다가가기가 덜 두렵고, 또한 호기심을 일으키기 때문이다. 사람들은 그에게 도움을 주고 싶어 하고, 정보를 알려주고 싶어 하며 여행 지역에 대해 이야기해주고 싶어 한다. 혼자 여행을 떠나온 용기를 높이 사고, 때로는 홀로 여행하는 사람이 겪게 될 어려움에 연민을 느끼면서 그런 그에게 호감을 느끼게 된다. 싱글인 53세 크리스틴은 홀로 아프리카를 여행하기 시작했다. 파리의 인간관계에서 느꼈던 고독을 탈피하고 싶어서였다. 아프리카를 잘 알게 된 크리스틴은 스와힐리어를 배우기도 했다.

"저는 여행을 할 때 버스나 그 지역의 교통수단으로 이동해요. 문제가 될 건 전혀 없어요. 혼자라서 좋은 점은 버스 앞쪽이 조금이라도 비어 있으면 쉽게 앉을 수 있다는 거예요. 사람 무리 속에 더 쉽게 섞일 수 있죠. 물론 위험한 일도 전혀 없어요. 저는 결혼을 했고, 남편은 일 때문에 프랑스에 있어서 혼자 여행을 떠나왔다고 말을 해요. 여행 중에는 일찍 일어나고 일찍 잠자리에 들어요.

혼자 여행할 때 가장 좋은 점은 그 어떤 방해도 받지 않는다는 거예요. 여행지에서는 우리의 존재가 그리 중요하지 않은 것 같아요. 우리의 존재가 미치는 영향은 아주 미비해서 일어날 일은 다 일어나죠. 사람들은 모든 것을 흡수할 뿐이고요. 둘이 함께 여행할 때는 상대와의 관계를 생각해서 계속 상대와 이야기를 나눠야 하기 때문에 바깥세상에 덜 예민해지는 경향이 있어요. 물론 혼자만의 여행이 힘겹게 느껴질 때도 있어요. 하루 일정이 마무리되고 어둠이 깔리는 무렵이 그래요. 오늘의 경험을 누군가와 나누고 싶다는 생각이 들거든요. 하지만 아침이 밝아오고 홀로 감탄을 하고 있노라면 전날 저녁에 느꼈던 부족함은 금방 잊어버려요. 어쨌든 저는 혼자인 게 좋아요. 어느 호수의 해 질 녘 풍경이 매우 아름다워서 그걸 구경하려고 몇 날 며칠 동안 버스를 타고 열두 시간을 걸려 가야 한다고 하면 그 누가 아무 말 없이 따라나서겠어요? 저는 여행지 여기저기에서 저처럼 홀로 여행하는 여성들을 만나요. 그런데 참 신기한 건 홀로 여행을 떠나온 남자는 참 드물다는 거예요. 왜일까요?"

두려움과 의심이 생기고 때로는 궁핍해지기도 하는데도 나 홀로 여행자들은 타인과의 관계에서 삶을 망가뜨리는 개인적인 상황과 습관에서 벗어나 자기 자신을 찾기 위해서도 여행을 떠난다.

## 주인공과 창작자의 선택

친밀한 관계를 맺는 것이 행복의 근원이 되지는 않는다. 고독은 세상과 멀어지게 함으로써 창작이 됐든, 종교적 활동이 됐든, 또는 단순히 사랑이 됐든 우리가 택할 수 있는 또 다른 삶의 방식으로 나아갈 수 있게 해준다. 그리고 오로지 자신의 내면에만 집중하게 한다. 무리에서 빠져나와 고립되면 일종의 정화와 재생이 이루어진다. 이처럼 신체적, 정신적 건강을 동시에 추구해 균형 있는 개인의 삶을 실현하고자 하는 현상이 점점 더 뚜렷하게 나타나고 있다. 이는 삶의 기술과 지혜와 평정에 대해 탐구할 때 이루어낼 수 있다. 그렇기 때문에 조용한 공간과 사색을 위한 장소에 대한 필요성이 커지고 있는 것이다. 몇 년 전부터 종교와 관계없이 점점 더 많은 사람이 수도원으로 찾아드는 것 또한 이와 같은 흐름에서 이 해할 수 있다.

인간은 사회적 존재다. 자신과 비슷한 사람, 특별히 개인적으로 이익을 바랄 수 있는 사람과의 상호 작용을 필요로 한다. 하지만 매우 창의적인 개인들은 사적으로 개인 간의 상호 관계를 맺어본 적이 없으면서도 매우 행복한 삶을 살아간다. 그렇다고 그들이 반 사회적인 사람은 절대 아니며 타인과의 따뜻한 사회적 관계 역시 유지해나간다. 문학, 영화, 만화 등에서 곤경에 처한 사람들을 돕 고 **인류를 구하는** 주인공들이 주로 외로운 사람인 것은 결코 우연이 아니다.

일반적으로 창작하는 사람들은 고독이 필요하다. 그들 자신 안에 서 작품을 위한 소재를 찾을 수 있기 때문이다. 대부분의 철학자, 사색가, 작가 또는 신비주의자는 고독한 삶에서 영감을 얻을 수 있 었다. 프랑스의 철학자 르네 데카르트René Descartes, 1596~1650는《방법 서설Discours de la méthode》을 쓸 때 **난로**가 설치되어 난방이 잘 되는 작 은 공간의 필요성을 깨달았다. 그리고 몽테뉴는 자신의 책방을 떠 나는 일이 매우 드물었다고 한다. 또 다른 이들도 수도원의 고요함 속에 틀어박혀 살았다. 프랑스의 시인이자 화가인 앙리 미쇼Henri Michaux, 1899~1984는 철학자나 사색가, 작가들이 은신처에 들어앉아 **마 법의 후퇴 기술**을 연습했다고 말했다. 2006년 노벨문학상을 수상했 던 터키 작가인 오르한 파무크Orhan Pamuk, 1952~는 연설을 통해 작가 에게는 '그가 지닌 수많은 꿈과 대면하기 위해 방 안에서 홀로 머 무는 시간이 필요하다는 것'을 강조했다.

그들보다 평범한 사람 중에도 세상으로부터의 피신을 선택한 이들이 있다. 등대지기, 탐험가, 외로운 항해사, 수도자, 수녀 들이 그들이다. 그들은 오로지 본성과 고독에만 집중하는 삶을 살기 위해 자신의 다양한 기호를 살리기도 한다. 프랑스인 다비드 그랑게트는 1년 중 6개월 동안 자신의 양 떼를 돌보기 위해 인도양 남부의 프랑스령 무인도인 케르겔렌 제도에 머문다.[3] 고독한 사람이 대개 그렇듯이 그는 어렸을 때부터 수줍음이 많았고 혼자 있기를 좋아했다. 그리고 성인이 되어 고독을 좋아하는 취향을 충족시켜줄 활동을 마침내 찾을 수 있었다. 수도사나 영웅적 행위를 하고자 할 때 우선시되어야 할 것은 고독이다. 고독을 선택했다는 것은 모든 것에 개방될 수 있는 잠재성을 얻었다는 것을 의미한다. 마치 자기 자신에게 줄 수 있는 사치스러운 선물과도 같은 것이다.

그럼에도 불구하고 고독은 여전히 사람들에게 신뢰를 주지 않는 두려운 존재다. 사람들은 고독이 비정형적이고 예외적인 상황에 있어야 한다고 생각한다. 고독을 몇몇 개성 강한 인물을 위한 것으로 받아들인다. 고독은 전통적 기준에 비추어 특이 체질인 사람들이나 괴팍한 사람들, 미친 사람들의 것으로 간주한다. 예를 들어 예전에는 지나치게 고독을 추구하면 죄와 동일시했다(수도자는 기도하기 위해 혼자 있을 수 있었다. 하지만 시간이 정해져 있었다. 그렇지 않으면 **나태**Acédia에 빠질 위험이 있기 때문이다. 나태는 일종의 정신적 질서의 쇠약을 뜻한다. 이런 현상은 수도자가 낙담하거나 종교적 행위를 향한 욕심 때문에 고통스러울 때 표출된다).

실제로 고독은 혁신적이고 위험한 상태다. 고독은 때로 사람들을 중독시키는 마약처럼 작용하기도 한다. 항해사 베르나르 무아테시에Bernard Moitessier, 1925~1994를 떠올려보자. 그는 기항지도 없이 홀로 세계 일주를 최초로 이루었고, 1968년에는 두 번째 세계 일주를 앞

두고 포기했던 사람이다. "저는 기항지에 머물지 않고 쉼 없이 계속해서 태평양의 섬들을 향했어요. 전 바다 위에서 너무나 행복했으니까요. 그것은 아마 제 영혼을 구하기 위해서였을 거예요."

그래서 알랭 발티에Alain Valtier와 같은 정신분석학자들은 "사람은 본능적으로 혼자입니다. 두 개의 세포가 하나의 세포는 될 수 없으니까요. …… 혼자 사는 것은 결코 인생의 설계가 될 수 없습니다."[4]라고 말하면서 많은 사람이 고독한 삶을 선택하는 것에 대해 이의를 제기한다. 그의 말은 어떤 의미로는 커플의 삶을 누리는 데 성공한 사람들은 잘난 사람이고, 나머지는 그러한 과정에서 실패한 사람인 것이다.


## 타인에게 열어놓다

고독을 선택한다는 것은 다른 사람을 거부한다거나 다른 사람에게 무관심하다는 뜻이 아니다. 요즘처럼 시대의 흐름이 복잡한 시기에는 다른 사람과 거리를 둔다는 것을 거절의 뜻으로 오해하기 십상이다. 고독은 타인의 존재를 제외해버리는 것이 아니다. 내가 자신과 평화롭게 지내면 그만큼 타인에게도 열려 있게 되기 때문이다. 정확히 말하자면 고독은 타인 자체를 거부하는 것이 아니라 타인에 의해 잠식당하는 것을 거부하는 것이라고 하겠다. 타인에게 열려 있기 위해서는 그전에 자기 자신을 깨우고 자기 자신과 평화롭게 지내야 한다. 다음은 51세, 지나의 경험이다.

"특이하게도 저는 혼자 있을 때 외로움을 덜 느껴요. 부부로 살 때는 집안일을 하랴, 아이들 돌보랴, 직장 일하랴 정신을 차릴 수 없었어요. 손님을 초대했을 때도 사람들과 즐거운 시간을 보내기보다 저녁 파티를 성공리에 끝내야겠다는 생각뿐이었죠. 주로 커플 모임이 많았어요. 지금은 제가 보고 싶은 사람을 만나고, 제가 이야기 나누고 싶은 사람과 이야기를 나눠요. 외출도 더 많이 하고요. 저는 보통 상대방에게 열려 있는 편이에요. 물론 다른 사람들도 저에게 잘 다가오고요."

사람들은 흔히 나르시시즘, 즉 자기중심주의와 고독을 같은 것으로 이해한다. 하지만 현실적으로 이 두 가지는 과정이 반대다. 나르시스는 주변에 온통 거울뿐이어서 혼자다. 그래서 둘러싸인 거울 때문에 주위의 사람들을 볼 수 없다. 반대로 고독한 사람은 자기 자신을 믿고 의지한다. 파스칼은 이렇게 말하기도 했다. "자신만을 사랑하는 사람은 홀로 있는 동안에는 그 어떤 것도 미워하지 않는다."

사람들은 고독을 이기주의와 자기중심주의로 잘못 이해한다. 하지만 싱글이나 독신으로 생활하면 커플로 살아가는 사람들에게는 허락되지 않는 세상이 열릴 수 있다. 그리고 때로는 사람들이 다른 무엇인가로 향해 나아갈 때 고독이 촉진제 역할을 하기도 한다. 불확실한 세상 속에서 단단한 관계를 형성하기란 어려운 일이다. 그런 어려움 때문에 사람들은 열망의 대상을 찾아 이에 빠져들지만 사실 결핍, 실패, 고통은 이러한 사회적 분위기 속에서 자기 발전을 위한 지렛대 구실을 한다. 사람들은 그런 고통의 과정을 통해 다른 관계를 형성하기 위한 힘을 끌어낼 수 있는 것이다.

홀로 있을 수 있는 능력은 타인에게 열려 있을 수 있는 능력이기 때문에 일시적으로 첫눈에 반하는 사랑이 아닌 타인과 소통하는 의미에서의 사랑을 가능하게 한다. 많은 사람이 사랑을 하면 고독의 상황을 끝낼 수 있을 것이라고 생각한다. 하지만 반대로 사랑을 가능하게 하는 것이 바로 혼자 있을 수 있는 능력이다. 타인이 당신을 바로잡아줄 거라는 생각을 버리게 될 때, 그리고 타인이 당신의 근심을 해결해줄 것이라고 더 이상 기대하지 않게 될 때, 새로운 관계가 당신의 삶 속에 자리 잡을 수 있다.

혼자 있기를 좋아하는 사람들은 다른 사람과 관계를 유지하는 데 의미를 두는 것보다는 관계의 질을 더 까다롭게 따진다. 그래서 인간관계가 결국 일과성으로 연결되는, 다시 말해 이익을 추구하고 쾌락을 위하는 경향이 뚜렷한 세상과 직면하면서 더욱 사적인 관계, 유대 관계, 우정, 그리고 새로운 사회성의 모습이 양산되고 있다. 즉, 이러한 관계들은 이해관계를 떠나 단지 함께 있는 기쁨만으로 형성된다. 이는 깊이 있는 우정을 중시함으로써 일시적인 만남의 피상성을 벗어나고자 하는 것이다.

이런 흐름에서 외로움을 떨치기 위한 일시적인 만남 위주였던 전통적인 관계와는 성격을 달리하는 비영리단체 성격의 작은 모임들이 많이 생겨나고 있다. 또한 다양한 세대가 교류할 수 있는 장소와 사회적 연결 고리를 형성하고자 지역적으로 자주적 행동을 하는 모임 또한 늘어가고 있다. 마찬가지로 커플보다는 유대 관계가 더 탄탄한 우정 위주의 관계들도 많아지고 있다. 이러한 관계들은 인생의 단계가 다양화되면 다양화되는 대로, 커플 관계가 변화하면 변화하는 대로 또 계속된다. 친구 관계, 애인 관계, 육체적 관계 그리고 때로는 부부 관계의 모습으로 말이다.

인터넷을 통해 사람들은 밖에서는 마주치지 않을 사람들과 만날 수 있게 되었다. 그런 만남 속에서 자신의 단 한 가지 측면과

통하기만 해도 실질적인 교류를 이어나간다. 하지만 점점 더 불확실해져만 가는 세상에서는 우리 인격의 다양한 측면을 가지고 각각의 관계에 적용하면서 동시에 여러 관계를 형성해나가는 것이 필요하다. 삶의 새로운 방식 속에서 사람들의 인격은 단 한 가지만으로 존재하지 않게 된다. 여러 모습이 저마다의 의미를 갖게 되는 것이다.

주

## 1장

1 "Procès-verbal de la Convention nationale", 15 faloréal, an II, Jean Borie, *Le Célibataire français*, Le Sagittaire, Paris, 1976 인용.

2 전집 *Que sais-je?* 중 Michel Hannoun, *Solitudes et sociétés*, PUF, Paris, 1993.

3 Tzvetan Todorov, *La vie commune: Essai d'anthropologie générale*, Seuil, Paris, 1995.

4 Jean-Louis Pan Ké Shon, "Vivre seul, Sentiment de solitude et isolement relationnel", *Insee première*, n°678, octobre 1999.

5 François De Singly, *Libres ensemble: L'individualisme dans la vie commune*, Nathan, Paris, 2000.

6 Jean-Claude Kaufmann, *La femme seule et le prince charmant*, Nathan, Paris, 1999.

7 Serge Chaumier, *La Déliaison amoureuse: De la fusion romantique au désir d'indépendance*, Armand Colin, Paris, 1999.

8 Gérard Mermet, *Francoscopie 2007*, Larousse, Paris, 2006.

9 Robert S. Wilson et alii, "Loneliness and risk of Alzheimer disease", *Archives of General Psychiatry*, vol. 64, n°2, 2007, p.234~240.

10 *Le Monde*, 6 septembre 2006.

## 2장

1 *Le Monde*, 17 Janvier 2007.

2 Voir Margaret Maruani(dir.), *Femmes, genre et sociétés, l'etat des savoirs*, La Découverte, Paris, 2005.

3 Pascale Molinier, *L'Énigme de la femme active*, Payot, Paris, 2003.

4 Étude "LG Electroménager" Ipsos, Janvier 2005(Gérard Mermet, *Francoscopie 2007*, Larousse, Paris, 2006 인용).

5 Betty Friedan, *La Femme mystifiée*, Gonthier, Paris, 1971.

6 Voir Michèle Fitoussi, *Le Ras-le-bol des superwomen*, Calmann-Lévy, Paris,

1988.

7 Pamela Sargent, *The Shore of Women*, Crown Publishers, New York, 1986.

8 Alberto Eiguer, *L'Éveil de la conscience féminine*, Bayard, Paris, 2002.

9 Françoise Lapeyre, *Femmes seules retirées loin des villes*, j.-C. Lattès, Paris, 2003.

10 프랑스에서는 생식이 가능한 나이에 이성 부부로 결혼했거나 혹은 2년 이상 함께 살았다는 증거를 가져올 경우에만, 인공수정을 위한 의료 지원을 받을 수 있다(1994년에 제정된 생명윤리법)는 점을 상기하자.


## 3장

1 Christophe Dejours, *Souffrance en France,* Seuil, Paris, 1998.

2 *Le Quotidien du médecin*, 25 mai 2007.

3 Françoise Héritier, "Privilège de la féminité et domination masculine", *Esprit*, 2001. n°3~4.

4 Daniel Aloi, "Men overcompensate when their masculinity is threatened, Cornell study shows", 2 août 2005, <www.news.cornell.edu/stories/Aug05/soc. gender.dea.html>.


## 4장

1 Virginie Despentes, *King Kong théorie,* Grasset, Paris, 2006.

2 Serge Chaumier, *La Déliaison amoureuse: De la fusion romantique au désir d'indépendance*, Armand Colin, Paris, 1999.

3 Évelyne Le Garrec, *Un lit à soi*, Seuil, Paris, 1979 인용.

4 Zygmunt Bauman, *L'Amour liquide: De la fragilité des liens entre les hommes*, Le Rouergue/Chambon, Rodez, 2004.


## 5장

1 Irèn Théry, *Le Démariage, Justice et vie privée,* Odile jacob, Paris, 1993.


## 6장

1 Christophe Dejours, *L'Express*, 17 mai 2007 인용.

2 영국 BBC 엔터테인먼트에서 처음 방송을 시작한 서바이벌 퀴즈 프로그램 〈위키스트 링크The Weakest Link〉의 프랑스 버전이다. 사회자가 여덟 명의 참가자에게 차례로 문제를 던지고, 문제에 제대로 답을 하면 팀의 주머니에 돈이 적립된다. 여덟 명에게 모두 질문이 돌아가면 한 라운드가 끝나는데, 그 후 각 참가자가 공개적으로 탈락시킬 사람 한 명

을 지목한다. 공개 투표를 통해서 내보낼 사람의 이름을 쓰고 탈락자가 결정되었을 때,
"당신이 가장 유대가 약하군요. 잘 가요!You're the weakest link. Good bye!"라고 사회자
가 말한다. 이러한 사회자의 멘트가 영국에서 유행되기도 했다. 두 명이 남을 때까지 라
운드마다 공개 투표로 '위키스트 링크'를 뽑고, 마지막 두 명이 대결을 해서 이긴 한 명이
적립된 모든 돈을 차지한다. 참가자가 서너 명으로 압축될 때까지 쫓겨 나가는 사람들은
문제를 잘 못 풀어서 돈을 적립하지 못한 사람이지만, 그 후에는 오히려 문제를 가장 잘
푼 우승 후보자가 투표로 쫓겨 나간다.—옮긴이

3 Marie-France Hirigoyen, *Le Harcèlment moral: La violence perverse au quotidien*, Syros, 1998.

## 7장

1 Michel Lejoyeux, *Overdose d'infos: Guérir des névrose médiatiques*, Seuil, Paris, 2006.

2 *Le Monde*, 18 novembre 2006.

3 Harold Pinter, *La Collection*, Gallimard, Paris, 1967. *L'Amant*와 *Le Gardien*에 이
은 작품.

4 Pascal Lardellier, *Le Cœur NET. Célibat et amour sur le Web*, Belin, Paris, 2004.

5 《아라비안나이트》에 등장하는 인물이다. 모든 여자는 성실하지 않다고 생각하는 술탄은
누가 아내가 되더라도 첫날밤을 지낸 뒤 죽이겠다고 맹세한다. 그러나 셰에라자드는 첫
날밤에 재미있는 이야기로 술탄의 관심을 끌어 목숨을 보전하는 데 성공한다. 술탄은 셰
에라자드의 이야기에 호기심을 갖게 되어 마침내 자신의 맹세를 포기하고 만다.—옮긴이

6 Bruce Benderson, *Sex et solitude*, Rivage poche, Paris, 2001. Jean Ullman이
인용.

7 Lucía Etxebarria, *Aime-moi, por favor,* 10/18, Paris, 2006.

8 "Se dévoiler sans s'exposer", Serge Tisseron과의 대화, *Le Nouvel Observateur*, 7
decembre 2006.

9 Keru, "robot virtuel", *Le Monde* 2, 2 décembre 2006 인용.

10 Ariane Beky, "Meetic: une internaute est condamnée pour usurpation
d'identité" (www.neteco.com), 26 juin 2006.

11 Anthony Giddens, *La Transformation de l'imtimité: Sexualité, amour et
érotisme dans les sociétés moderne*, Le Rouergue, Rodez/Chmbon, 2004.

12 Richard Poulin·Amélie Laprade, "Hypersexualisation, érotisation et
pornographie chez les jeunes", (http://sisyphe.org), 7 mars 2006.

13 Janis Wolak·Alii, "Unwanted and wanted exposure to online pornography in a
national sample of youth internet users", *Pediatrics*, n° 119, 2007.

14 David Le Breton, *L'Adieu au corps*, Métailié, Paris, 1999.

## 8장

1 Miguel Benasayag, *Le Mythe de l'individu*, La Découverte, Paris, 1998.

2 David Riesman, *The Lonely Crowd : A study of the Changing American Character*, Yale University press, 1963.

3 Gilles Lipovetsky, *La Société de déception*, Textuel, Paris, 2006.

4 Jean de La Bruyère, *Les Caractères*, De Gigord, Paris, 1914. 제10장 '인간의 성격'.

5 Alain Ehrenberg, *La Fatigue d'être soi*, Odile Jacob, Paris, 1998.

6 Sigmund Freud, *Le Malaise dans la culture*, PUF, Paris, 2002.

7 Charles Melman, *L'Homme sans gravité : Entretiens avec Jean-Pierre Lebrun*, Denoël, Paris, 2002.

8 Maurice Corcos, "Mise au point l'alexithymie", Dominique Autié 블로그 (http://blog-dominique.autie.intexte.net/blogs/index.php/all?cat=16), 13 juillet 2005.

9 Maurice Corcos, Olivier Guilbaud, Gwenolé Loas, "Métapsychologie de l'alexithymie dans les addictions" *Neuropsy News*, vol. 6, n° 2, mars-avril, 2007.

10 Hervé Chneiweiss, *Neuroscience et neuroéthique, Des cerveaux libres et heureux*, Alvik Éditions, Paris, 2006.

## 9장

1 Andrew R. T. Fiore, "Romantic Regressions. An analysis of Behavior in Online Dating Systems", 2004년 9월 매사추세츠 공과대학교 석사 논문. (www.ischool.berkeley.edu/)

2 Nick, *Des souris et un homme*, Robert Laffont, Paris, 2005.

3 양쪽에 같은 양과 질의 먹이를 놓아두면 당나귀가 어느 쪽 먹이를 선택할지 결정하지 못하여 결국 굶어 죽는다는 이야기다. 프랑스 철학자 장 뷔리당Jean Buridan이 한 말이라고 전해지고 있다.—옮긴이

## 10장

1 Ferdinand Tönnies, *Communauté et société*, PUF, Paris, (1887) 1977.

## 11장

1 *Le Monde*, 7 décembre 2006.

2 *Le Monde*, 25 octobre 2006.

3 Michel Houellebecq, *Extension du domaine de la lutte*, Maurice Nadeau, Paris, 1998.

4 Michel Schneider, *La Confusion des sexes*, Flammarion, Paris, 2007.

5 *Le Monde*, 6 septembre 2006.

6  *Le Nouvel Observateur*, 16 décembre 2004.

7  Gérard Mermet, *Francoscopie 2007*, Larousse, Paris, 2006.

8  www.asexuality.org

9  Elisabeth Abbott, *History of Celibacy*, Da capo press, 2001.

10  Alain Ehrenberg, *La Fatigue d'être soi*, Odile Jacob, Paris, 1998.


## 12장

1  Donald W. Winnicott, "La capacité d'être seu", *De la pédiatrie à la psychanalyse*, Payot, Paris, 1969.

2  Michel Eyquem de Montaigne, "De l'homme", *Essais, I. Les caractères*, 1580.

3  전집 *Folio classiques* 중 Rainer Maria Rilke, *Lettres à un jeune poète*, Gallimard, Paris, 1993.

4  Christian Bobin, "L'irradiance du dénuement", *La Grâce de solitude*, Albin Michel, Paris, 2006.


## 13장

1  Michel Eyquem de Montaigne, *Essais, I. de la solitude*, 1580.

2  프랑스 철학자 블레즈 파스칼은 "인간이 발생시키는 모든 해악은 단 하나의 원인, 즉 방 안에 홀로 가만히 앉아 있지 못하는 데에서 발생한다."고 말했다.―옮긴이

3  *Le Monde*, 5 Janvier 2007.

4  "Débat: vivre en solo: un désir inconscient?", *Psychologie Magazine*, avril 2003.